Johann Wolfgang von Goethe

Briefwechsel des Grossherzogs Carl August von

Sachsen-Weimar-Eisenach

mit Goethe in den Jahren 1775 bis 1828

Johann Wolfgang von Goethe

Briefwechsel des Grossherzogs Carl August von Sachsen-Weimar-Eisenach
mit Goethe in den Jahren 1775 bis 1828

ISBN/EAN: 9783743448384

Hergestellt in Europa, USA, Kanada, Australien, Japan

Cover: Foto ©ninafisch / pixelio.de

Weitere Bücher finden Sie auf **www.hansebooks.com**

Briefwechsel

des

Großherzogs Carl August

von

Sachsen-Weimar-Eisenach

mit

Goethe

in den Jahren von 1775 bis 1828.

Erster Band.

Weimar

Landes-Industrie-Comptoir

1863.

Vorrede.

Dank dem anregenden Hochsinne Sr. Königl. Hoheit, des Groß herzogs **Carl Alexander** von Sachsen Weimar Eisenach und der, nach dem Schwinden nicht leichter Bedenken, entgegenkommenden Will fährigkeit der von Goethe'schen Familie, liegt in gegenwärtigem Werke die Erfüllung des schon oft dringend und laut ausgesprochenen Wunsches vor, daß die vertraute Correspondenz des Großherzogs **Carl August** mit **Goethe** der Oeffentlichkeit nicht vorenthalten bleiben möchte.

Jene Bedenken nahmen ihren Ursprung aus zwei Aeußerungen **Goethe's** selbst. Dieser bittet nämlich den damaligen Herzog in dem Briefe Nr. 40: „Verbrennen Sie doch ja meine Briefe gleich, daß sie von Niemandem gesehen werden: ich kann in dieser Hoffnung desto freier schreiben" — und Band XXXI, Seite 74 der Taschenausgabe seiner Werke bemerkt er: „Vor meiner Abreise" im Jahre 1797 „verbrenn' ich alle an mich gesendeten Briefe seit 1772, aus entschiedener Abneigung gegen Publication des stillen Ganges freundschaftlicher Mittheilung." Indessen fand sich, daß **Goethe** nicht wirklich alle solche Briefe vernichtet hatte, und die von ihm selbst ver anstaltete Herausgabe anderer wichtiger Theile seines vertrauten Briefwech sels schien Zweifeln daran, daß in der erwähnten Abneigung später eine wesentliche Milderung eingetreten sei, keinen Raum übrig zu lassen. Diese Auffassung gewann auch bei der Familie Eingang, und man beschränkte sich auf die ohnehin gebotene aufmerksame Unterdrückung solcher Stellen, durch welche sich eine gerechte Empfindlichkeit Jetztlebender hätte verletzt fühlen können. Der Unterzeichnete darf aus eigener Wissenschaft versichern, daß im Ganzen nur Weniges ausgeschieden worden ist und hierunter kaum etwas Bedeutendes für den Hauptzweck der Herausgabe: **das gegenseitige Verhältniß beider Correspondenten durch ihre mit einander vertraulich gewechselten Briefe urkundlich darzustellen.**

Der fast völlige Mangel von Briefen des Großherzogs bis gegen das Ende des Jahres 1792 erklärt sich aus der obigen Bemerkung **Goethe's**. Manches Schreiben des Letztern mag, in Folge einer später wenigstens von dem Unterzeichneten oft beobachteten Gewohnheit des Großherzogs, den Flammen verfallen sein. Ohne Zweifel ruht aber noch eine beträchtliche Anzahl von Briefen des einen wie des andern Correspondenten theils in entdeckt in oder unter amtlichen Acten, theils in Privathänden und kommt hoffentlich für eine neue Ausgabe zum Vorschein. Wahrscheinlich wird man sich aber selbst dann noch bei Beurtheilung der Anzahl und des Inhalts der Briefe immer zu vergegenwärtigen haben, daß beide Correspondenten meistens in der Lage waren, ihre Gedanken persönlich auszutauschen, und daß solches gewiß in der Regel und, aus leicht zu findenden Gründen, vorzugsweise gerade bei wichtigern und insbesondere bei solchen Angelegenheiten geschah, welche später förmlich in Dienstacten verhandelt werden mußten.

Von den im gegenwärtigen Werke enthaltenen Briefen empfing der Unterzeichnete bald nach dem Auftrage zur Herausgabe 420 Briefe und Billets des Großherzogs Carl August, welche bis dahin in dem von Goethe'schen Familienarchive stets streng secretirt gehalten worden waren. Diese kamen zu 80 im großherzoglichen geheimen Haupt- und Staatsarchive aufgefundenen Briefen Goethe's, mit deren Kenntniß sich, zumal unter den Genossen der Jetztzeit, wohl nur Wenige schmeicheln durften. Demnächst wurden die Briefe Goethe's unter Nr. 169 und 303 mit rühmenswerther Gefälligkeit zur Benutzung mitgetheilt. Das Original des letztern befindet sich als ein Geschenk des Großherzogs Carl August an die Frau Gräfin Christine O'Donnell zu Salzburg, im Besitze dieser Dame. Die Urschrift des andern Briefes besitzt der Herr geheime Kirchenrath Professor Dr. Schwarz in Jena. Beinahe alle übrigen Briefe der vorliegenden Sammlung hat der Herausgeber nachträglich aus den großherzoglichen Archiven beigebracht, in deren Durchforschung ihn die dankenswürdigste Geneigtheit der vorgesetzten Behörde und die gefälligste Zuvorkommenheit der Herren Beamten, besonders des Herrn Archivars Dr. Burckhardt, förderte.

Des Zusammenhangs und des Verständnisses wegen und um dem Hauptzweck der Publication möglichst gerecht zu werden, schaltete man auch bereits bekannte Stücke des Briefwechsels in gegenwärtige Sammlung ein, welche damit, ohne den Schluß, auf 639 Nummern anwuchs.

Von Seiten der von Goethe'schen Familie wurde gewünscht, die nicht aus ihrem Besitze in gegenwärtige Sammlung aufgenommenen Briefe des Großherzogs besonders bezeichnet zu wissen. Dem findet sich durch ein der Nummer eines jeden solchen Briefes beigesetztes Sternchen entsprochen.

Sämmtliche mitgetheilte Briefe haben dem Herausgeber in Urschrift vorgelegen, ausgenommen nur Nr. 1 aus Riemer's Mittheilungen über Goethe, Bd. II, S. 19); Nr. 19 aus Haym's Preußischen Jahrbüchern, Bd. VI,

S. 559 fg.); Nr. 363 (f. oben); Nr. 369 (nach einer von Kanzlei hand ge
fertigten Abschrift, welche sich neben dem eigenhändigen Concerte des Groß
herzogs zu dem in jener Nummer erwähnten officiellen Schreiben und neben
der Goethe'schen Antwort, Nr. 370, bei den Acten des geheimen Haupt
und Staatsarchivs befindet) und Nr. 123 und Nr. 124 (s. Goethe's
Werke, Taschenausgabe, Bd. XLIII, S. 124 fg. und S. 218 fg. Der Heraus
geber ist von der Echtheit eines jeden in gegenwärtigem Werk enthaltenen
Briefes und Billets überzeugt.

Abgesehen von obigen Ausnahmen, sind die Originale sämmtlicher Cor
respondenzstücke des Großherzogs durchaus eigenhändig geschrieben, die
Goethe'schen Briefe aus dem jetzigen Jahrhundert aber fast alle ir
gend einem Secretär in die Feder dictirt. Dergleichen dictirte Briefe
tragen die nicht allein sehr verschiedenartige, sondern öfters auch sehr feh
lerhafte Orthographie und Interpunktion ihrer Schreiber an sich. Schon
deshalb war die Frage, ob nicht die Correspondenz mit diplomatischer Ge
nauigkeit abzudrucken sein möchte, zu verneinen. Ueberdies sprach dagegen
auch Goethe's eigenes Verfahren bei den noch von ihm selbst zum Druck
vorbereiteten andern Theilen seiner Correspondenz.

Die bei der Herausgabe zu befolgenden Grundsätze waren dem Unter
zeichneten sehr bestimmt vorgeschrieben. Jede Mittheilung von Ansichten
und von Urtheilen Dritter, den Herausgeber nicht ausgenommen, lag
außerhalb des Plans.

In der Nothwendigkeit, das Material chronologisch zu ordnen, fand
der Unterzeichnete den bei weitem schwierigsten Theil seiner Aufgabe. Bei
116 Briefen und Billets fehlte das Datum gänzlich; 73 waren unvollstän
dig und sehr oft falsch ermittelt — 14 falsch datirt. Oft, wo der Inhalt der
fraglichen Schriftstücke und die gewöhnlichen literarischen Hülfsmittel bei den
Bemühungen zur Abstellung solcher Mängel im Stiche ließen, wurde zwar
der gewünschte Aufschluß in den weimarischen Theaterzetteln gefunden,
deren vollständige Sammlung die großherzogliche Bibliothek besitzt, oder in den
sogenannten Fourierbüchern, d. h. in Tagebüchern, in welche schon seit
sehr geraumer Zeit kurze Nachrichten über alle Vorfallenheiten des weima
rischen Hofes, ingleichen die Namen der bei demselben Erschienenen von
dem Hoffourier eingetragen werden. In andern Fällen war auf Acten
oder auf Rechnungen und sonstige Dienstpapiere zurückzugehen. Manches
endlich erinnr man durch mündliche Aufklärungen oder es war dem Heraus
geber persönlich bekannt, indem er das Glück gehabt hatte, beiden Corre
spondenten in ihren letzten Lebensjahren als Arzt, Goethe auch als Amts

gehilfe nahe zu stehen. Dennoch wäre das Ziel noch sehr entfernt ge
blieben, hätte der Unterzeichnete nicht die glückliche Wahrnehmung gemacht,
daß in den gedruckten Randverzierungen der Blätter, deren sich der Groß
herzog regelmäßig zu kürzern Mittheilungen bedient hatte, kleine, unter
einander aber vielfach gleiche Verschiedenheiten vorkommen. Dadurch gelang
es, gerade diese meistens undatirten Blätter nach acht Perioden zu son
dern und mittels der aus jedem solchen Zeitabschnitte vorhandenen, rich
tig datirten Stücke eine chronologische Folgeordnung, wo nicht mit Gewiß
heit, doch mit höherer Wahrscheinlichkeit zu begründen. Die fehlenden Data
findet man hinzugesetzt, die unvollständigen ergänzt, die falschen berichtigt.
Konnte solches mit Zuverlässigkeit geschehen, so wurde der Zusatz oder die
Berichtigung in), sonst in [ ] eingeschlossen.

Nicht überall war es ferner leicht, die Orts- und Personennamen
richtig herzustellen, mit deren Orthographie es besonders der Großherzog
zumal in seinen Briefen aus der Campagne des Jahres 1793 sehr wenig
genau genommen hatte. Gleiches gilt für die in ziemlicher Menge vorkom
menden verschiedenen botanischen Namen. Alles im Texte nicht vollständig
Ausgedruckte findet sich gleichermaßen auch in den Originalen unausge
schrieben.

Der Stil ist überall unverändert geblieben.

Ueber Personen, Sachen und Verhältnisse, welche für das Verständniß
der Correspondenz von einigem Belange schienen, die aber bei den gewöhn
lichen Hülfsmitteln selbst eines höher gebildeten Leserkreises wenigstens für
den Augenblick leicht dunkel bleiben konnten, hat der Herausgeber, soviel
in der ihm dazu vergönnten Frist thunlich, Erläuterungen theils in An
merkungen unter dem Texte, theils in einem Verzeichnisse am Ende des
Werkes gegeben. Die Hinweise auf Stellen in Goethe's Schriften
beziehen sich immer auf die Taschenausgabe der letztern.

Sicherlich hätten für die Herausgabe dieses Briefwechsels leicht bes
sere Kräfte gefunden werden können. Obschon sich der Unterzeichnete
dessen gleich anfangs wohl bewußt war, machten ihm doch schuldige Rück
sichten der Ehrfurcht, der Pietät, der Dankbarkeit und der Freundschaft die
Ablehnung des ihm aus besondern Vertrauensgründen ertheilten ehrenvollen
Auftrags unmöglich.

Weimar, zum 24. Juni 1863.

Dr. Vogel.

1.

Lieber Goethe, ich habe Deinen Brief erhalten, er freut mich unendlich. Wie sehr wünschte ich mit freierer Brust und Herzen die liebe Sonne in den Jenaischen Felsen auf- und untergehen zu sehen und das zwar mit Dir. Ich sehe sie hier alle Tage, aber das Schloß ist so hoch und in einer so unangenehmen Ebene, von so vielen dienstbaren Geistern erfüllt, welche ihr leichtes, luftiges Wesen in Sammet und Seide gehüllt haben, daß mir's ganz schwindlich und übel ward. Ich komme erst den Freitag wieder. Mache doch, daß Du hierher kommst, die Leute sind gar zu neugierig auf Dich.

C. A.

2.

Lieber Herr, da bin ich nun in Leipzig, ist mir sonderbar worden beim Nähern: davon mündlich mehr, und kann nicht genug sagen, wie sich mein Erdgeruch und Erdgefühl gegen die schwarz, grau, streifröckigen, krummbeinigen perrückengelebten, degen schwänzlichen Magisters, gegen die Feiertagsberockte, altmodische, schlänkliche, vieldünkliche Studenten-Buben, gegen die zuckende, friesende, schnäbelnde und schwämelnde Mägdlein und gegen die hurenhafte, strotzliche, schwänzliche und finzliche Junge-Mägde ausnimmt, welcher Gräuel mir alle heut um die Thore als am Marientagsfeste entgegnet sind. Dagegen präservirt mein Aeußeres und Inneres der Engel die Schrötern[1]), von der mich Gott bewahre was zu sagen. Sie grüßt und Steinauer nach Maaßgabe ihres Beileids über Hochdero Außenbleiben und so weiter. Ich bin seit vierundzwanzig Stunden (denn es ist netto Abends Achte) nicht bei Sinnen, das heißt bei zu vielen Sinnen, über- und unsinnlich. Habe die Nacht durch manches Knäulchen Gedanken-Zwirn auf- und abgewickelt; diesen Morgen stieg mir die göttliche Sonne hinter Naumburg auf.

Ade l. gn. Herr! — Und somit können Sie nie aufhören zu fühlen, daß ich Sie lieb habe.

NB. Bleibe das wahre Detail zur Rückkunft schuldig, als da sind ꝛc. ꝛc. Leipzig d. 25. März 76.

G.

3.

(4. May 1776.)

Wie mir's gangen ist müssen Sie gleich wissen; Sonnabend früh 11 Uhr schrieb ich dies Ilmenau im Amthause. Ich bin

---

[1]) Corona Schröter.

keine sechs Stunden geritten, also wie sich's gehört; des Husars Pferd wollte nicht mehr fort gegen das Ende und hinter Bücheloh auch meines nicht mehr. Da kam ich in ein sehr spitziges Nacht rieseln, das gerad vom Wald kam, und traf endlich glücklich bedreckt ein.

Der Brand war lange nieder, wie Sie einen Boten müssen gegen 7 Uhr gehabt haben. Ich muß die Anstalten, die dabei vorgekehrt wurden rühmen, wie die Obern die Bereitwilligkeit und Ausdauer der Subalternen loben. Eine Gasse mit dürren Schindeldächern wurde mit großer Arbeit gerettet, woran die Erhaltung des obern Theils der Stadt, des Amt- und Rathhauses hing. Es sind nur geringe Häuser und arme Leute verunglückt, die doch wenig gerettet haben, Bergleute, Leinweber, Taglöhner.

Von dem Raub haben Sie nun den Bericht wohl gesehen. Man hat gestreift, nichts gefunden. Die 6 Husaren sind heut Eilfe hergekommen, durchs Arnstädtische visitirend. Und wollen morgen auf Frauenwalde, ich will mit. Man trägt sich mit Historien vom Teufel, entkleideten Weibern, Drohungen auf die Frauenwalder. Es sollen vier hagere Kerls seyn, einer im rothen Rocke, und ein Schüler von Schleusingen soll dabei seyn. In Eisfeld haben sie einen erwischt, sagt man, das mag denn nun seyn, wie die Gerüchte gewöhnlich.

Hiernach hab' ich noch eine Lektion für Sie! — Da ich so auf dem Wege über Ihre allzugroße Hitze bei solchen Gelegenheiten dachte, dadurch Sie immer im Fall sind, wo nicht was Unrechtes doch was Unnöthiges zu thun und Ihre eignen Kräfte

und die Kräfte der Ihrigen vergebens anzuflammen, drum hab'
ich auch Staffen und Wedeln gebeten zurückzubleiben, da ich selbst
mehr da bin, um Ihnen vom Ganzen Nachricht zu geben und
mich zu unterrichten, als etwas zu nützen. Bei der Gelegenheit
zieh ich von Manchem Erkundigungen ein, habe traurig die alten
Ofen gesehen. Aber die Gegend ist herrlich, herrlich! —

NB. Es waren 19 Spritzen und sichere, treue Hülfe der
Benachbarten hier.

Seyen Sie hübsch ruhig, soviel's seyn kann, leben Sie als
homme de lettres und Privatmann, schonen Sie die Hüfte bei
dem Wetter; hier ist schon den ganzen Morgen Schnee.

Addio. Mein Andenken der Chère Mama. Seyn sie
mir lieb.

G.

4.

(Im Winter 1778/79.)

Gnädigster Herr!

Nach der Antwort des Königs in Preußen Majestät, worin
Derselbe solche Gründe hinzulegen glaubt, die Ew. Durch=
laucht bewegen sollen, ihm die verlangte Werbung in Ihren
Landen zu gestatten, und es als gewiß anzunehmen scheint, daß
man sich mit dem General Möllendorf besprechen und eine Aus=
kunft zu treffen wissen werde, bleibt nach aller Ueberzeugung
nichts übrig, als daß man eine baldige und feste Entschließung
fasse, welchen Theil man ergreifen und wie man sich auf ein

oder die andere Weise betragen wolle. Man hat vorläufig am
Besten zu seyn geglaubt, wenn man beide unangenehme Seiten
gegenwärtiger Lage natürlich gegen einander stellte, das zwiefache
Benehmen, wovon man eins zu wählen hat, ohnübertrieben hin
legte und die Folgen eines jeden überdächte, so weit man sie mit
einem zwar uneingenommenen, aber freilich immer beschränkten
Geiste vorauszusehen im Stande ist. Gesetzt also, man fügt sich
dem Begehren des Königs, so kann es entweder geschehen, wenn
man ihm die Werbung erlaubt, oder mit dem General Möllen=
dorf auf eine gewisse Anzahl abzugebender Mannschaft überein=
kommt und auch diese entweder durch die Preußen ausnehmen
läßt oder sie selbst ausnimmt und sie ihnen überliefert. Erwählt
man das Erste, so werden diese gefährlichen Leute sich festsetzen
und überall Wurzel fassen; sie werden auf alle Weise die beste
junge Mannschaft an sich zu ziehen suchen; sie werden mit List
und heimlicher Gewalt eine große Anzahl wegnehmen; sie wer=
den's an nichts fehlen lassen, selbst die Soldaten Ew. Durch=
laucht untreu zu machen.

Will man mit dem General Möllendorf auf eine gewisse
Anzahl übereinkommen, und ihnen etwa selbst überlassen, die
junge Mannschaft nach gewissen zu fertigenden Verzeichnissen
aus den Aemtern auszuheben, so kann man nicht versichert seyn,
daß es dabei bleiben wird. Ein und der andere, der es merkt,
wird austreten, sie werden statt dessen nach andern greifen, es
werden Händel entstehen, und sie werden davon Anlaß nehmen,
was man mit ihnen ausgemacht hat zu überschreiten.

Will man endlich sich entschließen eine Auswahl selbst zu machen und ihnen die Leute auszuliefern; so ist darin wohl fürs Ganze das geringste Uebel, aber doch bleibt auch dieses ein unangenehmes, verhaßtes und schaamvolles Geschäft. Und wahrscheinlich ist man mit allem Diesem noch nicht am Ende des Verdrusses. Diese mit Gewalt in fremde Hände gegebene Leute werden in Kurzem desertiren und in ihr Vaterland zurückkehren; die Preußen werden sie wieder fordern, im Fall sie fehlen, austreten, oder sich verbergen, an ihrer Stelle andere wegnehmen. Diese Plage wird mit jedem Herbste wiederkommen. Wie sie sich gewiß auch nicht begnügen werden, wenn man ihnen einmal Mannschaft stellt: mit jedem Frühjahr werden sie die Forderung erneuern.

Dagegen wird man von Kaiserlicher Seite diesen Schritt, den man so sehr wider Willen gethan, gewiß übel aufnehmen. Man wird sie niemals überreden können, daß man so nothgedrungen, und so ungern eine solche Entschließung ergriffen hat. Der alte Verdacht, den man gegen die Sächsischen Häuser hegt, daß sie wenig Neigung für das Oesterreich'sche haben, wird wieder rege werden und es wird dem Kaiserlichen Hofe an Gelegenheit nicht fehlen, dem Fürstlichen Haus manches Unangenehme fühlen zu lassen. Das Nächste, was zu befürchten steht, ist daß sie gleichfalls Werbung in den Fürstlichen Landen einzulegen verlangen, so daß man von beiden Seiten wird gedrängt seyn und die oben hergezählten Verdrießlichkeiten doppelt, ja dreifach auszustehen haben wird, weil dieser Theil alsdann wohl nicht mit Schonung verfahren mag, die man doch immer von den Preußen, wenn man mit ihnen übereinkommen wollte, zu hoffen hätte.

Will man nun, um diesem Uebel auszuweichen, die andere Seite ergreifen, und des Königs Gründen, womit er seinen Antrag unterstützt, kein Gehör geben, so würde man folgende Maaß regeln zu ergreifen haben. Gegenwärtig kann man stille seyn und abwarten, was der General Möllendorf entweder schriftlich oder durch einen Offizier hierher gelangen läßt, da er auf das letzte an ihn erlassene Schreiben noch eine Antwort schuldig ist. Nach den neuesten Nachrichten befindet er sich mit seinem Corps wieder in Böhmen, der Lieutenant Rheinbaben ist abgegangen und der Lieutenant Monteton trifft wohl vor Ende des Monats nicht wieder ein. Dadurch scheint man eine kleine Frist zu gewinnen, die man ja wohl zu nutzen hat.

Zuerst wird man an Hannover, Maynz, Gotha, die übrigen Sächsischen Höfe schreiben, und ihnen vorlegen, daß es Ew. Durchlaucht bei gegenwärtigen Umständen Pflicht, Gesinnung und Wunsch sey, Ihre Lande und Unterthanen vor den Beschwerden des benachbarten Krieges auf das Möglichste zu schützen, und an denen öffentlichen Angelegenheiten keinen Theil als gesammt mit den übrigen Ständen des Reichs zu nehmen. Sie seyen es gewiß, daß an jedem Hofe eben solche Gesinnungen herrschten, und um desto mehr sey es zu bedauern, daß ohnerachtet dieser innerlichen Uebereinstimmung man sich bisher nach einem gemeinschaftlichen Plan zu handeln noch nicht habe verstehen kön nen. Durchlaucht seyen jetzo durch einen Vorgang bewogen, mehr als jemals ein näheres Band mit den übrigen Fürsten zu wünschen und eine neue Ueberlegung der so nothwendigen Vereinigung unter sich zu veranlassen, da man Preußischer Seits die Werbung in Ihren Landen neuerdings verlangt habe. So wenig Sie im Falle seyen, diese Forderung, wenn sie durch= gesetzt werden wollte, mit Nachdruck abzuweisen, so sehr wünsch= ten Sie durch eine Verbindung mit wohlgesinnten Mitstän= den, deren Länder diesen, oder ähnlichen Unannehmlichkeiten aus= gesetzt seyen, solchen Zumuthungen sich standhaft widersetzen zu können.

Dieser Schritt kann auf jeden Fall sogleich gethan werden, man mag sich in der Hauptsache entschließen zu was man will, und er wird immer eine gute, wenn auch nicht hinreichende Wirkung haben. Zu wünschen wäre es, daß andere glückliche Umstände zusammen träfen, die Fürsten des Reichs aus ihrer Unthätigkeit zu wecken und sehr glücklich wäre es, wenn man durch die Noth gedrungen von hier aus zu einer geschwinderen Vereinigung beigetragen hätte.

Doch wird man mit der Entschließung in der Hauptsache nicht auf die Antwort zu warten haben, weil man leider mensch= licher Weise den Inhalt, der eben nicht entscheidend seyn wird, voraussehen kann.

Bleibt man also dabei, sich dem Könige widersetzen zu wollen, so muß man sich vorbereiten, ehster Tage einen Werbe= offizier mit einem Commando, angemeldet oder unangemeldet,

erscheinen zu sehen. Will man ihm alsdann und dem Gene=
rale, der ihn abschickt, die Antwort geben, daß man ohngeachtet
der Königlichen Erklärung die Werbung nicht gestatten werde
und von dem Offizier verlangen, daß er sich aus den Fürstlichen Landen wegbegebe, so wird man zum Voraus wohl zu
überlegen und sich zu entschließen haben, ob man im Weige=
rungsfall ihn arretiren und aus dem Lande bringen, und wie
weit man mit der Gewalt, wenn er sich widersetzen sollte, gehen
wolle. Solche Dinge, die zwar schwerer vorher zu bestimmen
sind, müssen doch, weil sie vorausgesehen werden können, wohl
überlegt werden, weil die augenblicklichen Entschlüsse in solchen
Gelegenheiten selten die Folgen zu Rathe ziehen.

Ist man also entschlossen, sich von dem ersten schwächeren
Abgeschickten auf diese Weise zu befreien, so entsteht die neue
Frage, was man thun will, oder vielmehr thun muß, wenn sie
mit verstärkter Gewalt wieder kommen.

Zwar läßt sich mit einiger Wahrscheinlichkeit vermuthen,
daß die Preußen selbst es zu einem öffentlichen unangenehmen
Ausbruch nicht werden kommen lassen, und wenn sie Stand=
haftigkeit sehen, sich begnügen, in der Stille zu necken und hier
und da einigen Abbruch zu thun. Doch kann es auch seyn,
daß der König, durch den gegenwärtigen Mangel an Leuten
gedrängt, über die Achtung hinausgeht, die er gern zu seinem
eigenen Vortheil für die Fürsten bezeigte. Da er wohl weiß,
daß theils alle diese Sachen, wenn sie zur Sprache kommen,
sich beschönigen lassen, theils auch, daß solche Beschwerden unter

dem Lärm des Kriegs und unter den übrigen, weit wichtigeren, mehrere Theilnehmer angehenden Vorfällen sich verlieren.

Wäre Dieses, so würde er seinen hinausgeschafften Werber mit verstärkter Macht wieder hereinführen, man würde Truppen gleichsam auf Execution hier und da einquartiren, die alsdann auf Unkosten des Landes unterhalten werden müßten. Bei der Unordnung, die solch ein Trupp verursacht, und unter seinem Schutze würden alle Uebel der Werbung sich aufgehäuft ausbreiten und die Rache, die dazu käme, würde alle Mäßigung aufheben und alle Uebereinkunft abweisen. Sie würden alsdann mit offenbarer Gewalt brauchbare, verheurathete, angesessene Leute mit wegnehmen; man würde den Unterthan vor Prellereien und Bevortheilungen nicht schützen können.

Was alsdann übrig bliebe, wäre, sich an den Reichstag zu wenden, woher man sich aber bei gegenwärtigen Umständen nur eine leere Theilnehmung zu versichern hätte, indeß man durch die dringenden und bitteren Beschwerden das gute Verhältniß zum Königlich Preußischen Hause leicht gestört haben könnte.

G.

5.

Buttstedt d. 8. März 79 auf dem Rathhause.

Indeß die Pursche gemessen und besichtigt werden, will ich Ihnen ein Paar Worte schreiben. Es kommt mir närrisch vor, da ich sonst Alles in der Welt einzeln zu nehmen und zu besehen

pflege, ich nun nach der Physiognomik des Rheinischen Strich=
maaßes alle junge Bursche des Landes klassifizire. Doch muß
ich sagen, daß Nichts vortheilhafter ist, als in solchem Zeuge
zu kramen. Von oben herein sieht man Alles falsch und die
Dinge gehen so menschlich, daß man, um was zu nützen, sich
nicht genug im menschlichen Gesichtskreis halten kann.

Uebrigens laß ich mir von allerlei erzählen und alsdann
steig ich in meine alte Burg der Poesie und koche an meinem
Töchterchen ¹). Bei dieser Gelegenheit seh ich doch auch, daß
ich diese gute Gabe der Himmlischen ein wenig zu kavalier be=
handle und ich habe wirklich Zeit, wieder häuslicher mit meinem
Talent zu werden, wenn ich je noch was hervorbringen will.

Nach Weimar wäre ich vorgestern gern gekommen, es war
mir vor der Zerstreuung bange.

Lassen Sie das kleine menschliche Wesen ²) nur erst ein
Bißchen herankommen. Die Umstände erziehen alle Menschen,
und man mache was man will, die verändert man nicht.

Lassen Sie's nie an der väterlichen Sorgfalt mangeln, daß
wir's nur gesund erhalten. Bis es eine Menschenstimme ver=
nimmt, werden wir noch Manches darüber zu denken und zu
reden veranlaßt werden.

Gott gebe uns den äußern und innern Frieden, so wird
Ihnen und Ihrem Land noch gut zu helfen seyn.

¹) Iphigenie. ²) Prinzessin Louise Auguste Amalie, Tochter des Her=
zogs, geb. 3. Februar 1779, gest. 1784.

Ich habe mir allerlei gemerkt, Lustiges und Ernsthaftes, das ich zu erzählen habe.

Ueber Diesem hat mich Knebel angetroffen, der mir hat großen Spaß gemacht.

Leben Sie wohl. Er wird mehr erzählen. Morgen früh geh ich nach Allstedt.

G.

6.

(1780 oder 1781.)

Sie haben bester Herr, Schumannen beauftragt den Aufzug zu malen; er verlangt von mir die Liste. Erlauben Sie mir, daß ich einige Remonstrationen vorbringe.

Diese Feierlichkeit war an sich ein gewagter Scherz, ist glücklich abgelaufen, hat gute Wirkung gethan und Freude gemacht und wird jedem der Zuschauer als eine abenteuerliche und angenehme, vorübergegangene Erscheinung zeitlebens vor Augen schweben.

Bei hellem Tage, mit nüchternem Muthe muß man so was nicht betrachten. Sollte es daher wohlgethan seyn, mit Schumannischen Figuren aufs Papier zu heften, was nur als Traum vorbeiziehen sollte und was weder gemalt noch beschrieben werden kann?

Ich wünschte sogar, daß Sie verböten, etwas davon ins Wochenblatt zu setzen. Lassen Sie die Zuschauer sich untereinander davon unterhalten und es Fremden, es künftig ihren

Kindern erzählen, der größte Reiz wird bei aller Ueberlieferung das Unaussprechliche bleiben.

Die Imagination wird arbeiten und Sie Ihres Zwecks nicht verfehlen, statt daß Schumanns Handwerks Faust diese Schmetterlinge sicherlich, und jeden schönen Effekt ihres flatternden Lebens ermordet.

s. m.

G.

7.

Nach mehrerer Ueberlegung wars natürlich, daß ich mich entschließe zu Hause zu bleiben. Es ist nicht klug, ein noch unbefestigtes Reich zu verlassen; dann weiß ich schon, ich komme sobald nicht von Gotha weg, sondern muß die ganze Woche drüben bleiben.

Es häuft sich dann hier wieder so viel, und ich möchte doch auch wider des Teufels List und Gewalt die Literatur[1] aufs Trockne bringen. Bedenke ich noch dazu den Zug auf dem Gothaischen Schlosse, die Kälte, und daß man weder Herr von seinem Rock noch Fußbekleidung bleibt, so schreckt mich das ganz in mein Dachsloch zurück, wo mich ohnedies eine hypochondrische Vorliebe gefangen hält.

Die guten Geister begleiten Sie.

b. 18ten Jan. 81.

G.

[1] Goethe's Gespräch über die deutsche Literatur. S. Riemer's Mittheilungen über Goethe (Berlin 1841). II. 133.

8.

Erzeige mir den Gefallen zu bestellen, daß heute Abend um 9 Uhr Friedrich und der Theaterschneider in der Garderobe des Theaters bei der Hand sind; einige Leute wollen sich, um allen Unmuth zu vertreiben, auf heutiger Redoute Kurzweil machen. Laß es aber die Theaterleute erst gegen Abend wissen, damit das Secretum secret bleibe.

[25. Januar 1781.]

C. A.

9.

Dieser Brief soll Ihnen bis Erfurt entgegengehen und Abends auf der Redoute werden wir Sie Alle erwarten.

Das veränderliche Wetter werden Sie mit uns gemein gehabt haben, dagegen ist unsere große und schöne Welt desto beständiger. Eine Schlittenfahrt mit vielen Postzügen ist glücklich abgelaufen, zwei andere, eine nach Belvedere, wo der Prinz[1] traktiren wollte und eine nach Ettersburg, unter den Flügeln der unendlichen Fledermaus, werden mit diesem Morgen zu Wasser. Ein leiser Windzug der Freundschaft hat die kleine Werthern nach Dauer[2] geführt und Knebel ist von diesen Strömungen nachgeschleift worden. Er versprach heute Abend wieder hier zu sein, denn morgen früh ist die Probe der Iphigenie auf dem

---

[1] Constantin, Bruder des Herzogs. [2] ?

Theater. Wir hoffen, Sie sollen mit dem Portal zufrieden sein,
Schumann hat seine ganze Raphaelische und Oeserische Ader
darauf ausgegossen. Ihre Frau Gemahlinn ist nicht recht wohl,
darüber ein Thee der Dienstags beim Prinzen getrunken werden
sollte, nicht eingenommen worden. Ich habe sie nicht gesehen
und Ihren Gruß durch die Waldner ausrichten lassen, die seit
der große Schnee hunten ist, vom Zahnweh Ruhe hat. Der
Wöllwarth[1]) hab ich ein Collegium über die Perspektive gelesen,
sie hat eine kindische Lust am Zeichnen. Die Stunde ist so
besetzt, daß niemand mehr Platz hat. Unsere Maskerade schleicht
im Stillen, jedes scheut die Kosten. Die Stein hat sich ein
Paar Kleider ausgewählt die sie will zerschneiden lassen. Wenn
Sie selbst kommen, wird's schon gehen. Die Redoute nach der
Herzoginn Geburtstag wird an Erscheinungen reich sein: es
werden Verse von allen Seiten gemacht. Wieland ist über
Wolffen entzückt, der seine Cantate auch zu Ehren des Drey-
ßigsten[2]) componirt hat. Aftraͤa kommt drinne vom Himmel,
und es fängt mit Donner und Blitz und Windsbraut an. Ich
glaub es ist ein Geheimniß, drum lassen Sie Sich nichts merken.
Die Crone[3]) hatte Stechen auf der Brust, das ihr sehr un
gewohnt schien. Gestern Abend habe ich, während des Concerts
bei der Herzoginn, auf der Göchhausen Stube gesessen, eine
Flasche Champagner ausgetrunken und der Literatur[4]) auf

---

[1]) Hofdame der Herzoginn Louise. [2]) 30. Januar: Geburtstag der Herzoginn Louise. [3]) Corona Schröter. [4]) S. Anm. zu Nr. 8.

geholfen. Nun ist wieder Hoffnung daß das Werk vollendet werden wird. Für die Garnisonschule laß ich eine geräumige Stube im Waisenhaus zurechte machen: es kann auf 60 Thaler kommen, dann wollen wir sehen ob wir von der feinen äußerlichen Zucht weiter zum Innern kommen können. Auf der Kriegs-Commission gehts sehr gut und da Alles von mir abhängt und ich Ordnung bis aufs Letzte halten kann, sehr leicht. Auch ist eine weit freiere Luft oben. Vom dicken Amtmann hab ich ein Projekt, die Steuersache zu reguliren, das recht gut ist; man muß nur erst sehen was das letzte Rescript wirkt. In Publicis ists ganz still um uns, die Ministres fahren auf dem Schlitten. Sievers ist wieder besser. Wette hatte sich auch gelegt. Bei Hofe bin ich neulich bald abgestanden: ich spazirte ganz allein im großen Saal, da Alles in Partieen beschäftigt war, ja sogar Lingen aus Verzweiflung mit Lucken Schach spielte. Das Schlimmste war, daß Jedes, das König wurde, glaubte mich unterhalten zu müssen.

Die Herzogin von Gotha, hab ich gebeten, sich vom Prinzen August das Exemplar der Geschwister, das er hat, geben zu lassen und sich dessen zu bedienen. Ich hatte kein leserliches zu Hause. Der schönen Gräfinn[1]) hab ich das Trauerspiel[2]) geschickt.

Ich bin sehr neugierig, wie Ihre Jagd abgelaufen ist, die meine schränkt sich auf einen Raben ein, den ich gestern von den ho-

[1]) von Werthern. [2]) Iphigenie.

hen Aschen, aus einer Entfernung wo er sich sicher glauben konnte, mit meiner guten Flinte wie einen Sack herunter geworfen habe.

Ueber die Mengs und Correges mündlich mehr. Stein ist nach Kochberg, ich fürchte, seine Einkünfte werden über diese Sorgfalt alle zu Spiritus, aber nicht vini. Grüßen Sie Wedeln; sobald er kommt, wollen wir seine Idee wegen der Executionsgelderkasse realisiren. Die General-Polizeidirektion hat mit mir kommunizirt.

Nun wünsch ich glückliche Fahrt und empfehle mich zu Gnaden.

den 25ten Donnerstag früh des Jenners 81.

G.

10.

So groß, als die Begierde war in mir,
Die altgeliebten Bilder zu erlangen,
Mit gleicher Lust geb ich sie Dir
Und scheine sie dadurch erst zu empfangen.

den 18. Febr. 81.

G.

11.

Danke tausendmal für die schönen Zeichnungen und wünsche, daß die Reise in allem Sinn wohlbekommen möge. Gehn Sie nur auf dem wiederbetretenen Hausboden sachte und nehmen sich in Acht, daß nicht die gewöhnliche Wirkung Sie überfalle.

Ich hoffe auf das Frühjahr, wo ich hoffe uns die Dialogen in freier Luft besser als noch nie bekommen sollen. Es geht mit dem Guten, wie mit den Quecken: — die Cur schlägt erst im dritten Jahre Wiederholung recht an.

den 23. März 81.

G.

12.

Wenn Sie Ihr Kreuzzug, liebster, gnädigster Herr, nach Sonneberg geführt hat, so werden Sie einen Theil des Vorwurfs zurücknehmen, daß ich nicht schreibe, und die übrige Hälfte soll, hoff' ich, der eingeschlossene Brief vertilgen.

Ihren Brief von Kaltennordheim, der Montags geschrieben war, erhielt ich erst zu Ende der Woche. Der Husar fand in Neehausen¹) die Wohnung leer und ließ dem Secretär den Brief und erst gestern erhalte ich, was beiliegt, mit einem sehr artig stylisirten Briefchen dabei, das jedoch völlig in der Form abgefaßt ist, als wenn der Herr Gemahl das Concept signirt hätte.

Wenn es möglich ist, und Sie noch länger außen bleiben, so bitt ich um einige Nachrichten Ihrer Zurückkunft und des Meining'schen Besuchs. Eins wegen des Abfeuerns, das andere wegen dramatischer Einrichtungen für Tiefurth.

Friede und Einigkeit haben bisher unter uns gewohnt: Ihre Frau Gemahlinn ist vergnügt, Ihre Frau Mutter auch,

---

¹) ?

Jedes in seinem Wesen. Die Wärme ist eine allgemeine Unter=
haltung, wie vor Kurzem die Influenza und die kalten Winde.
Die Oberhofmeisterinn ist zurück und das Brautpaar geht im
Mondenscheine spaßiren.

Mit der größten Philister Behaglichkeit sitze ich in meinem
Neste, nachdem ich mich vorher nach der Art der Windhunde
mehrmal herumgedreht habe, um ihm eine meinem Körper ana=
loge Form zu geben. Kalb hat Abschied genommen und ist heute
weg. Unsere Johannisloge war magerer als ein Hof zur Cur=
zeit. Und wenn Bode nicht noch durch einen Spaß bei Tisch
die Vorsteher beleidigt hätte, so daß gar der alte Germar den
Hammer niederlegen wollte und Rothmaler¹) eine lange Rede
aus dem Stegreife hielt, so wären wir ohne das geringste In
teresse geschieden. Mehr Böcke sind wohl überhaupt im Ritual
und Formal an keinem Johannistage vorgegangen. Ein depu
tirter, unpräparirter Meister vom Stuhl, zwei Vorsteher aus
dem Stegreife ꝛc. ꝛc. Und sobald von so etwas der Pedantis=
mus getrennt ist, dann gute Nacht.

Leben Sie wohl und genießen des Lebens.

Hitze werden Sie mitunter ausstehen.

Die Herzoginn wird wohl das Uebrige von Neuem und
Altem vermelden.

Weimar d. 26. Juni 81.

G.

¹ Christoph Friedrich Siegmund von Rothmaler, neumeister Haupt
mann und Kammerherr.

13.

Unsere Reise ist glücklich und gar angenehm bisher vollbracht.

Schwarzburg, Blankenburg, Rudolstadt, Teschnitz haben wir besucht, von der Hitze etwas ausgestanden, doch auch ganz köstliche Morgen, Abende und Nächte gehabt. Knebel war sehr gut und munter. Ich hab ihn in die Klüfte der Erde initiirt, er hat Freude dran.

In Blankenburg hab ich einen alten Bergmeister gefunden, der ehmals auf dem hiesigen Werke gearbeitet hat; er ist 72 Jahre alt und erinnert sich aller Vornamen und Zahlen. Dieser kommt Sonntags hierher und ich werde ein großes Colloquium anstellen und seine Aussagen protokolliren lassen, damit alles klarer werde.

Wir haben sehr schöne Gegenden durchstrichen, auch sind uns menschliche Dinge allerlei Art vorgekommen, die Knebel erzählen soll.

Bei der Stein werden Sie eine Tasse finden, die ich gemalt habe.

Morgen wollen wir auf Friedrichsrode und von da auf den Inselsberg. Sonntags denk ich wieder hier zu seyn und die Verhandlung mit dem Bergmeister wird mich einige Tage aufhalten.

Leben Sie wohl, behalten Sie mich lieb. Die Welt ist voll Thorheit, Inconsequenz und Ungerechtigkeit: es gehört viel

Muth dazu, diesen nicht das Feld zu räumen und sich beiseite zu begeben. Addio.

Ilmenau d. 5. Juli 81.

G.

14.

Knebel wird Ihnen viele herzliche Grüße von mir bringen und erzählen, wie wir gelebt haben.

Ein entsetzliches Gewitter, das zweite im Rang seit Stoffens Hierseyn, hat uns diese Nacht geweckt. Es schlug auf der hohen Schlaufe in eine vierspännige Fichte und zündete.

Staff ist mit allen Holzhauern hinaus und sie war bald gefällt.

Mein alter Bergmeister ist angekommen. Morgen und übermorgen wollen wir mit ihm unter- und überirdisch sprechen, dann bin ich bald bei Ihnen.

Mit Knebeln ist mirs recht wohl gegangen. Er setzt meinen Text in Noten und mein Text hält seine Noten zusammen. Leben Sie wohl.

Ilmenau d. 8. Juli 81.

G.

15.

Um meinen hiesigen Aufenthalt mit einem Abenteuer zu endigen, will ich morgen früh Sechse in forma hier abfahren, in Siebeleben aussteigen, über die Gleichen, Schlerohausen, Tienstedt nach Kochberg zu Fuße gehen und auf der einsamen Wanderung meine Lection recapituliren.

Vom hohen Friedenstein durch das flache Land, aus dem zusammengefaßten Leben der obern Menschen zum einzelnen und einfacheren der niedern Landesbewohner.

Es ist mir recht wohl gegangen; ich habe viel gezeichnet. Das lebhafte Interesse des Cirkels, in dem ich hier bin, am Augenblicklichen, macht auch im Augenblick lebhaft und durch Kleinigkeiten zum allgemeinen Scherze thätig.

Mein Christoph, der diesen Brief überbringt, soll Sonnabends Abends in Kochberg seyn; er wird mein Pferd hinreiten. Geben Sie ihm Etwas an mich mit und sagen mir, wie es steht und ob ich kommen soll. Doch möcht' ich nicht daß man wüßte, wo ich bin, ich hab's ihm verboten, gegen Jemanden etwas zu erwähnen. Der Inselsberg ist sehr klar, ich hoffe einen schönen Tag auf morgen. Leben Sie wohl und behalten mich lieb. Die Welt ist weit und Eines in dem zu Hause ist klein. Wohl dem, der sich leidlich bettet.

Gotha, Donnerstag 11. Ottober 81.

G.

Erfurt den 12ten früh 10 Uhr.

Das sehr trübe Wetter heute früh hat meiner Wanderung eine prosaischere Wendung gegeben: ich bin hierher gefahren und will Miethpferde nehmen, um über Tonndorf und Tannrode zu reiten.

Der Herzog fürchtet sich vor der Markgräfinn*) und wird nicht eher kommen, als bis sie weg ist. Wer doch einmal einen guten Credit hat, kann sicher seyn, daß er sich ausbreitet.

Ich bin sehr zufrieden von meinem Aufenthalt und wie es scheint sind es die Leute auch mit mir. Da ich ein wenig mehr als sonst mit denen Effekten bekannt bin, die meine Existenz machen muß, und ich nach und nach lerne, offen zu seyn und mich bis auf gewisse Punkte gehen zu lassen, ohne die hergebrachten und natürlichen Schicklichkeiten zu beleidigen, so werd' ich für Andere und für mich selbst wohlthätiger.

Wenn ich noch einen Schluck aus dem Becher weiblicher Freundschaft gethan habe, kehr ich vergnügt in mein Thal zurück. Diese drei Wochen waren eben hinreichend, die Summe des vergangenen Jahres zu ziehen und noch auf den Winter etwas einzutragen.

Leben Sie recht wohl. Sagen Sie mir, wie es geht und ob Sie mich noch einige Tage in der Welt wollen herumstreifen lassen.

Wenn man nach mir fragen sollte, so bin ich auf mineralogischen Wegen. Addio.

Um 12 Uhr.

Ich bin bei dem Statthalter gewesen und habe ihm gerathen, den Herzog von Gotha nicht dringend auf den Montag einzu

---

*) Die verwittwete Markgräfinn von Baireuth, geb. Prinzeßinn von Braunschweig, Schwester der Herzoginn Anna Amalie.

laden. Er glaubt nicht anders, als ich ginge nach Weimar; wenn also die Rede von mir kommt, so lassen Sie es fallen, als ob ich da bin oder nicht.

16.

Ihr Brief, den ich erst gestern zu Hause gefunden habe, war mir sehr erfreulich; ich sah daraus, daß Sie Sich auf dem Gipfel menschlicher Dinge, von Liebe und Freundschaft begleitet, in Betrachtung des Fürtrefflichen ergötzten.

Ich habe indeß als moralischer Leibarzt einen verworrenen Handel zwar leider nicht aus Ende, (denn wenig menschliche Dinge endigen sich, außer durch den allgemeinen Schluß) doch aber bis zur Entwickelung führen helfen.

Eine alte Krankheit zerrüttet die Einsiedelische Familie. Der häusliche, politische, moralische Zustand hat auf den Vater so gewirkt, daß er nahe an der Tollheit wahnsinnige, wenigstens schwer erklärliche Handlungen vorgenommen hat, endlich zu Hause durchgegangen ist und seinen Sohn hier aufgesucht hat. Ich habe mich, um kurz zu seyn, des Alten bemächtigt und ihn nach Jena in das Schloß gebracht, wo ich ihn unterhielt, bis seine Söhne ankamen, die indeß zu Hause mit Mutter und Onkel ne= gotiirt und die Sache auf einen Weg geleitet hatten. Die ganze Woche ist mir auf diese Besorgnisse aufgegangen und ich wollte Ihnen nicht eher schreiben, bis ich dem Ausgang näher wäre, worauf ich jeden Tag hoffte.

Lassen Sie Sich auf Ihrer Reise wohl seyn und kommen vergnügt zurück.

Daß der Gräfinn[1]) die Perserinnen[2]) wohlgefallen, hör' ich gerne, auch ich habe eine große Vorliebe zu diesem Stück und ich mußte Toblern gleichsam mit Gewalt zur Uebersetzung bringen.

Knebel nahm in Jena von mir Abschied und ging von da auf Saalfeld. Wenn er den Uebeln so gut abhelfen oder sie tragen könnte, als er sie sieht, so würde er bald unentbehrlich seyn. In seinem jetzigen Zustande wirkt Alles auf ihn, ohne daß er widerstehen oder gegenwirken möchte, er hat sich Begriffe vom Leben und vom Zustande gemacht, die eines ehrlichen Mannes nicht unwerth sind, nur scheint mir besteht sein Haupt Unglück darinne, daß er Theils einmal ganz allein handeln und sich selbst überlassen seyn will, und gleich darauf wieder eine vormundschaftliche Sorge von Andern fordert.

Loder ist das geschäftigste und geselligste Wesen von der Welt, er freut und bereitet sich auf den fürstlichen Cursum physiologicum. Ich habe mich, wie Sie leicht denken können, gehütet, ihm über die Studia der Prinzen nähere Begriffe zu geben. Mir hat er in diesen 8 Tagen, die wir freilich, so viel es meine Wächterschaft litte, fast ganz dazu anwandten, Osteologie und Myologie demonstrirt. Zwei Unglückliche waren uns eben zum Glück gestorben, die wir denn auch ziemlich abgeschält und ihnen von dem sündigen Fleische geholfen haben.

---

[1]) Werthern. [2]) Soll heißen „Perser". Die Tobler'sche Uebersetzung befindet sich handschriftlich auf der großherzoglichen Bibliothek zu Weimar.

Ich schließe den Lynckerischen Brief bei. Die Sache wird also sehr kurz zu machen seyn, wenn Sie dem Klienten eine Stelle bezahlen. Denn die Freistellen sind, wie ich vermuthete, auf weit hinaus besetzt.

Leben Sie wohl: Lieben Sie mich, und grüßen Sie Ihre schöne Freundinn.

Auf den Mittwoch fang ich auf der Akademie Abends an, das Skelet den jungen Leuten zu erklären und sie zur Kenntniß des menschlichen Körpers anzuführen. Ich thue es zugleich um meinet- und ihretwillen, die Methode, die ich erwählt habe, wird sie diesen Winter über völlig mit den Grundsäulen des Körpers bekannt machen. Davon mündlich mehr.

Der neue Saal ergötzt einen Jeden, der hineintritt und alle Schüler sind sehr vergnügt.

Der Prinz[1]) hat mir einen sehr guten verständigen Brief von Florenz geschrieben. Es erfüllt sich doch, was ich voraus sagte, daß diese Reise, und diese Art Reise ihm von großem Nutzen seyn wird.

Leben Sie vielmals wohl.

Den 4. Nov. 81.

G.

Ihre Frau Gemahlinn trägt mir auf, Ihnen viel Schönes und Gutes zu sagen; Sie werden das Blanket wohl am Besten selbst ausfüllen können.

G.

Grüßen Sie Wedeln vielmals.

---

[1]) Constantin.

17.

Haben Sie, lieber gn. Herr, viel Dank für Ihren Brief; den meinigen werden Sie erhalten haben und ich sehe durch den Husaren einer Antwort entgegen. Dieser soll Sie, wenn das Glück gut ist, in Sonneberg empfangen.

Zuvörderst viel Glück zum schönen Wetter das die Honneurs der alten Berge gar trefflich machen wird. Ihre Frau Gemahlinn ist, und mich dünkt, nicht ganz mit Unrecht, ungehalten daß der Fürst und die Fürstinn[1]) so sehr hier wegeilten und doch so viel Zeit fanden in Eisenach zu bleiben. Wie ihm auch sey, so freut mich, daß der Alte diesen schönen Theil Ihres Besitzthums gesehen. Ich sehne mich recht, jene Plätze auch ein mal im Geist und Sinn zu genießen, und mit neuen Augen anzusehen, davon wir das Reizende zuerst im Taumel verschlangen und welche ich nachher, unangenehmen Erinnerungen auszuweichen, nur flüchtig besuchte.

Der Herzog von Gotha hat mir geschrieben und bestimmt 100 Ducaten. Tischbein soll heute Nachricht erhalten.

Ihre Frau Gemahlinn hat Sonnabends bei mir gegessen. Das Kleine[2]) bat auch: liebe Waldnern! Dableiben! Es wurde auf dem Altan mit zu Tische gesetzt und gefiel sich sehr wohl. Heute früh gab die Stein der Herzoginn ein Frühstück in meinem Garten.

Gestern habe ich einen herrlichen Morgen genossen. Ich

---

[1]) Von Anhalt Dessau. [2]) S. Anm. 2 Zeile 11.

stand um halb Viere auf. Seitdem mein Garten mir ist was er soll: Zufluchtsort, so hat er für mich einen unaussprechlichen Reiz.

In meinem neuen Hause breite ich mich aus und Alles kommt in die schönste Ordnung. Dabei recapitulire ich mein Leben, vergleiche die Epochen und setze das Charakteristische der gegenwärtigen fest. Sie gewährt mir gute Hoffnungen und Aussichten. Wie viel mir die neue Einrichtung an Arbeit erleichtert, ist kaum zu sagen, ich kann in eben der Zeit und mit gleicher Mühe noch einmal so viel thun.

Die neue Staatsveränderung[1]) hat zu einer Menge Anekdoten Gelegenheit gegeben, die Sie bei Ihrer Rückkunft unterhalten sollen. Das Publikum verabschiedet auch Werken[2]) und Bertuch. Jenem wird fast einstimmig der Stab gebrochen. In Rousseaus Werken finden sich ganz allerliebste Briefe über die Botanik, worin er diese Wissenschaft auf das Faßlichste und Zierlichste einer Dame vorträgt. Es ist recht ein Muster, wie man unterrichten soll und eine Beilage zum Emil. Ich nehme daher den Anlaß, das schöne Reich der Blumen meinen schönen Freundinnen aufs Neue zu empfehlen.

Geheime Rath Thümmel von Coburg schreibt mir: „So wunderlich es klingt, so ist es doch gewiß, daß wir in der Hitze unseres guten Willens den Herrn Ansfeld ganz übersehen haben; der Fehler ist nun berichtigt" ꝛc.

---

[1]) Der Kammerpräsident von Kalb war seines Dienstes enthoben und Goethe die Oberleitung der Kammergeschäfte übertragen worden. [2]) Lorenz Heinrich Werken, Kammerrath.

An Koch hab ich auch geschrieben.

Villoisons Cynismus ist dem Herzog von Gotha sehr aufgefallen.

Der Husar bringt Ihren Brief. Geleite Sie der Himmel. Dieses Blatt trifft Sie also in Sonneberg sehr richtig.

Der artigen Fräulein und den schönen Damen überhaupt werden Sie ja wohl gelegentlich etwas Verbindliches von mir gesagt haben.

Was den Venus betrifft, so finde ich Ihren Gedanken sehr glücklich. Unter allen Subalternen dieser Klasse, auch wohl weiter hinauf, hab ich keinen, der so resolut, gescheidt, ehrlich, aufmerksam und unverdrossen wäre. Ich habe ihn über seine beim Brand beschädigten Füße examinirt; sie sind wieder ganz zu. Am liebsten trägt er Stiefel, doch kann er auch in Strümpfen gehen, wenn er sich nur gegen die Mücken verwahrte. Ich verliere dabei, denn auch bei der Kriegskasse ist mir seine Maitre-Jacques-schaft fast unentbehrlich geworden. Auch in der Folge zum Kammerdiener wäre er zu brauchen, da Ihnen auch näher sein strackes militärisches Wesen nicht unangenehm seyn wird.

W. d. 16. Juni 82.

G.

18.

Erst Freitag den 15. bin ich von Ilmenau zurückgekommen. Wir haben dort mancherlei zu thun gefunden und da es uns angelegen war, aufs Innere zu dringen, so konnten wir unsere Behandlungen nicht übereilen, wie es bei mechanischer Papier-Expedition wohl angeht. Ich hoffe, es soll Ihnen dieses Werk zur Freude wachsen, wo schon für wenig Geld und in kurzer Zeit viel geschehen ist. In einigen Wochen werden sie auf dem nassen Orte durchschlägig und noch vor Ostern auf dem Stollen seyn.

Wir haben das Inventarium berichtigen lassen; den neuen Schacht und tiefen Stollen vom 10ten Lichtloche an befahren: die Gräben bis zu den Freybächer Teichen begangen: einen heimlichen Handel angelegt, um die fatale Schneidemühle auf Gothaischem Grund und Boden durch Kauf an die Gewerkschaft zu bringen; wegen Führung der Gräben und Erbauung des Treibwerks die nöthigen Voranstalten gemacht; die Haushaltung, das Personale, Material zc. zc. fleißig untersucht und durch eine scharfe Aufmerksamkeit auf die geringsten Dinge der Thätigkeit der Unterbeamten, hoffe ich, eine gute Richtung gegeben. Denn der Zwischenraum vom 24. Februar bis zum October war zu groß, als daß die Impulsion, die man dem Werke damals gab, hätte ihre Wirkung so gar lange zeigen können. Der Geschworene ist ein fürtrefflicher Subaltern, und so lange er Vorschrift und Gesetz, hat unverbesserlich: wie das abgeht und er aus eignem Sinn handeln soll, weiß er sich nicht zu helfen. Anfangs kamen einige Dinge vor, die Verdacht gegen ihn erregten; es hat sich aber Alles nach und nach zu seinem moralischen Vortheile aus seiner unglaublichen Unfähigkeit, die Dinge ohne Norm zu beurtheilen, aufgeklärt. Die Abgabe der Frucht an die Bergleute ist hoffentlich Martini in Ordnung.

Man will in Ilmenau von keiner Abfuhre nach Franken etwas wissen; auch steht der Preis schon diese 14 Tage. Wie die Aussichten hier sind, kann ich nicht sagen, da ich noch Niemanden der davon unterrichtet wäre, gesprochen.

Die Wollenfabrikationen Hetzers und Schnepps gehen recht artig; ich habe Muster und Tabellen mitgebracht, darnach sich ihre Industrie leicht übersehen läßt. Mit der Zeit kann dieser Nahrungszweig sehr wachsen. Hofrath Voigt behandelt die Sache sehr geschickt.

Staff wird wegen des Holzes einen Aufsatz einreichen: er verspricht und dreht sich, macht Vorschläge und wendet sich. Das herrschaftliche Interesse ist sein drittes Wort, und doch nur ein sehr kurzer Mantel, unter dem die Röcke, die ihm und seinen Forstbedienten und übrigen Günstlingen besser anpassen, sehr merklich hervorstoßen. Ich will indessen mit Wedeln alles präpariren, und man wird sehen wie man zum Zwecke gelangt.

Doktor Schwabe's[1]) Gesundbrunnen soll heute Nachmittag bei Buchholz probirt werden; ich fürchte sehr es ist gemeines Wasser und von keinem Mineralgeiste belebt.

Die Einsiedels[2]), die nun abgegangen sind, um sich Afrika zu nähern, haben in Oberweimar ein gar wohl eingerichtetes

<hr>

[1]) Amtsplusitus zu Ilmenau. [2]) Vgl. Nr. 16.

Laboratorium zurückgelassen. Gefäße und Werkzeuge, Säuren, Salze, feste und flüssige Körper, was zu den vorzüglichsten chemischen Arbeiten nöthig ist, findet sich darinn neu, wohl zubereitet und in dem besten Stande. Unser Einsiedel hat es angenommen und will es verkaufen. Er hat mir von 170 Thlr. gesprochen und er giebt es noch wohlfeiler. Nun wäre mein Vorschlag, Sie kauften es als Fonds zur künftigen Ausstattung Göttlings. Büttner hat auch ein klein Hauslaboratorium, das man in der Folge dazuschlagen könnte. Was noch abgeht, schaffte man nach und nach an und es wäre zuletzt unmerklich beisammen. Ich würde es diesen Winter auch gebrauchen können, Theils um die letzten Bewegungen der Sieverischen Thätigkeit, die für sich nie zu einem Ziel kommt, zu nutzen, Theils meine mineralogischen Ideen aufzuklären und mich zum Hüttenwesen vorzubereiten. Wenn es Göttling gesehen und geschätzt hat, will ich einstweilen bis auf Ihre Ratifikation in Handel treten.

Auch habe ich ein Baro- und Thermometer bei dem Nordhäuser Wetterpropheten bestellen lassen; ich will es zu mir ins Haus hängen und die Beobachtung theilen. Gleich heute will ich mich erkundigen, wie weit die Sache mit den Armen=anstalten gelangt ist und gerne Alles beitragen um sie weiter zu führen.

Der alte Büttner hat eine Proposition gethan. Wenn Sie 100 Thlr. jährlich für die Bibliothek aussetzen wollten, so wollte er 100 bis 150 Thlr. dazulegen. Man müßte ohnedies etwas thun, um die rohen Bücher binden zu lassen, damit sie

nicht gar zu Grunde gehen. Sie sind schon dreimal hin und
wieder geschleppt worden.

Schlözer ist hier und bedauert sehr Ihnen nicht aufwarten
zu können. Buchholz hat ihm den Luftballon steigen lassen: ich
hoffe der deutsche Aretin wird von dieser ätherischen Ehrenbe
zeugung sehr geschmeichelt seyn. Knebel ist seinetwegen aus
Jena gewichen und befindet sich in Tiefurth. Wir haben eine
kleine Session gehalten und die Daasdorfer[1]) Sache in Ordnung
gebracht. Es wird sogar über unsere Deliberation ein Extraktus
Protokolli zu den Akten gebracht, damit man sehe, wie wohl
Alles durchdacht, durchdisputirt und wie reiflich ponderiret
worden.

Nachher kam Schmidt in einen patriotischen Eifer und sprach
viel, wie unsern Finanzen sollten die Reisen stärker angetrieben
werden, daß es recht schade ist, daß Sie nicht wenigstens hinter
dem Schirm zugehört haben. Es ist wirklich ein Mensch, dem
es Ernst ums Gute ist.

Viel Glück auf Ihren Wegen und Stegen, ich bin auf Ihre
Rückkunft sehr neugierig.

W. den 18. Oktober 1784.

G.

19.

Durch Ihre Frau Gemahlinn habe ich einen Gruß und
durch die Stafette einen Brief von Ihnen erhalten: ich danke

---

[1]) Daasdorf bei Buttelstedt, ein Dorf und Kammergut im Weimarischen.

für Beides und eile Ihnen aus dem stillen Kreise meines Lebens einige Nachrichten zu geben, die für Sie interessant seyn könnten.

Zuerst muß ich sagen, daß mich der Inhalt Ihres Briefes nicht befremdet hat. Denn obgleich das Schachspiel dieser Erde nicht genau zu kalkuliren ist, und ein fehlerhafter Zug manchmal Vortheil bringt: so schien es mir doch beinahe unmöglich, daß die Schritte des F. v. D.[1] zu etwas Gutem und Zweckmäßigem führen sollten. Besonders war seine letzte Reise ein hors d'oeuvre, wie die Unterredung des Prinzen mit Emilie Galotti im Kreuzgange, worüber sich Marinelli mit Recht zu beschweren hatte. Ihre Verwunderung beim Anblick des K. R. M.[2] konnte ich mir voraus denken. Es ist mir denn aber doch jetzt sehr lieb, daß Sie die Reise machen, Menschen und Verhältnisse selbst sehen und in der Folge sich entweder zurückziehen, oder aus eigner Erfahrung, Trieb und Ueberzeugung handeln.

Nun zu dem Haushalte. In Taasdorf[3] wird ein Anfang mit Umreißen eines Theils des Angers gemacht, ob wir gleich noch nicht mit der Gutsübergabe zu Stande kommen können. Dem Pachter will die Einrichtung noch nicht in den Sinn, seiner alten Frau, die eigentlich Herr ist, noch weniger. Wir gehen sehr gelinde und sachte zu Werke, um unsern Zweck zu erreichen, und ihnen die Wege zu allen Entschädigungs-Gesuchen abzuschneiden. Ich habe dem Kammerassessor Büttner und

---

[1] Fürsten von Anhalt Deßau in Betreff des sogenannten Fürstenbundes.)
[2] Kriegsraths Merck. [3] S. Nr. 18.

Kammer Kalkulator Treuter die Sache besonders aufgetragen, um auch diese ins Interesse zu ziehen, die Ausführung zu erleichtern und sie in ihren Handelsweisen näher kennen zu lernen.

Im Grimmenstein¹) ist Alles in voller Arbeit, und ich hoffe bei Ihrer Wiederkunft sollen Sie das Raub- und Rattennest wenigstens so umgeformt finden, daß die Wohlthätigkeit ein Absteigequartier daselbst nehmen kann. Den von Bertuch eingegebenen Riß, den der Zimmermeister Curt gefertigt hatte, fand Castrop unausführbar, weil zu Vieles in dem alten Werke hätte müssen umgeändert werden. Und wirklich bei näherer Untersuchung war der Vorschlag sehr kostspielig und mit Gefahr verknüpft. Er that deswegen einen andern, ich berief Bertuchen, dem er auf dem Platze vorgelegt wurde; man überlegte, maß und fand daß derselbe Endzweck erreicht werden würde und daß die neue Einrichtung gegen die erste vielleicht einige Mängel, dagegen aber auch wieder Vortheile haben werde. Es wird also darnach die Abtheilung gemacht. Verschlossene Bänke, Räder 2c. werden auch gleich besorgt, und der Körper bis zur Belebung geformt werden.

Der Gesundbrunnen in Ilmenau, worauf der arme Doktor Schwabe²) seine ganze Hoffnung gesetzt hat und schon völlig überzeugt ist, daß die schwachen Nerven seines Beutels dadurch auf das Dauerhafteste gestärkt werden würden, ist von Göttingen sehr verständig und ausführlich untersucht worden und es findet

¹) Ein altes Gebäude in der Stadt Weimar. ²) Vgl. Nr. 18.

sich, daß das Wasser Gyps und Kalktheile und sonst weiter nichts, also eher schädliche, als heilsame Ingredienzien enthält. Ich will ihm den darüber gefertigten Aufsatz zuschicken lassen und er wird hoffentlich erkennen, daß es ein Irrlicht war, das ihn auf das sumpfig quellige Fleck geführt hat.

In Jena ist auch Alles in Ordnung, das Hospital abgetragen und kann der Platz nun den Winter über liegen bleiben. Der Brückenbogen ist frei und wäre dadurch die letzte Hinderniß, die sich dem Ablaufe des Wassers entgegenstellte, gehoben. Der abgestochene Rand der Mühllache wird auch beflochten. Wir haben diese Arbeit, die jeder Besitzer unter Aufsicht verrichten muß, dadurch erleichtert, daß wir ihnen die benöthigten Pfähle dazu verwilliget haben. Es macht Dieses gegen den Vortheil, der für das Publikum erreicht wird, eine kleine Summe.

Uebrigens gehe ich das Kammerrechnungswesen durch und werde überhaupt, wenn Sie wiederkommen, einige Vorschläge wegen dieses Departements thun.

Was sonst vorgefallen ist, werden Sie durch Andere vernommen haben. Außer dem Brand von Hammerstedt[1]) weiß ich nichts Schlimmes. Ihre Frau Mutter war am 24. Oktober[2]) vergnügt und munter. Alle dichterischen Federkiele hatten sich geregt und allerlei kleine harmlose Gaben waren dargebracht worden. Prinz Constantin verherrlichte das Fest durch seine Gegenwart und Tags darauf sahen wir einen Prinzen als Irr-

---

[1]) Dorf im Amtsbezirke Weimar. [2]) Geburtstag derselben.

wisch[1]) gleichfalls zu Ehren der Geburtsfeier auf dem Theater. Knebel wohnte acht Tage bei mir und ist wieder nach Jena. Die Stein hat mich auch wieder verlassen, sie schleppt an dem Kochberger Wirthschafts-Kreuze; sie theilt bloß das Uebel, ohne es heben zu können.

Das fünfte Buch von Wilhelm Meister habe ich indessen geendigt und muß nun abwarten, wie es aufgenommen wird.

Einen Brief an Sömmering über den famosen Knochen, dessen Mangel dem Menschen einen Vorzug vor dem Affen geben soll, habe ich auch geschrieben und werde ihn ehstens mit einigen Zeichnungen abgehen lassen. Waitz wird fast täglich besser, er hat den Casseler Elephantenschädel ganz trefflich gezeichnet.

Wenn Sie nach Darmstadt kommen, haben Sie doch die Güte, den Herrn Schwager höflichst auf die 20 Louisd'or zu exequiren, die er auf seine Kuxe zurücksteht. Er hat mir nicht einmal geantwortet, oder den Empfang melden lassen. Wenn er ja mit unsern unterirdischen Operationen nichts zu thun haben will und die Erinnerung an das Ilmenauer Leben ihm das Geld nicht aus der Tasche locken kann, so wünschte ich nur, daß er die Gewährscheine zurückschickte und sich losjagte.

Das Vertrauen des auswärtigen Publici wächst immer, indessen unser inländisches sich gutmüthig mit Fatalitäten beschäftigt, die uns zustoßen sollen. Neulich haben sie zugleich das Werk ersäuft und die Arbeiter durch Schwefeldünste umgebracht.

---

[1]) Der Irrwisch, oder: Endlich fand er Sie, Oper von Bretzner, Musik von Dieter, Prolog von Einsiedel.

Grüßen Sie Lavatern recht sehr, denn ich nehme als bekannt an, daß Sie ihn sehen werden, auch Schlossern und wem Sie gutes begegnen.

Wie sich auch Ihr Geschäfte wendet, betragen Sie Sich mäßig und ziehn Sich wenn es nicht anders ist heraus, ohne Sich mit denen zu überwerfen, die Sie hineingeführt und kompromittirt haben. Die Reise des B. fiel mir gleich auf.

Noch hat mir Bode einen Auftrag gegeben, auf den er sich balde Antwort erbittet. Sie haben ihm gewiß vor einiger Zeit gesagt, daß man Ihnen ein großes Capital angeboten, das wahrscheinlich Jesuiten-Geld seye. Er habe für einen guten Freund die Summe von 40/m. Thalern nöthig, ob Sie ihm nicht näher den Canal angeben könnten und wollten, durch den zu diesem Anlehn zu gelangen seye.

Einer Pariser Loge fällt es ein, einen neuen Congreß zusammen zu berufen, der das Schicksal der vorigen haben wird. Vielleicht hören Sie etwas in Straßburg davon. Bode ist auch eingeladen, es fehlt nur am feurigen Wagen zu dieser Propheten-Reise.

Leben Sie recht wohl, und gedenken der Ihrigen in fremden Landen. Ich schreibe bald wieder. Wenn ich mich repetire, so verzeihen Sie. Hier ein Probedruck von einer Radirung Fritzens[1]) nach einer Kobelischen Zeichnung. Leben Sie recht wohl.

W. d. 28. Ottbr. 1784.

Goethe.

[1]) von Stein, jüngsten Sohnes von Charlotte von Stein.

20.

Dieser Brief soll Ihnen, hoffe ich, noch in meinem väterlichen Hause begegnen und Sie auf Ihrer Rückreise willkommen heißen. Den Brief aus Zürich habe ich erhalten und mich Ihrer glücklichen Reise gefreut. Sie haben die Jahresfeier von 79 in Zürich feiern können. Ich bin sehr neugierig, wie Sie Lavatern gefunden haben und in welchen veränderten Gesichtspunkten Ihnen Menschen und Land erschienen sind. Bei uns wohnt Friede, wenigstens äußere Ruhe. Die Holländer haben durch einen wunderbaren Gesandten Subsidien anbieten lassen. Einsiedel, der Afrikaner[1]) ist als holländischer Hauptmann und substituirter Bevollmächtigte des Rheingrafen von Salm aufgetreten. Die Bedingungen klingen ganz gut, ich lege sie bei. Indessen war er schon selbst überzeugt, daß es eigentlich nur ein Compliment sey, das er anbringe und ist über Dresden nach Berlin, wo er seinen Substituenten finden wird. Noch weiß niemand mit einiger Wahrscheinlichkeit zu folgern, was kommen werde, die Zweideutigkeit Frankreichs macht Jeden verwirrt.

Wir fahren indessen mit unsern Ameisenbemühungen fort als wenn es gar keine Erdbeben gebe.

Vom Steigen und Fallen der Frucht, von zu befürchtendem Mangel und nothwendiger Sperre ist viel Fragens und Redens, vielerlei Meinung, Rath und kein Schluß. Auch ist es leider eine Angelegenheit, in der ein kleiner Staat fast nichts beschließen

---

[1]) Vgl. Nr. 16 und 18.

kann. Gotha hat einen sehr eigennützigen Vorschlag unter dem Schein einstimmenden Wohlmeinens gethan. Der Preis ist gefallen, der Scheffel 1 Thlr. 15 Gr.; gegen Weihnachten steigt er gewiß und weiter hinaus noch mehr. Bei der Kammer wird mit Verkaufen tauglichen Korns schon eine Zeit lang inne gehalten. Wenn die diesjährige Kollektion eingebracht ist und man Alles abzieht, was an Bedürfnissen für Hof, Dienerschaft, Militär ꝛc. zurückzulegen ist, bleibt etwa 9 bis 10 tausend Scheffel zum Verkauf. Der Grimmenstein[1]) ist fertig und wird hoffentlich Ihren Beifall haben; das Wetter hat uns sehr secundirt.

Ich weiß nicht, ob ich schon gemeldet habe, daß ein Theil des Angers bei Daasdorf[2]) umgerissen ist, und daß wir den trefflichsten Boden gefunden haben. Es wird sich an dem kleinen Gütchen recht viel Artiges thun und zeigen lassen.

Schubarts Ausfall auf unser Reglement habe ich gelesen und wußte schon vorher, daß es nichts taugte. Es ist aber nicht eigentlich der Fehler, daß man ein schlechtes Reglement gemacht hat, sondern daß man eins gemacht hat unter solchen Umständen. Der ganze Grundsatz desselben ist: ihr sollet zween Herren dienen. Und das ist auch der Text zu Schubarts Tadel. Man muß Hindernisse wegnehmen, Begriffe aufklären, Beispiele geben, alle Theilhaber zu interessiren suchen. Das ist freilich beschwerlicher als befehlen, indessen die einzige Art, in einer so wichtigen Sache zum Zwecke zu gelangen und nicht verändern wollen,

---

[1]) Vgl. Nr. 19. [2]) Vgl. Nr. 18 und 19.

sondern verändern. Ich habe zu dieser Handlung ein besonder Concilium bestellt, welches sich lustig ausnimmt. Der Assessor Büttner, der Kammer-Kalkulator Trenter, der Heichelheimer Pachter, der Postmeister Lüttich, der selbst schon in der Stille diese Proben durchgemacht hat. In der Buttelstedter Ziegelhütte wird eine Gypsmühle angelegt u. s. w. Der Schmidtische Pachter in Obringen¹) macht auch Versuche und so denke ich soll sich's nach und nach ausbreiten.

Von andern Dingen werden Ihnen Andere geschrieben haben. Unsere Gesellschaft wird gegenwärtig sehr durch einen Grafen Morelli unterhalten, der von Braunschweig mit starken Empfehlungen hierher gekommen ist. Er scheint mir ein ziemlich kluger Abenteurer, der die Schwächen der Menschen leicht aufzufinden und sich in sie zu finden weiß. Seine musikalischen Talente sind groß, er hat eine leichte und gefällige Art zu seyn. Genug, der leidenschaftliche Antheil, den Tante Gustchen an ihm genommen hat, wird durch das Betragen unserer Damen entschuldigt, die sehr gesinnt zu seyn scheinen, ihn für seinen Braunschweiger Verlust zu entschädigen. Was für Hoffnungen er auf Ihre Gnade hegt, werden Sie wohl schon wissen, auch von dem übrigen Detail unterrichtet seyn. Sie haben so viel Correspondenten, daß man fürchten muß, Ihnen nur bekannte Dinge zu schreiben.

Bei Knebel bin ich einigemale gewesen; er findet sich nach und nach in die Einsamkeit und in die Naturlehre. Diese Wissen

¹) Dorf im Amtsbezirke Weimar.

schaft hoffe ich soll ihm von großem Nutzen seyn. Sie ist sicher, wahr, mannichfaltig, lebendig; man mag viel oder wenig in ihr thun, sich an einen Theil halten oder aufs Ganze ausgehen, leicht oder tief, zum Scherz oder Ernst sie treiben, immer ist sie befriedigend und bleibt doch immer unendlich. Der Beobachter und Denker, der Ruhige und Strebende, jeder findet seine Nahrung. Im Anfange kam sie ihm fremd vor, da er nur an Dichtkunst und Geisteswesen gewöhnt war, jetzt aber wird ihm nach und nach der Sinn aufgeschlossen, mit dem man die alte Mutter verehren muß. Der ganze Aufwand in Jena wird auf 4000 Thlr. hinaufsteigen. Es ist nunmehr Alles berichtigt und fast geendigt. Die Befestigung der Mühllache ist das Letzte. Das academische Hospital muß bis aufs Jahr liegen, indessen ist doch der Brückenbogen frei. Uebrigens lebe ich, insofern es die Umstände erlauben, nach Vorschrift meines Genius und befinde mich wohl, besser als mir sonst dieser Monat erlaubte.

Möge Ihnen auch die Bewegung und Veränderung der Gegenstände recht wohlthätig seyn und Sie zur rechten Zeit gesund zurückkommen.

Weimar den 26. Nov. 1784.

G.

21.

Ihr gütiger Brief hat mich außer Sorgen gesetzt und ich freue mich sehr, daß Sie meine Weigerung nicht übel aufge= nommen haben; denn ich konnte nach meiner Ueberzeugung aus

mehr als einer Ursache den Ort nicht verlassen.¹) Ich wünsche,
daß Alles, was Sie auf der Reise thun und was Ihnen be=
gegnet, zu Nutzen und Frommen gereichen möge.

Auch die Jagdlust gönne ich Ihnen von Herzen und nähre
die Hoffnung, daß Sie dagegen nach Ihrer Rückkunft die Ihrigen
von der Sorge eines drohenden Uebels befreien werden. Ich
meine die wühlenden Bewohner des Ettersbergs. Ungern er=
wähne ich dieser Thiere, weil ich gleich Anfangs gegen deren
Einquartirung protestirt und es einer Rechthaberei ähnlich sehen
könnte, daß ich nun wieder gegen sie zu Felde ziehe. Nur die
allgemeine Aufforderung kann mich bewegen, ein fast gelobtes
Stillschweigen zu brechen und ich schreibe lieber, denn es wird
eine der ersten Sachen seyn, die Ihnen bei Ihrer Rückkunft vor=
gebracht werden. Von dem Schaden selbst und dem Verhältniß
einer solchen Heerde zu unserer Gegend sag ich nichts, ich rede
nur von dem Eindruck, den es auf die Menschen macht. Noch
habe ich nichts so allgemein mißbilligen sehen; es ist darüber
nur eine Stimme. Gutsbesitzer, Pächter, Unterthanen, Diener=
schaft, die Jägerei selbst, Alles vereinigt sich in dem Wunsche,
diese Gäste vertilgt zu sehen. Von der Regierung zu Erfurt
ist ein Kommunikat deswegen an die unsrige ergangen.

Was mir dabei aufgefallen ist und was ich Ihnen gern

---

¹) Der Herzog hatte, mit in der Absicht, Besuche, welche er zu gehei=
men politischen Zwecken an mehreren Höfen abstatten wollte, zu bemänteln,
eine Reise nach der Schweiz gemacht. Goethe sollte demselben nach Frank=
furt a. M. entgegen kommen und ihn nach Weimar begleiten.

sage, sind die Gesinnungen der Menschen gegen Sie, die sich dabei offenbaren. Die meisten sind nur wie erstaunt, als wenn die Thiere wie Hagel vom Himmel fielen. Die Menge schreibt Ihnen nicht das Uebel zu, Andere gleichsam nur ungern und Alle vereinigen sich darinnen, daß die Schuld an denen liege, die statt Vorstellungen dagegen zu machen, Sie durch gefälliges Vorspiegeln verhinderten, das Unheil, das dadurch angerichtet werde, einzusehen. Niemand kann sich denken, daß Sie durch eine Leidenschaft in einen solchen Irrthum geführt werden könn= ten, um etwas zu beschließen und vorzunehmen, was Ihrer übrigen Denkens= und Handelns=Art, Ihren bekannten Absichten und Wünschen geradezu widerspricht. Der Landcommissär hat mir gerade ins Gesicht gesagt, daß es unmöglich sey und ich glaube, er hätte mir die Existenz dieser Creaturen völlig ge= läugnet, wenn sie ihm nicht bei Lützendorf[1]) eine Reihe frisch gesetzter Bäume gleich die Nacht darauf zusammt den Pfählen ausgehoben und umgelegt hätten.

Könnten meine Wünsche erfüllt werden, so würden diese Erbfeinde der Cultur ohne Jagdgeräusch, in der Stille nach und nach der Tafel aufgeopfert, daß mit der zurückkehrenden Frühlingssonne die Umwohner des Ettersbergs wieder mit fro= hem Gemüth ihre Felder ansehen könnten.

Man beschreibt den Zustand des Landmanns kläglich und er ist's gewiß; mit welchen Uebeln hat er zu kämpfen! — Ich

---

[1]) Kammergut am Ettersberge bei Weimar.

mag nichts hinzusetzen was Sie selbst wissen. Ich habe Sie so Manchem entsagen sehen und hoffe, Sie werden mit dieser Leidenschaft den Ihrigen ein Neujahrsgeschenk machen und halte mir für die Beunruhigung des Gemüths, die mir die Colonie seit ihrer Entstehung verursacht, nur den Schädel der gemein samen Mutter des verhaßten Geschlechtes aus, um ihn in meinem Cabinete mit doppelter Freude aufzustellen.

Möge das Blatt, was ich eben endige, Ihnen zur guten Stunde in die Hand kommen.

Vor vier Wochen hätte ich es nicht geschrieben: es ist nur die Folge einer Gemüthslage, in die ich mich durch einen im Anfange scherzhaften Einfall versetzt habe.

Ich überdachte die neun Jahre Zeit, die ich hier zugebracht habe und die mancherlei Epochen meiner Gedankensart: ich suchte mir das Vergangene recht deutlich zu machen und einen klaren Begriff vom Gegenwärtigen zu fassen, und nach allerlei Betrach= tungen nahm ich mir vor, mir einzubilden, als wenn ich erst jetzt an diesen Ort käme, erst jetzt in einen Dienst träte, wo mir Personen und Sachen zwar bekannt, die Kraft aber und der Wunsch zu wirken noch neu seyen. Ich betrachtete nun Alles aus diesem Gesichtspunkte, die Idee heiterte mich auf, unterhielt mich und zwar nicht ohne Nutzen und ich konnte es um so eher, da ich von keinem widrigen Verhältniß etwas leide und wirklich in eine reine Zukunft trete.

Die Aufmerksamkeit unseres Publici wird jetzo durch Frau von Reck beschäftiget. Die Urtheile sind verschieden, nach Ver schiedenheit der Standpunkte, woraus dieser schöne Gegenstand, der auch verschiedene Seiten haben mag, betrachtet wird. Ich kann gar nichts von ihr sagen, denn ich habe sie nur ein einzig Mal gesehen.

An einer Schlittenfahrt wird mit großem Eifer gearbeitet; bis jetzo haben sich die verschiedenen Meinungen nicht vereinigen können.

Die Comödie schleicht in einem Torpor hin, der nur bei unserer Nation möglich ist. Die Ackermann liegt krank und die Uebrigen behelfen sich, so gut sie können.

Seckendorf geht morgen ab. Nach dem, was er mir gesagt hat, sind seine Berliner Aussichten noch sehr entfernt. Er hinterläßt ein Singspiel, das Wolf componirt und das der Frau Gemahlinn Geburtstag verherrlichen soll.

Wichtiges ist nichts vorgekommen. Die Stafette, die man an Sie wegen einiger Unterschriften hat abschicken müssen, wird Sie hoffentlich nicht erschreckt haben.

Ihre Frau Gemahlinn befindet sich nach den Umständen wohl und das Prinz'chen[1]) hab ich gestern munter im großen Saale herumrutschen sehen.

Ein Herr von Scharroth aus Dresden mit seiner Frau ist hier.

Graf Morelli[2]) sucht noch immer eifrig sich gefällig zu machen und das ist für einen leichten Menschen was Leichtes.

---

[1]) Erbprinz Carl Friedrich, geb. 2. Febr. 1783. [2]) Vgl. Nr. 20.

Ich schicke diesen Brief nach Eisenach, weil er Sie sonst verfehlen möchte.

Sehen Sie uns also bei Sich willkommen und langen bald wohl und vergnügt in dem Kreise an, der Ihnen doch der nächste ist und bleibt.

W. d. 26. Dec. 1784.

G.

Zur Acquisition Niebeckers gratulire ich.

Holländische Offerten.

Es werden für jeden Mann jährlich 50 Thlr. in Ducaten à 2⅚ Rh. an Subsidien bezahlt.

Im Fall die Hülfstruppen nicht gebraucht werden die Subsidien dennoch auf ein halbes Jahr bezahlt.

Die Musterungs-Uebernahme der Truppen kann an jedem beliebigen Orte geschehen und wird für die Requisitionen und Marsch gesorgt.

Von dem Tage der Unterzeichnung des Subsidien-Traktats geht sowohl die Bezahlung der Subsidien als auch die Bezahlung der Truppen auf holländischem Fuß, im langen Monat von 42[1]) Tagen jedem Gemeinen 12 fl. 5 St. Holl. Diese Hülfstruppen sollen den 1. April ohnfehlbar marschfertig seyn.

Nach geendigtem Kriege werden die Subsidien noch auf 3 Monate gezahlt.

---

[1]) ?

Was bei Zurückgabe der Mannschaft fehlt, wird vergütet als:

für einen Reiter und Pferd 300 fl. Holl.

für einen Infanteristen 100 fl.

Uebrigens genießen die Hülfstruppen alle Vortheile und Vorrechte wie die Truppen der National Regimenter.

22.

Eh' ich von Karlsbad abreise, muß ich Ihnen für Ihren lieben Brief danken, von dem ich eine Vorempfindung hatte und der mir viel Freude gemacht hat.

Möge Reise und Cur Ihnen und Ihrer Frau Gemahlinn recht wohl bekommen! Bringen Sie uns alsdann noch einen geschickten Arzt[1]) mit, so werden wir mancher Sorge überhoben seyn. Ich bin während meines hiesigen Aufenthalts in eine solche Faineantise verfallen, die über alle Beschreibung ist. Die Wasser bekommen mir sehr wohl und auch die Nothwendigkeit immer unter Menschen zu seyn hat mir wohlgethan. Manche Rostflecken, die eine zu hartnäckige Einsamkeit über uns bringt, schleifen sich da am besten ab.

Vom Granit durch die ganze Schöpfung durch bis zu den Weibern, Alles hat beigetragen, mir den Aufenthalt angenehm und interessant zu machen. Wie voll es hier war, wird Ihre schöne Correspondentinn schon gemeldet haben.

[1]) an die Stelle des verstorbenen Leibarztes Cjann.

Von Menschen zu reden enthalt ich mich bis zu meiner Rückkunst. Ich schäme mich, wenn ich Ihren Brief ansehe und mich so ungeschickt zum Schreiben fühle. Ich danke für Ihren herzlichen Antheil an dem Uebel, das mich zu Neustadt 5 Tage hielt, es war eine Repetition meiner letzten Krankheit. Wir wollten hoffen, daß es seltener kommen werde. Herder war recht wohl hier und auch meist zufrieden. Er hat sehr gefallen und man hat ihn außerordentlich distinguirt, besonders Fürst Czartorysli.

Die Fürstinn Lubomirska, seine Schwester, ist erst vorgestern weg. Weil sie zuletzt fast ganz allein blieb, hab ich meinen Aufenthalt um 8 Tage verlängert. Sie ist eine interessante Frau, wird auch nach Weimar kommen und sie und ihr Bruder haben, halb Scherz halb Ernst, versichert, daß sie ein Haus dort haben wollten, um eine Zeit des Jahres daselbst zuzubringen. Es wird sich darüber reden lassen und ich habe die Sache eingeleitet, wie ich erzählen werde. Viel Glück zur neuen Bekanntschaft der schönen Engländerinn! wenn anders Glück genannt werden kann, wieder auf ein gefährliches Meer gesetzt zu werden.

Auch ich habe von den Leiden des jungen Werthers manche Leiden und Freuden unter dieser Zeit gehabt. Ich freue mich nun noch zum Schlusse auf das Bildchen, das Sie mir bringen. Die liebe Stein war meist wohl hier und Jedermann wollte ihr wohl.

Knebel war sehr lieb, treu und gut, er ist zu Imhofs, der wirklich sein Gut verkauft hat und der, wenn man ihm einiges Agrément machte, wohl nach Jena zöge. Knebel läßt sich's recht angelegen seyn, um Ihnen auch etwas nütze zu werden und ich glaube, daß wenn nur einmal ein Anfang ist, sich in Jena bald ein artiger Kreis versammeln wird.

Edelsheim ist vorgestern angekommen und ich muß ihn leider verlassen. Er hat mir von Ihnen erzählt und wir sind sonst im politischen Felde weit herumspatziert.

Morgen gehe ich weg über Joachimsthal und Schneeberg nach Hause.

Treffen Sie auch glücklich wieder ein, und lassen Sie uns jede Neigung, Freude und Hoffnung beim Wiedersehen erneut empfinden.

Leben Sie tausendmal wohl.

Carlsbad d. (17.) Aug. 1785.

G.

23.

Ich bin recht unglücklich, daß ich Ihrer Einladung[1]) nicht folgen kann und zu Hause bleiben muß. Ein Knötchen an dem Zahn, der mir vorm Jahr in Neustadt so viel zu schaffen machte und das ich schon eine Woche dissimulire, ist nun zum Knoten geworden, spannt und zuckt, so daß ich mich jeden Augenblick eines übeln Anfalls versehe. Garten und Wiese habe ich verlassen und bin mit Papieren und Akten wieder heraufgezogen. Ihre Expedition können Sie gar wohl ohne mich vornehmen und

---

[1]) nach Ilmenau.

ich werde Wetten der die Sache inne hat hinauf schicken: nur thut es mir leid, daß ich Sie nicht in unsere Grüfte einführen soll.

Ihre Frau Mutter grüßt und läßt sagen: sie übe sich Ihnen entgegen zu kommen, wenn Sie zurückkehren. Ihrer Frau Gemahlinn ist sie heute schon entgegengegangen.

Hier ist die Note zurück. Die Situation des Französischen Ministerii scheint mir sehr richtig geschildert, und ebendeswegen glaube ich nicht, daß etwas zu befürchten ist. Wenn man auch im Einzelnen zu schwanken und der Gegenpartei nachzugeben scheint; so wird man gewiß doch in Hauptpunkten festhalten und den Kaiser nicht gewähren lassen.

Wer Frankreich bereden will, es könne ohne Schaden in den Umtausch von Bayern willigen, glaubt es selbst nicht und kein vernünftiger Mensch wird es ihm glauben.

Auerhähne und Schnepfen und die Begattung dieses wilden Geflügels werde ich diesmal weder zu hören noch zu sehen kriegen; es scheint als wenn mir nur die Jagd der Infusionsthiere beschieden wäre.[1]

Heute Abend ist das große Ehrenfest der Schauspieler. Die Frauen werden gezogen, wir wünschen Wielanden alle die Metzner. Einsiedel ist sehr verdrießlich und die Schröter in Verzweiflung! Der Baron Charles traktirt die bewußte Rolle mit der größten Negligenz und will erst drei Tage vor der Aufführ-

---

[1] Goethe beschäftigte sich damals schon einige Zeit mit der mikroskopischen Betrachtung der Infusionsthiere.

rung zu lernen anfangen. Aus seinem Lesen in der ersten Probe hat man nicht die geringste Hoffnung schöpfen können.

Leben Sie recht wohl und vergnügt und behalten uns empfohlen.

W. d. 7. Apr. 86.

G.

24.

Wie gut war es, daß Sie mein Uebel vor dem gestrigen Ritte bewahrt hat; in Ilmenau mag es nicht freundlich aussehen. Noch besser ist's, daß Sie Sich auf dem alten Schlosse wohlbefinden und sich dort ein Quartier bereiten. Der Bauinspektor soll kommen. Hier folgen die verlangten Akten und das Buch. Zugleich das Büchlein aller Bücher: — das Abc. Die Briefe werden bestellt.

Ich muß zu Hause bleiben, mein Uebel dauert noch, ohne Schmerz.[1] Hier schicke ich einen Traum aus hiesiger Gegend, und wünsche zur stillen Woche ein still glückliches Leben.

d. 10. Apr. 86.

G.

Vielleicht sind beikommende Bücher willkommen eben in der Jahreszeit. Im sechsten werden Sie einige Schreibfehler entschuldigen.

Den zweiten Feiertag will eine Gesellschaft junger Leute

---

[1] Vgl. Nr. 23.

auch zu Ehren der wiedergenesenen Herzoginn[1]) essen und tanzen und bittet um Erlaubniß, ihr Fest im hintern untern Zimmer des Comödienhauses halten zu dürfen.

25.

Die Hoffnung, den heutigen Tag noch mit Ihnen zuzubringen, hat mich nicht allein getäuscht, sondern auch um ein Lebewohl gebracht. Eben war ich im Begriff, Ihnen zu schreiben, als der Husar ankam. Ich danke Ihnen, daß Sie mich noch mit einem freundlichen Worte beurlauben wollen.

Behalten Sie mich lieb, empfehlen Sie mich Ihrer Frau Gemahlinn, die ich mit herzlichen Freuden wohl[2]) verlassen habe und leben selbst gesund und froh. Ich gehe allerlei Mängel zu verbessern und allerlei Lücken auszufüllen; stehe mir der gesunde Geist der Welt bei!

Die Witterung läßt sich gut an und ich freue mich derselben sehr. Leben Sie noch und abermals wohl.

Jena d. 24. Juli 1786.

Goethe.

26.

(1786) [August oder September.]

Hier schicke ich den verlangten Auszug, was von Baumaterialien zu Ihren Anlagen abgegeben worden, mit der Bemer-

---

[1]) Herzoginn Mutter Anna Amalia. S. Nr. 23. Die Herzoginn war am 18. Juli von einer Prinzessinn, Caroline, entbunden worden.

tung: daß man wünscht, Sie möchten den Betrag davon nicht gleich, sondern am Ende des Jahres im Ganzen der Baukasse restituiren. Die Ursache davon ist diese: weil alsdann erst der Bauschreiber das davon erlangte Geld der Hauptkammerkasse abliefern kann; er müßte es also diese Zeit über bei sich liegen lassen, und würde auf diese Weise eine Art von Kasse kriegen, welches nicht gut ist. Er kann aber wöchentlich Ihnen einen Auszug liefern, was an Materialien abgegeben worden und kann von Zeit zu Zeit zusammentragen was zu jedem Bau erforderlich gewesen. So wissen Sie jederzeit, wieviel Sie an Materialien schuldig sind und sehen, was am Ende des Jahres zu restituiren seyn wird.

Auch liegt ein Brief an Dr. Ridel bei, den ich abschicken will, wenn Sie und Ihre Frau Gemahlinn noch des Sinnes sind.

Zugleich bitte ich den Brief an Miß Gore gelegentlich einzuschließen.

G.

27.

Verzeihen Sie, daß ich beim Abschiede von meinem Reisen und Ausbleiben nur unbestimmt sprach; selbst jetzt weiß ich noch nicht, was aus mir werden soll.

Sie sind glücklich, Sie gehen einer gewünschten und gewählten Bestimmung entgegen. Ihre häuslichen Angelegenheiten sind in guter Ordnung, auf gutem Wege und ich weiß, Sie erlauben mir auch, daß ich nun an mich denke; ja Sie haben mich selbst oft dazu aufgefordert. Im Allgemeinen bin ich in diesem

Augenblick gewiß entbehrlich und was die besondern Geschäfte betrifft, die mir aufgetragen sind, diese hab ich so gestellt, daß sie eine
Zeitlang bequem ohne mich fortgehen können: ja ich dürfte sterben
und es würde keinen Ruck thun. Noch viele Zusammenstim-
mungen dieser Constellation übergehe ich und bitte Sie nur um
einen unbestimmten Urlaub. Durch den zweijährigen Gebrauch
des Bades hat meine Gesundheit viel gewonnen und ich hoffe
auch für die Elasticität meines Geistes das Beste, wenn er eine
Zeitlang, sich selbst gelassen, der freien Welt genießen kann.

Die vier ersten Bände sind endlich in Ordnung: Herder
hat mir unermüdlich treu beigestanden. Zu den vier letzten bedarf ich Muße und Stimmung; ich habe die Sache zu leicht genommen und sehe jetzt erst, was zu thun ist, wenn es keine
Sudelei werden soll. Dieses Alles und noch viele zusammen-
treffende Umstände dringen und zwingen mich, in Gegenden der
Welt mich zu verlieren, wo ich ganz unbekannt bin. Ich gehe
ganz allein unter einem fremden Namen und hoffe von dieser
etwas sonderbar scheinenden Unternehmung das Beste. Nur bitt
ich lassen Sie Niemanden nichts merken, daß ich außenbleibe.
Alle die mir mit- und untergeordnet sind, oder sonst mit mir
in Verhältniß stehen, erwarten mich von Woche zu Woche, und
es ist gut, daß das also bleibe und ich auch abwesend als ein
immer Erwarteter wirke.

Hier schick ich Ridels[1] Brief: wenn es Ihnen um ihn

---

[1] Vgl. Nr. 26.

Ernst ist, so lassen sie etwa durch Schmidten mit ihm handeln. Das Beste wäre, dünkt mich, da er ohnedieß den Grafen verlassen will, Sie ließen ihn kommen, bezahlten ihm die Reise, ließen ihn ein wenig prüfen, durch Herdern und sonst, und sähen wie Sie alsdann mit ihm einig würden.

Imhofs Jahr geht auch zu Ende, ich habe auf alle Fälle dem Rath Götze gesagt, er solle 300 Thlr. bei Seite legen, vielleicht würden sie Ew. Durchlaucht gegen eigenhändige Quittung abholen lassen. Sonst fällt mir nichts ein, was ich zu erinnern hätte.

Leben Sie wohl, das wünsch ich herzlich, behalten Sie mich lieb und glauben Sie: daß, wenn ich wünsche, meine Existenz ganzer zu machen, ich dabei nur hoffe, sie mit Ihnen und in dem Ihrigen besser als bisher zu genießen.

Möchten Sie in Allem, was Sie unternehmen, Glück haben und Sich eines guten Ausganges erfreuen! Wenn ich meiner Feder den Lauf ließe, möchte sie wohl noch viel sagen. Nur noch ein Lebewohl und eine Bitte, mich Ihrer Frau Gemahlinn angelegentlichst zu empfehlen.

Carlsbad d. 2. Sept. 86.

G.

Noch Ein Wort! Ich habe den Geheimen Assistenz-Rath Schmidt bei meiner Abreise, wie gewöhnlich, gebeten, sich der Kriegskommissions-Sachen anzunehmen; er pflegt aber alsdann nur pressante Sachen abzuthun und läßt die übrigen liegen. Wollten Sie ihn wohl veranlassen, daß er die kurrenten, wie

sie einkommen, sämmtlich expedirt? ich habe ihm ohnedieß ge=
schrieben, daß ich Sie um verlängerten Urlaub gebeten. Seeger
ist von Allem genau unterrichtet und Schmidt thut es gerne.

28.

Noch ein freundliches, frohes Wort aus der Ferne, ohne
Ort und Zeit. Bald darf ich den Mund öffnen und sagen,
wie wohl mir's geht. Ich bin gesund und hoffe von Ihnen
und den Ihrigen das Beste. Wie wird mich's freuen, auch
wieder ein Wort von Ihnen zu sehen.

Wie sonderbar unser Zusammentreffen in Carlsbad mir
vorschwebt, kann ich nicht sagen. Daß ich in Ihrer Gegenwart
gleichsam Rechenschaft von einem großen Theil meines vergange=
nen Lebens ablegen mußte und was sich Alles anknüpfte! Und
daß ich meine Papiere just von Ihrem Geburtstage datire!
Alles Dieses läßt mich abergläubischen Menschen die wunderlich=
sten Erscheinungen sehen. Was Gott zusammengefügt hat, soll
der Mensch nicht scheiden.

Die Zeitungen lehren mich etwas spät, wie's in der Welt
bunt zugeht. Görz im Haag, der Statthalter und die Patrio=
ten in Waffen, der neue König¹) für Oranien²) erklärt! Was
wird das werden? An allen Ecken und Enden saust das Men=
schengeschlecht wieder einmal. Und ich indeß, mitten in dem,

¹) von Preußen, Friedrich Wilhelm II. ²) Wilhelm V., Erbstatthalter
der Niederlande.

was der Krieg erwarb (Fleiß und Klugheit nicht ausgeschlossen) genieße der schönsten Gaben des Friedens! Wie oft wünsche ich Sie zu mir, um Sie manches Guten theilhaftig zu sehen.

Leben Sie recht wohl, bleiben Sie mir, empfehlen Sie mich Ihrer Frau Gemahlinn. Eh'stens mehr und, wie man zu sagen pflegt, ein vernünftig Wort.

Leben Sie recht wohl. Es versteht sich, daß man glaubt, Sie wissen, wo ich sey.

(G.)

29.

Aus der Einsamkeit und Entfernung einen Gruß und gutes Wort! Ich bin wohl und wünsche, daß Sie glücklich mögen in dem Ihrigen angekommen seyn.

Ich bin fleißig und arbeite die Iphigenie durch. Sie quillt auf, das stockende Sylbenmaaß wird in fortgehende Harmonie verwandelt. Herder hat mir dazu mit wunderbarer Geduld die Ohren geräumt. Ich hoffe glücklich zu seyn.

Alsdann gehts an die Zueignung und ich weiß selbst noch nicht, was ich denen Aribus sagen werde. Und dann soll es immer so weiter gehen.

Wo ich bin, verschweige ich noch eine kleine Zeit. Es geht mir so gut, daß mich es nur oft betrübt, das Gute nicht theilen zu können.

Schon fühl ich in meinem Gemüth, in meiner Vorstellungsart gar merklichen Unterschied und ich habe Hoffnung, einen wohlausgewaschenen, wohl ausstaffirten Menschen wieder zurück zu bringen.

Manchmal wünscht ich denn doch zu wissen, wie es in B.[1]) geht und wie der neue Herr sich beträgt? was Sie für Nachricht haben? was Sie für Theil daran nehmen?

Leben Sie wohl und empfehlen Sie mich Ihrer Frau Gemahlinn, die ich mir mit dem Kleinen gern wohl denke, aufs Beste. Es wäre möglich, daß der Fall käme, da ich Sie unter fremdem Namen etwas zu bitten hätte. Erhalten Sie einen Brief von meiner Hand, auch mit fremder Unterschrift, so gewähren Sie die Bitte, die er enthält.

(G.

30.

Rom, d. 12. Dez. 86.

Mein erster Brief von hier aus wird Sie in Berlin aufgesucht haben, darum konnte ich noch nicht mit einer Antwort, mit einer Nachricht von Ihnen erfreut werden, nach der ich so sehr verlange. Fast bis zur Ermüdung hab ich bisher fort gefahren Rom zu durchwandern, auch hab' ich das meiste gesehen. Was heißt aber das Sehen von Gegenständen, bei denen man lange verweilen, zu denen man oft zurückkehren müßte, um sie kennen und schätzen zu lernen!

An Ihre Frau Gemahlinn schreib' ich hierüber einige Worte, auf die ich mich beziehe.

[1]) Berlin.

Daneben hab' ich meine Iphigenie ganz umgeschrieben; ein ehrlicher Schweizer macht mir nun eine Copie und um Weihnachten wird sie abgehen können. Ich wünsche, daß ich mit dieser Mühe überhaupt und auch für Sie etwas gethan haben möge. Nun soll es über die andern Sachen, endlich auch über Faust hergehen. Da ich mir vornahm, meine Fragmente drucken zu lassen, hielt ich mich für todt; wie froh will ich seyn, wenn ich mich durch Vollendung des Angefangenen wieder als lebendig legitimiren kann.

Gegen Weihnachten wird auch mein Pensum in Rom fürerst absolvirt seyn. Mit dem neuen Jahr will ich nach Neapel geh'n und dort mich der herrlichen Natur erfreuen und meine Seele von der Idee so vieler trauriger Ruinen reinspülen und die allzustrengen Begriffe der Kunst lindern. Tischbein wird mit mir gehen, er ist mir unentbehrlich. So einen reinen, guten, und doch so klugen ausgebildeten Menschen hab' ich kaum gesehen. Wie leid thut mir's, daß er nicht zu den Ihrigen gehört, nicht allein als Künstler, sondern auch als verständiger thätiger Mensch. In seinem Umgange beleb ich mich auf's Neue; es ist eine Lust, sich mit ihm über alle Gegenstände zu unterhalten, Natur und Kunst mit ihm zu betrachten und zu genießen.

Uebrigens ist das strenge Incognito, das ich hier halte, mir von größtem Vortheile. Man kennt mich und ich rede mit Jedem, den ich ohngefähr hier oder da treffe, leide aber nicht, daß man mich nach meinem Stande oder Namen begrüße, gehe zu Niemanden und nehme keinen Besuch an. Hielte ich nicht so strenge darauf, so hätte ich meine Zeit mit Ehreempfangen und Ehregeben hinbringen müssen. Den einzigen Prinz Liechtenstein, den Bruder der Gräfin Harrach, habe ich besucht, doch auch so, daß wir uns zuerst auf einer Gallerie (Doria) begegneten. Und dabei werd' ich bleiben, denn selbst über mein Erwarten bin ich hier bekannt und meine Nation ist mehr, als ich glaubte, von mir eingenommen.

Unter den neuen Künstlern seh ich mich auch um, was da lebt und wird; unter den Kunsthändlern gleichfalls. Alles ist sehr theuer, was sich einigermaßen auszeichnet. Alle Arten von Kunstwerken sind auf einen hohen Preis getrieben. Für Sie möcht' ich nichts aufpacken als Gypssachen, die zu Wasser gehen könnten. Einige Colossalköpfe kann ich selbst nicht entbehren: ich meine, man könnte nicht leben, ohne sie manchmal zu sehen.

Der Bildhauer Trippel hat eine kleine Nemesis in Marmor nach einer größeren im Museo gearbeitet und man kann sagen, sie ist besser als das Original, welches deswegen nicht übertrieben ist, da viele mittelmäßige Künstler, ja Handwerker in alten Zeiten nach guten Originalen kopirten, ja zuletzt Copie von Copie gemacht ward. So kann an einer Statue die Idee schön, Proportion aber und Ausführung schlecht seyn, und ein neuerer Künstler kann ihr einen Theil der Vorzüge wiedergeben, die ihre ganz verlornen Originale hatten. Diese Nemesis wäre eine schöne Zierde in die Zimmer Ihrer Frau Gemahlinn. Er verlangt 100 Dukaten dafür, wenn ich sie aber wie für mich nehme, glaub ich sie für 80 zu erhalten.

Was übrigens hier mit dem Kunsthandel getrieben und ge= wonnen wird, ist unaussprechlich und es sind meist Ausländer, die klug genug waren, sich diesen wichtigen Zweig zuzueignen. Gute Abdrücke des Mark Antonio sind hier rarer und theurer, als irgendwo, da Raphaels Andenken und die Spuren seines Geistes nirgends mehr geschätzt werden können, als hier. Die ausge= druckten und aufgekratzten Platten sind aber noch hier und werden solche Abdrücke für ein Geringes, für 3 Gr., 18 Pf., ja noch weniger in Partieen verkauft. Sie sind entsetzlich verdorben und doch kann man die herrlichen Ideen und Compositionen nicht ohne Entzücken ansehen. Auch möcht ich Ihnen die kleinen Mo= delle der Aegyptischen unvergleichbaren Löwen vom Capitol und von der Fontana Felice in Bronze mitbringen, um Ihren Schreibtisch zu zieren; sie werden 20 bis 30 Ducaten kosten. Ich notire mir alle diese wünschenswerthen Kleinigkeiten und werde, wenn ich Auftrag von Ihnen erhalten sollte, eine gewisse Summe auszugeben, das Dauerhafteste wählen. Auch sind zwei Bände des Musei Pio-Clementini heraus, jeder zu 6 Ducaten, die auch kaum zu entbehren sind.

An Antiken und Originalbilder ist nicht zu denken; man spricht gleich von 10000 Scudi 2c.

Leben Sie aufs Beste wohl. Versagen Sie mir ein Zeug= niß Ihres Andenkens und Ihrer Liebe nicht. Einsam in die Welt hinausgestoßen, wäre ich schlimmer daran, als ein An= fänger, wenn ich das Zurückgelassene nicht auch erhalten könnte.

G.

31.

Den Brief an Ihre Frau Gemahlinn werd ich mit der
nächsten Post absenden, ich konnte ihn heute nicht endigen. So
Vieles dringt von allen Enden und Ecken auf mich zu, daß ich
kaum zu mir selbst komme. Aber es ist eine Lust, in einem so
großen Elemente zu leben, wo man für viele Jahre Nahrung
vor sich sieht, wenn man sie auch nur für den Augenblick mit
den äußersten Lippen nur kosten kann.

G.

32.

Wie sehr hat mich nach einem so langen Zeitraum Ihr
erster Brief erfreut! wäre nur der Schluß tröstlicher gewesen
und hätte die Nachricht von dem Falle¹) mir nicht so viel Un
ruhe gebracht. Ich warte mit Schmerzen auf die Nachricht, daß
Sie wieder zu Hause, daß keine Folgen zu besorgen sind und
bitte Sie inständig: rufen Sie mich, wie ich Ihnen nur einiger=
maßen nöthig scheine, zurück. So gewiß ich Jahrelang mit
Nutzen hier verweilen könnte, so gewiß hab ich schon die obersten
Gipfel des Großen und Schönen gepflückt und kann mein ganzes
Leben davon zehren. Gesegnet fühl ich auch die Folgen auf mein
Gemüth, das sich erheitert, das offner, theilnehmender und mit
theilender wird. Wie sehr dank ich Ihnen, daß Sie mir so

---

¹) Der Herzog war mit dem Pferde gestürzt.

freundlich entgegen kommen, mir die Hand reichen und mich über meine Flucht, mein Außenbleiben und meine Rückkehr beruhigen.

Endlich geht heute die umgeschriebene Iphigenie ab; nun werd ich gleich den Egmont endigen, daß er wenigstens ein scheinbares Ganze mache.

Das Wichtigste, woran ich nun mein Auge und meinen Geist übe, sind die Style der verschiedenen Völker des Alterthums und die Epochen dieser Style in sich, wozu Winkelmanns Geschichte der Kunst ein treuer Führer ist. Mit Hülfe der Künstleraugen und eigener Combinationsgabe suche ich so viel als möglich Manches zu finden und zu suppliren, was uns Winkelmann jetzt selbst geben würde, wenn er in diesen Jahren eine neue Ausgabe veranstalten könnte. Von der neuen Kunst genieße ich, was ich daneben kann.

Auch habe ich mich zu den Gemmen gewendet und werde eine kleine Sammlung der besten Schwefel mitbringen.

Vor einigen Tagen waren wir bei Jentins. Dieser kluge und glückliche Schalk besitzt die herrlichsten Sachen. Er hat sich von kleinen Anfängen durch geschickten Gebrauch der Zeit, der Umstände und durch Vorschub seiner Landsleute zu einem großen Vermögen heraufgebracht.

Erst neulich als die Villa Negroni zu Kauf stand, associirte er sich mit Einem, der zu Grund und Boden Lust hatte; er trat für die Statüen an und für allen Marmor in der Villa. Dafür gab er 12000 Scudi. Nun wendet er vielleicht noch 6000 auf die Restauration und den größten Theil dieser

Summen löst er aus drei sitzenden Statüen wieder, die köstlich schön sind und drei Philosophen vorstellen.

An unsere Zeichenakademie hab ich vielfältig gedacht, auch einen Mann gefunden, wie wir ihn einmal brauchen, wenn Kraus abgeht, daß man mehr aufs Solidere kommt. Ich habe wohl immer bei dem Einfluß, den ich auf die Schule hatte, gefühlt, daß ich's nicht verstand; nun weiß ich das Wie und Warum.

Der Fürst von Waldeck aus Böhmen ist hier, er empfiehlt sich Ihnen aufs Beste. Es ist das fünfte Mal, daß er nach Rom kommt. Er besitzt ein großes Münzkabinet, welches zu kompletiren er gewaltig kauft. Doch sind seine Liebhabereien nicht bloß antiquarisch, er hat eine schöne Böhmische Dame zur Gesellschaft. Sie war den letzten Sommer auch in Carlsbad. Wir hörten aber nur ihre Liebenswürdigkeit rühmen; sie war schon, als wir ankamen, nach Teplitz abgegangen. Sie ist mit dem Bischof von Prag verwandt, ihr alter Mann ist mit hier. Der Fürst will die Küste von Albanien bis Dalmatien herauf bereisen, wenn ihn die Pest nicht hindert, welche drüben herumschleichen soll. Er hat mir von einem ungeheuren Campement erzählt, welches künftigen Sommer zwei Armeen, die Böhmische und Mährische, halten sollen. Sie werden davon schon besser unterrichtet seyn.

Hier machen die Erklärungen der drei geistlichen Kurfürsten gegen die Anmaaßung der Nunzien großes Aufsehen. Vorgestern haben die Maynzischen und Trierschen Geschäftsträger deshalb beim Papst Audienz gehabt. Cöln war vorangegangen.

In das neue lebendige Rom mag ich gar nicht hinein-
sehen, um mir die Imagination nicht zu verderben. Unmöglich
kann es eine schlechtere Administration geben.

Man schreibt mir, daß Sie wieder wohl zu Hause erwartet werden, daß Sie gleich nach Carlsbad abgehen: das ist für
Ihr Befinden ein gutes Zeugniß. Ich schicke deshalb diesen
Brief an Edelsheim. Bleiben Sie mir wohlgesinnt, damit ich
mich meines Rückzugs über die Alpen lebhaft freuen möge.

Rom d. 20. Jan. 87.

G.

33.

Rom den 3. Febr. 87.

Ihr lustiges Brieflein von Gotha, Ihr gütiger theilnehmender Brief von Mainz sind mir fast zu gleicher Zeit zur
guten Stunde geworden und haben meiner Lauf= und Reisebahn
neues Licht und Freude gebracht. Ohne Theilnahme Derer,
an die mich das Schicksal so festgeknüpft hat, ohne Ihre Zufriedenheit mag und kann ich nichts genießen. Alle Ideen von
Abgeschiedenheit sind nur Phantome des Selbstbetrugs, die mit
dem Fieber verschwinden.

Rom fängt nun an, sich über mir zu erleichtern, die ent-
setzliche Masse von Gegenständen sich zu ordnen und Licht in
die Tiefen zu scheinen. Entsetzlich war zuletzt meine Begierde,
hierher zu kommen und nun ist meine Zufriedenheit vollkommen,
daß ich diesen Ort nicht eher betreten habe. Recht bedauerlich

waren mir einige Reisende, die ich habe kennen lernen, die jung und unvorbereitet und doch mit Eifer und Ernst unter der Last von Begriffen, die auf sie zudrangen, gleichsam erlagen.

Ich habe nun überwunden und bin nun täglich mit mehr Lust und Freude da; besonders wird eine kleine Abwesenheit das Anschauen nur mehr auffrischen. Jetzt suche ich nur zu completiren und auch die weniger interessanten Gegenstände zu sehen, die man wenigstens gesehen haben muß.

Die Kunstwerke der ersten Klasse müßte man von Zeit zu Zeit wiedersehen können; in ihnen ist ein unabsehlicher Abgrund.

Wahrscheinlich haben Sie zu Ihrer Reise auch so schönes Wetter, heute ist hier ein reiner Maytag.

Von interessanten Männern hab ich manchen, von Weibern außer Angelika nur eine kennen gelernt. Mit dem schönen Geschlechte kann man sich hier, wie überall, nicht ohne Zeit verlust einlassen.

Vom Theater und den kirchlichen Ceremonien bin ich gleich übel erbaut. Die Schauspieler geben sich viel Mühe, um Freude, die Pfaffen, um Andacht zu erregen und beide wirken nur auf eine Klasse, zu der ich nicht gehöre. Beide Künste sind in ein seelenloses Gepränge ausgeartet. Auf alle Fälle ist der Papst¹) der beste Schauspieler, der hier seine Person producirt.

Die andern Menschen, die nicht öffentlich gaukeln, treiben meist ihr Spiel im Stillen. Vielleicht komm ich auch dazu,

¹) Pius VI., Braschi mit dem Zunamen il persuasore.

5 *

Dieses näher zu sehen. Man kann sich leicht denken, daß es mitunter sehr einfach ist.

Es freut mich, daß Knebel mit Ihnen ist. Gesellschaft ist zu allen Dingen nütze; ich habe ein Gelübde gethan, nie wieder allein zu reisen.

Knebeln bitt ich zu sagen: mir sey nur noch ein schmutzig grauer Marmor von Carrara bekannt, den sie Bardiglio nennen. Eben solche graue Flecke hat der unreine weiße Carrarische Marmor und der fleckigste scheint den Uebergang in den Bardiglio zu machen. Ich habe ein schön Studium weißer Marmore gekauft, das aus zwölf Stücken besteht, antifen und modernen. Man ließ vor einigen Jahren auf Veranlassung eines Geistlichen, der sich auf diese Wissenschaft legte, Stücke Marmor von Paros kommen, um zu entscheiden, welche Statüen wirklich von Griechischem Marmor seyen; davon habe ich noch Muster bei einem Steinschneider gefunden, die mir sehr werth sind. Die Propaganda die überall herumreicht, verschrieb diesen Marmor. Wie könnte das Institut genutzt werden! auch thun es die Klugen, die dabei Einfluß haben. Leben Sie wohl und behalten mir Ihre Liebe, damit ich froh und frei gehe und wiederkehre.

G.

34.

Eh das Karneval uns mit seinem Lärm anfüllt, muß ich noch einmal schreiben, denn ich weiß nicht, ob mir nachher so

viel Zeit übrig bleibt. Diese Lustbarkeiten gehn uns um desto
näher an, da sie unter unsern Fenstern vorgehen und wir diese
Tage über viel Besuch haben werden.

Schon täglich führt man die Rennpferde in die Gegend
des Obelisks, richtet sie mit dem Kopfe gegen den Corso und
so hält man sie eine Weile, um sie an den Platz, von dem sie
auslaufen sollen, zu gewöhnen: dann führt man sie die Straße
hinunter und zeigt ihnen ihre Laufbahn.

Vor einigen Abenden ward in dem kleinen Theater Valle
ein neues Intermezz von Anfossi mit großem Beifall aufgeführt;
es ist recht glücklich komponirt.

Uebrigens bin ich auch hier weniger genießend, als be=
müht; ich laufe und denke mich müd und matt. Jetzt kommt
noch gar der Zeichneneifer dazu und macht mir, da ich nur we=
nige Zeit aufs Arbeiten verwenden kann, ein wahres Leiden.
Doch wenn ich hier und jetzt nichts lernen will, was soll's
dann werden? Miß Gore ist nicht vergessen, vielmehr fühl ich
eine große Begierde mich besser, als bisher geschehen können,
vor ihr zu zeigen. Ich habe die ganze Familie neulich in
Frascati auf einem Gemälde von Hackert (freilich ein wenig
entstellt) gesehen. Sie schreiben mir, daß Sie mich vor Weih
nachten nicht erwarten: der Himmel segne Sie für alles Gute,
das Sie mir gewähren und gönnen. Der Stein hatte ich zwei
Reisepläne geschrieben, die Sie, durch Weimar nur durchgehend,
nicht können gesehen haben, denn die Briefe sind später an=
gekommen. Allein was kann man Sicheres von solchen Wegen

sagen, die so manchem Wechsel unterworfen sind! Alles kommt darauf an, ob ich nach Sicilien gehe, oder nicht. Das macht, wenn ichs solid angreife, 3 bis 4 Monate Unterschied.

Erst dacht ich schon im August wieder zu Hause zu seyn und jetzt wenigstens wünsche ich mich im Herbst wieder über die Berge zurück. Das träfe, wenn ich Schlossern und meiner Mutter einige Zeit schenkte, mit Ihren Gesinnungen überein. Auf Ostern das Nähere und Weitere. Ich möcht' mein Schiff in Ophir recht beladen. Es soll mir an keiner Art der nöthigen und gehörigen Ingredienzien fehlen.

Mit dieser großen und herrlichen Stadt werde ich nun schon familiärer und so kommen wir aufs rechte Fleck. Sie verliert nichts dabei und ich gewinne. Es ist mir sehr gesund, in einem solchen Elemente mich erst recht zu baden und zu waschen; das Einölen soll nach Ihrem Recepte in Neapel vor sich gehen.

Ich frage nicht nach Ihren Wegen und wie es Ihnen darauf ergeht. Ich werde seiner Zeit schon mein Theil erfahren.

Leben Sie recht wohl. Grüßen Sie Knebeln.

Von Neapel schreib ich wenigstens ein Wort und schick es auch an Edelsheim.

Rom den 10. Febr. 87.

G.

Es bleibt mir noch ein wenig Zeit und ich muß diese Seite noch voll schreiben.

Ganz besonders ergötzt mich der Antheil, den Sie an Wilhelm Meister nehmen. Seit der Zeit, da Sie ihn in Tannroda[1]) lasen, hab ich ihn oft wieder vor der Seele gehabt. Die große Arbeit, die noch erfordert wird, ihn zu endigen und ihn zu einem Ganzen zu schreiben, wird nur durch solche theilnehmende Aufmunterungen überwindlich. Ich habe das Wunderbarste vor. Ich möchte ihn endigen mit dem Eintritt in's vierzigste Jahr: da muß er auch geschrieben seyn. Daß es auch nur der Zeit nach möglich werde, lassen Sie uns, wenn ich wiederkomme, zu Rathe gehen. Ich lege hier den Grund zu einer soliden Zufriedenheit und werde zurückkehrend mit einiger Einrichtung Vieles thun können.

Noch Eins: Tischbein malt mich in Lebensgröße in weißem Mantel auf Ruinen sitzend. Es giebt ein glückliches Bild. Er nimmt zur Ausarbeitung seine ganze Kunst zusammen, da die Idee glücklich ist. Leben Sie wohl.

35.

Neapel d. 27. May 87.

Ihre lieben und werthen drei Briefe habe ich vor einigen Tagen auf einmal von Rom erhalten, wie die drei ersten zu ihrer Zeit auch alle richtig eingelaufen waren. Nun verlangt mich um so mehr nach Rom, um von L.[2]) die Begebenheiten

[1]) Städtchen im Weimarischen.   [2]) Lucchesini.

zu erfahren, an denen Sie so viel Theil haben.[1]) Möge Alles auch zu Ihrem Glück und Freude ausschlagen!

Von meiner glücklichen Rückkunft aus Sicilien, von meiner Excursion nach Pestum wird Frau von Stein etwas sagen können. Ueberhaupt muß ich alles Detail bis auf meine Rückkunft versparen, denn da war und ist kein Mittel, meine Anmerkungen in Ordnung zu bringen. Ich bin über alle Maaßen von meiner Reise zufrieden und von meinem zweiten hiesigen Aufenthalt. Ich habe mehrere interessante Menschen kennen lernen, um derentwillen ich wohl einige Zeit bleiben möchte; allein der erste Juny ist und bleibt zu meiner Abfahrt angesetzt, eben wie ich aus Rom bald nach St. Peter zu gehen gedenke. Für den ersten Anbiß habe ich nun Italien genug gekostet. Wollte ich es mehr und gründlicher nutzen, so müßte ich in einigen Jahren wiederkommen. Ich bin nur von Gipfel zu Gipfel geeilt und sehe nun erst recht, was mir Alles an Mittelkenntnissen fehlt. Daß ich Sicilien gesehen habe, ist mir ein unzerstörlicher Schatz auf mein ganzes Leben. Unter dem, was ich mitbringe, wird hoffentlich Manches für Sie seyn. Was sie bestellen, will ich in Rom treulich besorgen, auch mir daselbst einige Correspondenz offen halten, daß man im Falle immer an gute Künstler recurriren kann.

An Ihre Anlagen habe ich oft gedacht; die schwarze Tafel soll auch nicht vergessen werden.

---

[1]) Der preußische Kriegszug gegen die vereinigten Niederlande.

Ich habe manche Räthsel unterwegs gefunden: vielleicht paßt eines in die Höhle der Sphynx[1]). Gartenhäuser und Brunnen bringe ich mit.

Meine besten Wünsche folgen Ihrer Frau Gemahlinn ins Bad. Die Stein schreibt mir, sie werde nach Aachen gehn. Wäre sie nach der Schweitz gegangen; so hätte ich meinen Rück= weg über Turin genommen, um ihr aufzuwarten. So aber denke ich über den alten Gotthard meine andächtige Wallfahrt zu vollenden.

Auf Ihre Charten-Sammlung freue ich mich recht sehr. Da ich nun ein schön Stück Welt gesehen habe, interessirt sie mich wieder in allen ihren Theilen.

Viel Glück zu Dalbergs Erwählung[2])! ich hoffe ihm auf meiner Rückreise aufzuwarten.

Diese Stadt[3]) ist für einen Fremden sehr reitzend: man kann einsam und für sich leben und doch unter dem schönsten Himmel von den mannichfaltig zubereiteten Ergötzlichkeiten sein Theil weg= nehmen. Ich bin neugierig, wie mir seyn wird, wenn ich kein Meer künftig sehe, das ich nun drei Monate anhaltend und aus so vielen Gesichtspunkten im Auge gehabt habe. Das ist an Sicilien so lustig, daß man kaum eine Strecke in das Land hin= ein ist, gleich auf der andern Seite das Meer wieder erscheint und eine neue Küste uns entgegen lacht. Auf alle Weise seh

---

[1]) im Park zu Weimar. [2]) zum Coadjutor des Kurfürsten von Mayuz. [3]) Neapel.

ich aber, wie schwer es ist, ein Land zu beurtheilen; der Fremde kann es nicht und der Einwohner schwer. Und dann ist der Mensch so einseitig, daß ein so großer und mannichfaltiger Gegenstand von ihm nicht wohl begriffen werden kann. Diejenigen, die ich über Neapel und Sicilien gesprochen habe, haben im Einzelnen fast alle Recht, im Ganzen, wie mir scheint, fast keiner.

Ueber alle diese Dinge wird mündlich Manches abzuhandeln seyn; es gehört dazu, daß man bestimmt und ausführlich spreche.

In diesen meinen letzten Tagen unterhält mich auch das Theater, an dem ich bisher wenig Freude gehabt habe. Doch sehe ich, daß ich auf alle Fälle zu alt für diese Späße bin. Die andern bildenden Künste erfreuen mich mehr und doch am meisten die Natur mit ihrer ewig consequenten Wahrheit.

Auf dem Schiffe hab ich manchmal an Sie gedacht, daß die präcisen und schnellen Manoeuvres Sie sehr unterhalten würden. Es ist eine respektable Maschine, an der Alles ausgedacht, nichts Willkührliches ist, noch seyn kann. Ich habe auf dem Hin- und Herweg vom Meere gelitten und also viel Freude verloren. Stromboli ist ein wunderlicher Anblick. Eine solche immer brennende Esse, mitten im Meere ohne weiteres Ufer noch Küste. Die Sirenenfelsen hinter Capri aber haben uns den unvergeßlichsten Eindruck gelassen, an denen wir beinahe auf die seltsamste Art, bei völlig heiterm Himmel und vollkommener Meeresstille, eben durch diese Meeresstille zu Grunde gegangen wären.

Laſſen Sie mich nun dieſes Blatt meinem eigenen Verhält
niſſe widmen, für welches Sie ſo freundſchaftlich und liebevoll
ſorgen. Es freut mich unendlich, wenn das Compte rendu
wenigſtens im Allgemeinen hat zu Ihrer Zufriedenheit ausfallen können. Erhalten und vollenden Sie das gute Werk, bei
dem ich im Grunde wenig Verdienſt habe.

Der Gedanke, Schmidten die nähere Aufſicht über die
Kameralgeſchäfte aufzutragen, hat meinen völligen Beifall; er
iſt auf alle Weiſe der rechte Mann. Nur bei dem Modo habe
ich zu erinnern, daß wenn Sie ihn zum Vicepräſidenten machen
und mir eine Art von Direction laſſen, alsdann ein Glied des
geheimen Conſilii dem andern untergeordnet iſt, welches ich nicht
für ganz gut halte. Vielmehr wünſchte ich, Sie entbänden mich
mit einem freundlichen Worte meiner bisherigen Incumbenz (und
mit der gewöhnlichen Formel: auf ſein Anſuchen) machten alsdann Schmidt entweder geradezu zum Präſidenten, oder gäben
ihm die Direktion, wie ich ſie in Wirklichkeit [nicht nach dem
Reſcripte[1])] gehabt habe. Doch das ſey Ihnen Alles überlaſſen.

----

[1]) Daſſelbe iſt an die herzogliche Kammer gerichtet und lautet:
   Wir laſſen Euch andurch ohnverhalten, welchergeſtalt Wir, da be
kanntlich durch den Abgang des vormaligen Präſidenten von Kalb
das Directorium in Eurem Collegium erlediget worden, bis Wir Uns
in Anſehung derſelben völlig entſchließen, folgende interimiſtiſche An
ordnung zu treffen für gut gefunden haben.
   Die Geſchäfte Eures Departements gehen vorerſt in der ſeither
gen Ordnung und in dem hergebrachten gewöhnlichen Gang unter
der Leitung des jedesmal vorſitzenden geheimen Kammerraths fort. Ihr

Mein einziger Wunsch war: Sie Herr von dem Ihrigen zu wissen. Alles, was Sie thun, um sich die Sachen mehr nach der Hand einzurichten, kann mir nicht anders, als erfreulich seyn. Machen Sie diese Veränderung, wann und wie Sie es für gut befinden. Anfangs September bin ich hoffentlich in Frankfurt. Kann ich alsdann einige Zeit bei meiner Mutter bleiben, um meine vier letzten Bände in Ordnung zu bringen, meine Reisebeobachtungen besser auszuführen, vielleicht an Wilhelm und einigen anderen Ideen zu arbeiten; so werde ich mich sehr erleichtert finden. Denn einmal müssen diese Arbeiten doch hinter

———————

zusammen expedirt die currenten und ordinären, durch Etat und andere Vorschriften bestimmten Angelegenheiten, sowie zeither geschehen.

Soviel hingegen alle etwas beträchtlicheren, aus der gewöhnlichen Bahn herausschreitenden, eine Abweichung von dem, was obgedachtermaaßen durch Etat oder sonst festgesetzt ist, mit sich führenden Vorfallenheiten anbelangt, geht Unsere Intention dahin, daß, da Wir Unserem geheimen Rath Goethe Gelegenheit, sich mit den Kammerangelegenheiten näher bekannt zu machen und Uns in diesem Fach in der Folge nützliche Dienste zu leisten, verschaffen wollen, Ihr über alle dergleichen Vorfallenheiten mit demselben Rücksprache halten, ihm, wenn er, so oft es seine übrigen Dienstverrichtungen gestatten, denen Sessionen Eures Collegiums beiwohnen will, sowie außer denselbigen, mit allen ihm nöthig erscheinenden Informationen an Handen gehen, die von ihm verlangten Acten ihm verabfolgen und alle Auskunft geben lassen sollet.

Wir begehren Solchem nach, Ihr wollet Euch hiernach gehorsamst achten.

Gegeben Weimar den 11. Januar 1782.

Carl August.

mich). Und darum nehmen Sie den besten Dank für Ihre Ge=
sinnungen, daß Sie mich so gütig erleichtern wollen. Wie jetzt
unsere Sachen stehen, können Sie es ohne Nachtheil der Ge=
schäfte; ja, ich werde Ihnen mehr werden, als ich oft bisher
war, wenn Sie mich nur das thun lassen, was Niemand, als
ich, thun kann und das Uebrige Andern auftragen. Mein Ver=
hältniß zu den Geschäften ist aus meinem persönlichen zu Ihnen
entstanden, lassen Sie nun ein neu Verhältniß zu Ihnen nach
so manchen Jahren aus dem bisherigen Geschäfts=Verhältniß
entstehn. Ich bin zu Allem und Jedem bereit, wo und wie
Sie mich brauchen wollen. Fragen Sie mich über die Sym=
phonie, die Sie zu spielen gedenken; ich will gern jeder Zeit
meine Meinung sagen. So wird auch mein persönlich Verhält=
niß zu Schmidten mich in den Stand setzen, nach Ihrem Ver=
langen, in allen Sachen mitzuwirken. Schon sehe ich, was mir
die Reise genützt, wie sie mich aufgeklärt und meine Existenz er=
heitert hat. Wie Sie mich bisher getragen haben, sorgen Sie
ferner für mich und thun Sie mir mehr wohl, als ich selbst
kann, als ich wünschen und verlangen darf. Geben Sie mich
mir selbst, meinem Vaterlande, geben Sie mich Sich selbst wie=
der, daß ich ein neues Leben und ein neues Leben mit Ihnen
anfange! Ich lege mein ganzes Schicksal zutraulich in Ihre
Hände. Ich habe so ein großes und schönes Stück Welt ge=
sehen und das Resultat ist: daß ich nur mit Ihnen und in dem
Ihrigen leben mag. Kann ich es weniger von Detail über=
häuft, zu dem ich nicht geboren bin; so kann ich zu Ihrer und

zu vieler Menschen Freude leben. Deßwegen nehmen Sie den herzlichsten Dank für diesen neuesten Vorschlag und führen Sie ihn mit Glück und Segen aus.

Können Sie gelegentlich Etwas für Voigten thun, der Manches für mich trägt, und dem Sie selbst wegen seiner Brauchbarkeit immer mehr auflegen müssen; so werden Sie Ihrem Dienste gewiß Vortheil bringen. Sprechen Sie mit Schmidt deshalb. Er kennt des Mannes Verdienste, weiß, wie man gewußt hat, ihn zu verkürzen und kann wohl einen Weg angeben, wie Sie ohne Unzufriedenheit Mehrerer ihn erleichtern können. Leben Sie wohl und halten Sich überzeugt, daß es Wenige treuer mit Ihnen meinen können, als ich, und daß das Beste, was an mir ist und seyn wird, immer Ihrem Dienste gewidmet bleiben soll. Behalten Sie mich lieb.

G.

Sagen Sie doch der Stein und Herdern ein Wort davon im Vertrauen, daß sie nicht in Sorge und auf wunderliche Gedanken gerathen.

Eine Antwort auf diesen Brief würde mich schwerlich mehr in Rom treffen, ich schreibe bald, wohin wieder Briefe an mich adressirt werden können. —

36.

Rom, den 6. Juli 87.

Heil, Gesundheit und alles Gute zuvor, wo Sie dieser Brief auch antrifft! Ihr Segen, Ihre Ermahnung hat gefruch-

tet und ich finde mich nun, zum erstenmal auf meiner ganzen
Reise, mit dem wahren Gefühl von Sodezz, in Rom, wo die
Sodezz oder der höchste Leichtsinn hingehört. Lucchesini ist wie=
der hier. Ich habe die Freude gehabt, mich wieder mit ihm
von Ihnen zu unterhalten. Er schätzt Sie ganz vorzüglich und
ich bin überzeugt, es ist nicht um mir blos nach dem Sinne
zu reden, daß er so viel Gutes von Ihnen sagt. Uebrigens
ist er ein ausgemachter Weltmann und scheint mir, was ich auch
nur von Weitem sehe, sein Spiel gut zu spielen.

Ich werde täglich fleißiger und treibe die Kunst, die eine
so ernsthafte Sache ist, immer ernsthafter. Wenn ich nur über
einige Stufen im M a ch en hinweg könnte! Im Begriff, und
zwar im ächten, nahen Begriff, bin ich weit vorgerückt. Da ich
doch einmal ein Künstler bin; so wird es viel zu meiner Glück=
seligkeit und zu einem künftigen fröhlichen Leben zu Hause bei
tragen, wenn ich mit meinem kleinen Talente nicht immer zu
kriechen und zu krabeln brauche, sondern mit freiem Gemüthe,
auch nur als Liebhaber, arbeiten kann. Auch das, was ich
jetzt lerne, bin ich Ihnen schuldig; denn ohne Ihren freund=
lichen Zuruf, der mir auf meiner Rückreise[1]) begegnete, wäre
ich schon jetzt von Rom abgegangen. Die Freunde werden
schon berichtet haben, daß ich meinen Aufenthalt bis auf den
25. August verlängere. Auch hab ich an die Stein und Her
der etwas von St. Peters=Feierlichkeit geschrieben, das sie

---

[1]) von Sicilien.

mittheilen werden. Rom hat das Eigne, daß auch das Gespielte drin groß ist.

Der Farnesische Hercules ist nun wirklich abgegangen, so wie man Anstalt macht, auch den Torso und was nur transportabel aus dem Farnesischen Palaste ist, reisefertig zu machen. Auf der andern Seite leert der Großherzog¹) die Villa Medici völlig aus und Rom verliert interessante Sachen. Doch bleibt es immer ein unerschöpflicher Brunnen und wird den spät'sten Nachkommen noch die wichtigsten Gegenstände der Kunst zu zeigen haben.

Das allgemeinste Gespräch ist nun, daß der Papst die berühmte Leprische Sache verloren hat. Er hat noch ein Remedium ergriffen; man glaubt aber nicht, daß es ihm viel helfen werde.

Die Hitze ist groß und der Scirock hält auch die Nächte warm. Er muß mir auch zur Entschuldigung dienen, denn er hat mich gegen Abend eingeschläfert und nun geht die Post. Leben Sie recht wohl. Behalten Sie mich in freundlichem Andenken, empfehlen Sie mich Ihrer Frau Gemahlinn und geben mir noch einige Nachricht von Ihrem und der Ihrigen Befinden nach Rom. In 16 Tagen erhalt ich richtig die Briefe.

G.

37.

Für Ihren lieben werthen Brief, mit dem Sie mich erfreut haben, danke ich auf das Herzlichste, Sie krönen dadurch

---

¹) Leopold von Toscana, später deutscher Kaiser.

das Glück, das ich hier genieße und beruhigen mich auf alle
Weise. Sie geben mir Raum, daß ich erst recht mein werden
kann und sondern mich von Ihrem Schicksale nicht ab; möge
sich Ihnen Alles zum Besten wenden! Ich erwartete Ihr Schreiben, um über meinen fernern Aufenthalt etwas Festes zu beschließen. Nun glaube ich nicht zu fehlen, wenn ich Sie ersuche,
mich noch bis Ostern in Italien zu lassen. Mein Gemüth ist
fähig, in der Kunstkenntniß weit zu gehen, auch werde ich von
allen Seiten aufgemuntert, mein eigenes kleines Zeichnentalentchen
auszubilden und so möchten diese Monate hinreichen, meine Ein-
sicht und Fertigkeit vollkommen zu machen. Jetzt werden Architektur und Perspektiv, Komposition und Farbengebung der Landschaft getrieben, September und Oktober möchte ich im Freien
dem Zeichnen nach der Natur widmen, November und December der Ausführung zu Hause, dem Fertigmachen und Vollenden,
die ersten Monate des künftigen Jahres der menschlichen Figur,
dem Gesichte ꝛc. Ich wünsche und hoffe, es nur wenigstens
soweit zu bringen, wie ein Musikliebhaber, der wenn er sich
vor sein Notenblatt setzt, doch Töne hervorbringt, die ihm und
Andern Vergnügen machen. So möchte ich fähig werden, eine
Harmonie aufs Blatt zu bringen und Andre mit mir zu unterhalten und zu erfreuen. Ich weiß zu sehr, wie ängstlich es ist,
wenn man eine gewisse Fähigkeit in sich spürt und Einem das
Handwerk gänzlich mangelt, sie auszulassen und auszuüben.

Bis Ostern werde ich es soweit gebracht haben, um alsdann für mich weiter gehen zu können. Denn gewisse Dinge

sind es, die man von Andern lernen und annehmen muß. Dieses
macht den Aufenthalt in Rom so angenehm, weil so viele Menschen sich hier aufhalten, die sich mit Denken über Kunst, mit
Ausübung derselben Zeitlebens beschäftigen und wohl kein Punkt
seyn kann, über den man nicht von Einem oder dem Andern
Belehrung erwarten könnte.

Noch eine andre Epoche denke ich mit Ostern zu schließen:
meine erste (oder eigentlich meine zweite) Schriftsteller-Epoche.
Egmont ist fertig, und ich hoffe, bis Neujahr den Tasso, bis
Ostern Faust ausgearbeitet zu haben, welches mir nur in dieser
Abgeschiedenheit möglich wird. Zugleich, hoffe ich, sollen die
kleinen Sachen, welche den fünften, sechsten und siebenten Band
füllen, fertig werden und mir bei meiner Rückkehr ins Vaterland nichts übrig bleiben, als den achten zu sammeln und zu ordnen. Somit werde ich auch dieser Verbindlichkeit los und kann
an etwas Neues, kann mit Ernst an Wilhelm gehen, den ich
Ihnen recht zu erb und eigen schreiben möchte.

Daß ich meine älteren Sachen fertig arbeite, dient mir er-
staunend. Es ist eine Recapitulation meines Lebens und meiner
Kunst, und indem ich gezwungen bin, mich und meine jetzige Denk-
art, meine neuere Manier, nach meiner ersten zurückzubilden, das,
was ich nur entworfen hatte, neu auszuführen; so lern ich mich
selbst und meine Engen und Weiten recht kennen. Hätte ich die
alten Sachen stehen und liegen lassen, ich würde niemals so
weit gekommen seyn, als ich jetzt zu reichen hoffe. Ostern rückte
ich mit Zucht und Ordnung wieder ins Vaterland und käme zur

schönen Jahreszeit zurück. Edelsheim in einem gar guten Brief aus Carlsbad giebt mir zwei Jahre, die hätte ich alsdann ohngefähr vollendet. Ist mir erlaubt, einen Wunsch, den ich für jene Zeit habe, noch zum Schluß beizufügen, so wäre es: Ihre Besitzthümer sogleich nach meiner Rückkunft sämmtlich als Fremder bereisen, mit ganz frischen Augen und mit der Gewohnheit, Land und Welt zu sehen, Ihre Provinzen beurtheilen zu dürfen. Ich würde mir nach meiner Art ein neues Bild machen und einen vollständigen Begriff erlangen und mich zu jeder Art von Dienst gleichsam aufs Neue qualificiren, zu der mich Ihre Güte, Ihr Zutrauen bestimmen will. Secundirt der Himmel meine Wünsche, so will ich mich alsdann der Landes-Administration einige Zeit ausschließlich widmen, wie jetzt den Künsten; ich habe lange getappt und versucht, es ist Zeit zu ergreifen und zu wirken. Möge indeß Alles, was Sie bei Sich einrichten, Ihren Absichten völlig entsprechen und auch mir, wenn ich wiederkomme, Freude bereiten! Mögen Ihre großen, auswärtigen Verhältnisse Ihre Existenz ganz ausfüllen und Sie für Mühe, Aufopferung und Gefahren die schönsten Früchte einerndten. Noch Manches bleibt mir über einzelne Dinge zu sagen übrig, das ich auf einen nächsten Brief verspare. Geben Sie mir bald wieder ein Zeichen Ihres Andenkens und Ihrer Liebe. Ihrer Frau Gemahlinn empfehle ich mich auf das Beste.

Rom den 11. August 87.

G.

38.

Frascati, den 28. September 87.

Ob wir gleich so weit auseinander sind, unterhalte ich mich
doch oft mit Ihnen, erzähle Ihnen, wie wohl es mir geht und
lasse mir vom Genius ins Ohr sagen, daß Ihnen auch wohl ist,
daß Sie da sind, leben und wirken, wo Sie Sich fühlen und
Ihres Daseyns genießen.

Ich bin an der friedlichen Seite der Welt, Sie am kriegerischen Ende[1] und, Alles berechnet, man könnte keine antipo-
dischere Existenz haben. Hier wird das Pulver gar löblich nur
zu Feuerwerken und Freudenschüssen an Festtagen verbraucht,
der Soldat hütet sich eben so arg vorm Regen, als vorm Feuer.
Leben und leben lassen ist das allgemeine Loosungswort. Wir
werden was zu erzählen haben, wenn wir dereinst wieder zusammen kommen.

Daß ich halb unklug vom Zeichnen und aller möglichen
Nachahmung der Natur bin, wird Frau von Stein sagen. Ich
mag es hier nicht wiederholen, es schwindelt mir der Kopf bei dem
Gedanken. Man kann nicht einfacher und nicht mannichfaltiger
leben, als ich jetzt. Es ist eine ernsthafte Sache um die Kunst,
wenn man es ein wenig streng nimmt, und sogar die Kenntniß ist schon ein Metier, welches man doch kaum glauben mag.
So viel kann ich versichern, daß wenn ich Ostern weggegangen
wäre, ich eben geradezu nicht sagen dürfte, ich sey dagewesen.

[1] Vgl. Nr. 35.

Wie sehr dank ich Ihnen, daß Sie mir diese Muße geben und gönnen. Doch da einmal von Jugend auf mein Geist diese Richtung genommen hat; so hätte ich nie ruhig werden können, ohne dies Ziel zu erreichen. Diesen Winter hab ich noch wacker zu thun, es soll kein Tag, ja keine Stunde versäumt werden.

Noch halte ich mich immer in der Stille und sogar (ich weiß nicht, ob es lobens= oder scheltenswerth ist) die Frauen haben keinen Theil an mir. Mit der einzigen Angelika gehe ich um, die der Achtung jedes wohlgesinnten Menschen werth ist. Haben Sie doch die Güte, Miß Gore ein Exemplar meiner Schriften zu schicken. Künftiges Frühjahr sollen einige Zeichnungen für sie folgen; ich muß noch erst durch einige Schu= len, ehe ich mich produciren darf.

Die Nemesis[1]) hab ich noch nicht bestellt. Ich hoffe noch immer einmal eine schöne Antike zu finden. Bei Pichler kostet eine Figur gegen 50 Zecchinen. Ich bestelle sie auch wohl bei ihm, wenn ich nur versichert bin, daß er gute Arbeit macht.

Manchmal schlaudert er, wenn es bestellt ist.

Neulich kam ein antiker Sokrates für 25 Zecchinen vor, den ich ungern aus Händen ließ: er war trefflich gear= beitet.

Mehr zum Scherz als Ernst, hab ich mir auch einige Ein schnitte gekauft, und doch in der Absicht, um mehr Kenntniß in dem Fache zu erwerben. Graf Frieß, der hier eine Menge

---

[1]) Vgl. Nr. 30.

Geld ausgegeben (er hat vielleicht für 20 mille Scudi Kunstsachen gekauft) ist noch zu guter Letzte mit einem Cameo auf
eine recht brillante Weise betrogen worden. Ein Steinschneider
verstand sich mit einem Vignerol; dieser gab vor, den Cameo
im Weinberge gefunden zu haben, machte aber ein Geheimniß
daraus, unter dem Vorwande, der Herr des Weinbergs (der
Vignerol war nur Pächter, wie die meisten sind) werde an diesen Schatz Anspruch machen. Graf Frieß mußte in der großen
Hitze heimlich vor Rom hinaus gehen, dort den Stein besehen ꝛc.
Genug er tappte in die Falle, bezahlte den Stein sehr hoch ꝛc.

Die Sache kam bald aus Licht, einen Theil seines Geldes
erhielt er wieder ꝛc.

Es ist das eine theure Art zur Kenntniß zu gelangen.

Leben Sie recht wohl. Ehe ich michs versah, bin ich ins
Erzählen und Schwätzen gerathen.

Empfehlen Sie mich Ihrer Frau Gemahlinn, erhalten Sie
mir Ihre Liebe und lassen mir die Freude, zu denken, daß ich
auch für Sie genießend sammle und gewinne.

G.

39.

So sehr mein Gemüth auch gewohnt ist, sich mit Ihnen zu
unterhalten, so gewiß ich nichts Gutes genieße, ohne Sie dessen
theilhaftig zu wünschen, so verlegen bin ich jetzt doch gewissermaßen, wenn ich die Feder ansetze, Ihnen zu schreiben. Kaum

darf ich denken, daß in Ihrem bewegten Leben[1]) Sie jetzt Et
was interessiren könnte, was ich aus dem Schooße der Ruhe
schreiben dürfte.

Ich komme eben von Castell Gandolfo zurück, wo ich ohn=
gefähr drei Wochen der schönen Jahreszeit in guter Gesell
schaft genossen. Die ganze herrliche Reihe von Hügeln, worauf
Frascati, Marino, Castello, Albano, Lariccia, Genzano, Nemi
liegen, ist vulkanisch, aber ihre alte Bewegung ist so in Ruhe
übergegangen, daß ihre Bewohner schon Jahrtausende sich eines
friedlichen Sitzes erfreuen und nur die neuere Naturlehre hat
uns aufmerksam gemacht auf die Gewalt, die ehemals in diesen
Gegenden tobte und jene Höhen hervorbrachte, die wir nun be=
bauen und genießen.

Und wie auf ausgebrannten Vulkanen leben wir auch hier
auf den Schlachtfeldern und Lagerplätzen der vorigen Zeit.
An dem See von Nemi erinnerte mich ein sonderbarer Gegen=
stand an Sie, an Ihre gegenwärtige militärische Beschäftigung,
an Ihre entschiedene Leidenschaft.

Wir hatten uns am Rande des See's, eines alten Kraters,
unter schönen Platanen gelagert; eine Quelle floß sparsam aus
dem Felsen und nahe dabei lag ein alter, trockner, hölzerner
Trog, aus einem Baumstamm ausgehöhlt. Ich sah die Gegend
mit Augen des Zeichners an, und bemerkte nicht, daß dieser
hölzerne Trog eine Seltenheit sey, da in Italien alle solche

---

[1]) Vgl. Nr. 35 u. 38.

Wasserbehälter von Stein sind. — Ein alter Mann, der Früchte gebracht hatte, sprach zu einigen der Gesellschaft und sagte: „Diesen Trog haben die Deutschen Anno 44 gemacht, als sie „hier in Quartier lagen; es waren zwei Tröge, den andern „hat die Zeit aufgerieben. Es lag damals Cavallerie in Remi „und sie höhlten diese Tröge aus, um die Pferde bequem zu „tränken."

Gleich erinnerte ich mich, was Sie mir einst von Ihrem Antheil an der Schlacht bei Velletri schrieben und frug den Alten aus, wo die Deutschen gestanden? wo das Lager gewesen? ꝛc. er gab mir von Allem Bericht: das Hauptlager war gerade über uns an der Seite des Monte cavo. Eine köstliche Position, die auch ehemals Hannibal erwählt hatte.

Das Wetter verhinderte uns, auf den Monte cavo zu gehn und auch die Uebersicht der ganzen damaligen Expedition zu haben; denn man übersieht von da die ganze Gegend.

Fast hätte ich Ihnen einen Span aus dem Troge geschnitten und Ihnen so eine recht landsmännisch = militärische Reliquie geschickt.

Wenn es mit meinem Zeichnen ein wenig besser vorwärts geht, so will ich die Platanen mit der Quelle und dem Troge, der wohl noch eine Weile liegen wird, zeichnen und schicken, da ich doch nicht wohl hoffen darf, Ihnen aus der Quelle selbst sobald ein Glas zuzutrinken.

Während dieser Villeggiatur habe ich viel Menschen auf einmal gesehen und kennen lernen, welche ich einzeln nicht würde aufgesucht haben. Es ist auch für Gewinn zu rechnen, eine Nation nach und nach mit Bequemlichkeit zu sehen, mit der man eigentlich nichts Gemeines haben kann. Meine besten Wünsche begleiten Sie auf allen Wegen und Stegen. Wenn Sie einen Augenblick Zeit finden; so bitte ich, mir wieder einmal zu sagen, wie Sie leben, und mich durch ein Paar Worte Ihres Andenkens zu versichern. Nur zu sehr spüre ich in diesem fremden Lande, daß ich älter bin. Alle Verhältnisse knüpfen sich langsamer und loser, meine beste Zeit habe ich mit Ihnen, mit den Ihrigen gelebt und dort ist auch mein Herz und Sinn, wenn sich gleich die Trümmern einer Welt in die andere Waagschale legen. Der Mensch bedarf wenig: Liebe und Sicherheit seines Verhältnisses zu dem einmal Erwählten und Gegebenen kann er nicht entbehren.

Leben Sie tausendmal wohl.

Rom den 23. Oktober 87.

Goethe.

40.

Rom, den 17. November 87.

Ihr werther Brief von Eisenach versichert mich Ihres Wohls und läßt mich sehen, daß Sie Ihre neue Laufbahn¹) mit Muth und Freudigkeit antreten. Möge ein günstiges Schicksal Ihr Unternehmen für Sie und die Ihrigen zum besten

---

¹) Vgl. Nr. 35, 38 u. 39 Anm.

kehren und alle Besorgnisse nach und nach auflösen und zer=
streuen, die sich über Ihr Beginnen in den Herzen so Vieler
gesammelt und festgesetzt haben. Mein Schicksal ist mit dem
Ihrigen so genau verwandt, daß ich nichts für Sie wünschen
kann, das ich mir nicht selbst wünsche.

Sie erlauben mir, ja Sie fordern mich auf, Ihnen öfter
zu schreiben; ich will es mit Freuden thun, wenn mir vergönnt
ist, auf das Papier zu setzen, was der Tag und die Stunde
giebt, das dann nicht immer das Bedeutendste seyn möchte.
Der großen Resultate sind so wenig, und je länger man Gegen=
stände betrachtet, desto weniger getraut man sich, etwas All=
gemeines darüber zu sagen. Man möchte lieber die Sache
selbst mit allen ihren Theilen ausdrücken oder gar schweigen.

Ich muß immer heimlich lachen, wenn ich Fremde sehe,
die beim ersten Anblick eines großen Monuments sich den be=
sonderen Effect notiren, den es auf sie macht. Und doch:
wer thut's nicht? und wie Viele begnügen sich nicht damit?

Sie haben indeß zwei Briefe von mir erhalten, einen von
Frascati, den andern (glaub ich) von Castell Gandolfo; we=
nigstens enthielt er die Nachricht von einer militärischen Reliquie
der dortigen Gegend.[1]

Egmont ist nun in Weimar. Ich habe große Freude an
der Art, wie ihn die Freunde aufgenommen haben. Auch Ihnen
und Ihres Gleichen darf er sich hoffe ich präsentiren, denn

---

[1] Vgl. Nr. 39.

ich möchte nun nichts mehr schreiben, was nicht Menschen, die ein großes und bewegtes Leben führen und geführt haben, nicht auch lesen dürften und möchten.

Kayser aus Zürich ist hier und hat die Partitur unserer Oper[1]) mitgebracht; ich habe viel Genuß an ihm und seiner Arbeit. Durch ihn genieße ich auch erst die hiesige Musik, weil sich doch nichts in der Welt ohne wahre innere Kenntniß recht genießt.

Von meinem übrigen Wesen und Treiben das nächstemal.

Und nun ein Wort von Ihrer Frau Mutter Reise, die mir schwer auf dem Herzen liegt. Sie wollte noch dieses Jahr hierher und es war ein sehr kühnes, ja ein verwegenes Unternehmen, mit denen mir bezeichneten Personen, mit einer ganz bonhommischen, ununterrichteten, so gut als mit dem Lande unbekannten Caravane einen Zug durch diese Gegenden anzutreten. Ich habe ihr pflichtmäßig und geheimderäthlich die Gründe vorgelegt, warum die Reise noch ein Jahr aufzuschieben sey. Glücklicherweise kamen einige Umstände dazu, die sie determinirten, noch zu bleiben und zu warten. Ich bin nun über ein Jahr im Lande und weiß, was vornehme Reisende hier erwartet und wie schwer es für Fremde ist, Genuß, Menage und Anstand nur einigermaßen zu verbinden. Vielleicht ist es in diesem Lande schwerer, als in andern, doch ist es wieder leicht und sehr bequem, wenn man's weiß. Nur weil Niemand Vortheil davon hat, den Fremden zu unterrichten, vielmehr von Un-

---

[1]) „Scherz, List und Rache“, von Goethe.

wissenheit und Ungeschick zu profitiren ist, so geht's aus Einem
in's Andre. Genug, das allgemeine Reiseschicksal wird hier be=
sonders fühlbar. Vor einigen Tagen habe ich einen Italiener
nach Weimar geschickt, einen sehr guten Menschen, wenn er
gut genutzt wird, eine Art von Maitre Jacques, der das Mecha=
nische der Reise zu besorgen, alle Händel mit den Postmeistern,
Wirthen ꝛc. abzuthun hat. Das ist schon sehr viel, weil die
Seccatur und Prellerei in Italien unendlich ist; man muß
nothwendig einen Italiener an die Italiener hetzen, um mit
ihnen fertig zu werden. Nun ist es aber leider noch um das
Moralische und Politische, um Kunst= und Naturgenuß zu thun,
wo ich wohl rathen kann und kann sagen: da und da liegt's.
Weil es aber auf die Leitung eines jeden einzelnen Tages an=
kommt und auf ein Zusammenhalten der ganzen Zeit und Ab=
sicht; so ist da Vieles dem Glück und dem Zufall überlassen,
was bedacht und geführt werden sollte. Eine Sache, die im
ganzen Leben schwer ist und auf Reisen am schwersten von
Großen und Vornehmen ausgeübt werden kann, ist nach meinem
Bedünken: die Dienstleistungen und Dienstanerbietungen meh=
rerer Menschen, die man nicht genau kennt und die sich immer
zudrängen, anzunehmen oder abzulehnen und einen Jeden nach seiner
Art zu brauchen, ohne sich zu kompromittiren oder zu secchiren.
Einzeln kommt Jeder eher durch, eine große Gesellschaft leidet
gewiß drunter. Für Rom und Neapel wäre so ziemlich gesorgt,
in Florenz soll es auch nicht fehlen und man muß denn auch
etwas dem Glück überlassen.

Dann ist noch ein Hauptbedenken bei der Reise: daß sie im rechten Zeitmaße geschehe und die Reisenden auch geziemend wiederkehren. Um einen Leibarzt habe ich sehr gebeten, er ist aber abgeschlagen worden; ich habe auf einen Chirurgus kapitulirt, der nun leider erst gesucht wird. Keine Dame kenne ich, die ich vorschlagen möchte, kann also auch dazu nichts sagen; die Caravane wird auch dadurch noch größer und schwerer zu bewegen.

Ich will thun und vorbereiten, was möglich ist, wenn nur Einsiedel ein wenig thätiger und gewandter wäre! Auch höre ich, daß er gar nicht wissen soll, wie er mit dieser Reise dran ist. Ich glaube es wohl.

Und nun noch ein politisch Wort, ob ich gleich nur das Allgemeinste der Welthändel sehen kann. Ich lese fleißig die Zeitungen und da neuerdings sich Alles bald aufdeckt und entwickelt, so Vieles öffentlich verhandelt wird, was sonst verborgen traktirt wurde, so kann man mit einer freien Vorstellungsart die Lage der Sache ziemlich übersehen. Mir scheint es für Freund und Feind bedenklich, daß Frankreich so weit herunter ist. Wenn auf der einen Seite die Preußisch-Englisch-Oranischen Absichten leichter auszuführen sind: so haben auf der andern Seite Catharine und Joseph auch freies Spiel und können sich vielleicht in einem Augenblicke süd- und ostwärts ein ungeheures Uebergewicht verschaffen, indem der Nord und West (wozu ich Frankreich mitrechne) mit einander nicht einig sind. Aus diesen Gegenden kann ich sagen: daß man sich im

Stillen und Einzelnen vor Rußland und dem Kaiser fürchtet und glaubt, daß unter keiner Bedingung der Kaiser jene großen Aus- und Absichten Catharinens auf Konstantinopel begünstigen könne, wenn nicht auch einem Nachgebornen seines Hauses der Besitz von Italien versichert sey.

Soviel ist gewiß, daß der Kirchenstaat und beide Sicilien ohne Schwertstreich, wie Holland, wegzunehmen wären. Man legte sich mit ein Paar Linienschiffen in den Golf von Neapel und bäte sich zwei Thore von Rom aus; so wäre die Sache gethan. Aus verschiedenen Bewegungen glaube ich, daß der päpstliche und Neapolitanische Hof auf einer solchen Spur sind, obgleich das allgemeine Publikum sich nichts davon träumen läßt. Das Volk ist mißvergnügt, die Geistlichkeit besonders; die Mönche sind kaiserlich gesinnt. Noch gestern sagte ein 70jähriger Mönch: wenn ich nur noch in meinen alten Tagen erleben sollte, daß der Kaiser käme und uns alle aus den Klöstern jagte, selbst die Religion würde dabei gewinnen. Wenn die Russischen Schiffe in's Mittelländische und Adriatische Meer kommen, wird man bald mehr sehn. Verbrennen Sie doch ja meine Briefe gleich, daß sie von Niemandem gelesen werden; ich kann in dieser Hoffnung desto freier schreiben.

Leben Sie tausendmal wohl! Und wenn Ihr neuster Schritt manche Mißvergnügte gemacht hat, wenn Sie im Dienste Manchem streng aufdrücken müssen, wenn Sie in einem halbfeindlichen Lande nicht immer zufrieden vor Sich sehen; so genießen Sie wenigstens des Gedankens: daß Sie Einen Menschen, der Ihnen

nah angehört, durch Ihre Liebe, Güte und Nachsicht ganz
glücklich machen.

G.

41.

Rom den 7. December 87.

Sie muntern mich auf manchmal etwas von mir hören
zu lassen und ich nehme die Feder um ein und den andern
Punkt meines täglichen Lebens zu berühren. Schon lange habe
ich mir Vorwürfe gemacht, daß ich nicht etwas von meiner Ar
beit, es sey an Zeichnungen oder Betrachtungen über die Kunst
überschickt habe; allein wenn ich selbst Künstler, die hierher
kommen, betrachte, so finde ich meine Entschuldigung. Jeder,
der nun endlich Rom erreicht hat, denkt, er wolle nun erst recht
fleißig seyn, recht fort arbeiten, fort denken rc. und er spürt
nur gar zu bald, daß er wieder zurücklernen muß, daß er seinen
Grund tiefer graben, stärker und breiter legen muß. Er muß
den Aufwand an Zeit und Kräften erst in die Erde verstecken,
um in der Folge, wenn das Glück will, sein Gebäude aufführ-
ren zu können. Mit dem Beurtheilen ist es das Gleiche und
ich sehe jetzt, nach Verlauf eines Jahres, an Andern, die hier
her kommen, wie ich die Sachen im Anfang ansah. Wie die
Kindheit und Jugend ihre eigne Vorstellungs = Art, so giebt es
auch eine eigne Reisenden = und Dilettanten = Vorstellungs Art,
die eigentlich nicht unrichtig, nur verhältnißmäßig ist.

Meinen geschnittenen Steinhandel habe ich fortgesetzt und

für wenig Geld artige Sachen zusammengekauft. Man muß von Zeit zu Zeit Etwas von den Leuten nehmen, um in Connexion zu bleiben und sie kennen zu lernen, wenn man etwas Gutes erwischen will. Aus den Händen der großen Händler muß man nichts nehmen, das ist für Russen und Engländer.

Für Sie habe ich einen Einschnitt im Auge; er ist von guter Arbeit und ein interessantes, von den Alten oft wiederholtes Süjet. Die Herakliden, wie sie die wiedereroberten Länder durchs Loos theilen.

Ich lege die Zeichnung aus den Monumenti inediti bei. Noch will der Händler mit dem Preis zu hoch hinaus. 15 bis 20 Zecchinen, mehr muß man nicht dafür geben, sonst ist's kein Spaß. Die Juden sind nur alle zu klug geworden. Es wird von Fremden ein ungeheures Geld für diese Sachen, besonders für Cameen ausgegeben. Es ist freilich reitzend, faßlich, transportabel. Indeß muß man nicht mehr Werth hinein legen als es hat, denn große Kunstwerke sind wenig unter allen geschnittenen Steinen in der Welt und ein Gypskopf ist im Grunde ein würdigerer Gegenstand, als viele solcher Spielwerke. Wie freue ich mich auf die Zeit, da wir zusammen das Stosch'sche Cabinet in Potsdam sehen werden, das Ihnen wohl nicht verschlossen bleiben wird. Das Ende meiner Bemühungen und Wanderungen ist und bleibt der Wunsch, Ihr Leben zu zieren. Möge er mir gewährt werden.

Nun noch ein Wort, das sich auf Ihre innere Wirthschaft bezieht und das ich bis auf meine Rückkunft nicht versparen

will. Ich wünschte, Sie veranlaßten Schmidten, daß er Sei-
deln, der Ihnen nun eine Zeit lang in der Stille und im
Kleinen dient, näher prüfe und sich selbst überzeuge, wie und
wozu dieser Mensch brauchbar ist. Ich will ihn nicht unbedingt
empfehlen, weil er der Meinige war und im Edelsten mein
Geschöpf ist; aber ich wünsche, daß man ihn kennen lerne.
Wenn Bachmann abgeht, wird eine große Lücke erscheinen, die
vielleicht weniger merklich gemacht werden könnte, wenn man
einen solchen durchaus treuen, arbeitsamen, verständigen Menschen dazu vorbereiten ließe. Er ist schon an Bachmanns Seite,
kennt die Sachen gut und hat einen richtigen Blick. Er ist jung
und auf eine Zeit hinaus von ihm etwas zu hoffen. Lassen
Sie ihn prüfen, prüfen Sie ihn bei Ihrer Rückkunft selbst, ich
müßte mich sehr betrügen, wenn Sie in dieser Classe Menschen
einen gleichen fänden. Nächstens mehr, leben Sie tausendmal
wohl und erwiedern meine Liebe.

G.

42.

Rom den 8. December 87.

Heute erhalte ich Ihren werthen Brief von Overtoon und
lege noch ein Blatt zu den geschriebenen.

Mein Herz geht wieder auf in der Hoffnung, Sie zu
Hause zu wissen, mein Wunsch wird wieder lebendig, an dem
Orte zu seyn, von dem doch im Grunde Ihre Abwesenheit nur
mein Gemüth entfernte.

Ich danke Ihnen für die Nachrichten, die Sie mir von Ihrer Expedition geben, die freilich dem Geist unseres Jahrhunderts gemäß klüger, als kriegerisch, ausgegangen ist.[1] Ich lese die Zeitungen regelmäßig und bleibe im Allgemeinen in der Connexion. In meinem letzten Briefe habe ich eine politische Poesie gewagt, die Sie mir verzeihen werden; doch scheinen die neuesten Operationen der Cabinette meine Sorge, wo nicht in ihrer ganzen Ausdehnung, doch in ihrer Richtung zu rechtfertigen.

Wie sehr gönnte ich Ihnen nur einen Theil des Genusses, der mir so reichlich geschenkt ist und den Sie mehr, als Jemand verdienen. Leider haben Sie Sich zu Ihrer angebornen Bestimmung, die mühsam genug ist, wenn man ihr ernstlich nachgehen will, noch fremde Lasten[2] aufgeladen, deren Schwere Sie noch oft fühlen werden. Gebe Ihnen ein günstig Geschick immer frohen Muth! Daß Sie den Gedanken, die Rembrands zu kompletiren, fahren lassen, kann ich nicht anders, als billigen. Besser nach und nach bessere Abdrücke von den Hauptblättern angeschafft. Besonders fühle ich hier in Rom, wie interessanter denn doch die Reinheit der Form und ihre Bestimmtheit, vor jener markigen Rohheit und schwebenden Geistigkeit ist und bleibt.

Ein Paar Blätter von Mark Anton brächte ich Ihnen gerne mit. Es sind ein Paar Blätter, ein heiliger Lorenz und

[1] Vgl. Nr. 35, 38, 39 und 40. [2] Der Herzog war als Generalmajor in den preußischen Militärdienst getreten.

ein Kindermord von ihm nach Baccio Bandinelli. Es ist eine Welt in den Blättern und gute Abdrücke davon unschätzbar. Ich habe neulich nur einen Blick in die vaticanische Kupfer-Sammlung gethan. Da sind Schätze!

Wenn Sie wieder zu Hause sind, bitte ich einen Abend am Kamin meinem Egmont zu widmen. Könnten Sie wieder eine Tannröder[1]) Stimmung, welche meinem Wilhelm so günstig war, antreffen: so würde ich mich recht glücklich fühlen. Es ist gar tröstlich für den Dichter, der sichs denn doch so sauer werden läßt, wenn so eine Arbeit gleich das erste mal ihre Wirkung nicht verfehlt. Ich hoffe er soll Ihnen neu seyn und zu gleich alte Erinnerungen anmuthig anschlagen.

Claudine und Erwin halten mich länger auf, als ich dachte: ich will sie nun gut machen in ihrer Art, besonders, da es die ersten Singspiele sind, die in meiner neuen Ausgabe vorkommen.

An Faust gehe ich ganz zuletzt, wenn ich alles Andere hinter mir habe. Um das Stück zu vollenden, werde ich mich sonderbar zusammen nehmen müssen. Ich muß einen magischen Kreis um mich ziehen, wozu mir das günstige Glück eine eigne Stätte bereiten möge.

Kayser ist nun hier und ich kann nicht sagen, wie sehr mich seine Gegenwart freut und erbaut. Einen männlichern, solidern Künstler habe ich nie gekannt und dabei hat er in der

---

[1]) Vgl. Nr. 34.

Vorstellungsart eine Geschwindigkeit, in seinem Umgang eine Grazie, die man erst nach und nach entdeckt und gewahr wird. Sein Aufenthalt hier wird ihn ganz zur Reise bringen. Er komponirt Alles, was an Musik zum Egmont nöthig ist und seine Studien darüber sind mir sehr unterrichtend. Ich habe an Frau von Stein einige Zeichnungen geschickt; wäre etwas darunter, was Ihnen für die Freundinnen gefiele; so steht es zu Befehl. Es ist aber auf alle Weise nichts von einigem Werth.

Noch eine andere Uebung habe ich vor: daß ich, wie ehe mals durch Kraus das Neueste von Plundersweilern, so durch einen jungen Künstler neue heroische Süjete nach meinen Anlässen zeichnen lasse. Wir sind nur im Anfange, indeß kann ich hoffen, daß in einiger Zeit wenigstens unser guter Wille sichtbar werden wird. Frau von Stein kann etwas Näheres, wenigstens die Liste der Süjete mittheilen.

Leben Sie aufs Beste wohl und erfreuen mich manchmal mit einem Worte. Nehmen Sie Filippo Collina¹), ein Römi= sches Original, das ich Ihrer Frau Mutter als Reise Maitre-Jacques überschicke, in Protection. Sie können am Ersten beur theilen, wie wunderlich einem verpflanzten Geschöpf seine Ort= veränderung thut. Es ist ein sehr guter Mensch, wenn ich mich nicht sehr betrüge.

G.

¹) Vgl. Nr. 40.

43.

Von allen Seiten höre ich, daß es Ihnen wohl geht, daß Sie im Haag vergnügt sind und der Kriegshimmel sich aufgeheitert hat.[1]) Das Glück bei Frauen, das Ihnen niemals gefehlt hat, wird Sie auch in Holland nicht verlassen und Sie dafür schadlos halten, daß Sie die schöne Emilie[2]) in Ihrem Hause versäumt haben.

Mich hat der süße kleine Gott in einen bösen Weltwinkel relegirt.

Was das Herz betrifft, so gehört es gar nicht in die Terminologie der hiesigen Liebeskanzlei.

Jetzt geht die Zeit der Zerstreuung an, für mich weniger als für Andere. Kaum ist Christus geboren (welcher dieses Jahr mit einer Mondfinsterniß und einem starken Donnerwetter seine Geburtsnacht gefeiert hat) so sind auch schon die Narren wieder los und die um wenige Tage verdrängten Saturnalien treten ein. Vier große und ein halb Dutzend kleine Theater sind auf gegangen, recitiren, singen, tanzen um die Wette. Die große Oper in Aliberti hat mich den ersten Abend erschrecklich secebirt. Alle Elemente waren da: Theater, Decorationen, Lichter, Sänger, Tänzer, Kleider, Musik 2c. und Alles mehr durch Gewohnheit, als durch einen frischen Geist belebt. Die Mittelmäßigkeit eines so zusammengesetzten, großen brillanten Gegenstandes war un

---

[1]) Vgl. Nr. 35, 38, 39, 40 und 42. [2]) Gore.

erträglich. Vielleicht geben die andern Theater etwas. Mir
ist nicht viel daran gelegen, denn ich bringe die Abende gewöhnlich unter Gesprächen über die Kunst hin, und zwar nicht über
das Allgemeine, sondern über besondere Gegenstände der Nach-
bildung. Jetzt bin ich am menschlichen Kopfe, und würde mich
sehr glücklich halten, wenn ich immer tiefer in diesen Betrachtungen gehen, immer weiter in der Ausführung kommen könnte.
Der junge Camper[1]) ist hier und trägt uns die Lehre seines
Vaters vor, welche sich trefflich an das Höhere und Höchste an-
schließt. Sie werden seinen Vater im Haag auch nicht versäumt
haben; der gute Alte hat, höre ich, viel gelitten.

Wenn Sie mir manchmal etwas Bedeutenderes schreiben
wollen, können Sie es ohne Sorge thun. Niemals habe ich an
einem Briefe nur eine Spur einer Eröffnung bemerkt. Auch
kommen sie gewöhnlich in der kürzesten Zeit und können unterwegs nicht seyn angehalten worden. Allenfalls nehmen Sie ein
unbedeutendes Siegel.

Anfang Decembers durchlief ich noch einmal das vulkanische
Gebirg hinter Rom, von Frascati bis Nemi, und schnitt bei die-
ser Gelegenheit einen Span aus jenem Troge.[2]) Mit nächstem
Transport wird diese Reliquie sich Ihrem Hausaltar empfehlen.

Behalten Sie mir Ihre Liebe, wie mein Gemüth Ihnen
unwandelbar ergeben ist.

G.

---

[1]) Adrian Gilles Camper, Sohn des berühmten Anatomen und Arztes
Peter Camper. [2]) Vgl. Nr. 39.

44.

Rom den 25. Januar 88.

Welche Freude und Zufriedenheit mir Ihr Brief an einem schönen Tage gebracht hat, kann ich Ihnen nicht ausdrücken und hätte
die Sorge für Ihre Gesundheit mich nicht wieder herabgestimmt: so
könnte ich den gestrigen Tag als den fröhlichsten ansehn, den ich in
Rom erlebt habe. Ich lief gleich nach erhaltenem Brief ins
Weite; denn wie Tristram die horizontale Lage für diejenige
hält, in welcher man Freude und Schmerz am besten genießt
und trägt, so ist es bei mir das Wandeln in freier Luft. Da
dacht ich denn recht Vieles durch und setze mich heut früh zu
schreiben, damit Sie durch den zurückkehrenden Courier einige
Blätter erhalten.

Zuvörderst danke ich aufs Schönste für das tableau poli-
tique. Ich folge dem Lauf der Welt in den Zeitungen nach
und um desto angenehmer war mir diese Ausfüllung und Bestimmung meiner allgemeinen Ideen. Der Antheil, den Sie an
den Geschäften des Vaterlandes und der Welt nehmen, liegt mir
zunächst am Herzen, ich freue mich über Alles, was Ihnen gelingt; es ist mir tröstlich, daß Ihre Mühe und Aufopferung
anerkannt und mit einem ehrenvollen Zutrauen gelohnt wird.
Lassen Sie mich von Zeit zu Zeit wissen, wie die Sachen stehen:
an Ihrem gestrigen Brief hab ich nun eine Weile zu zehren.

Sie wünschen, daß ich Ihre Frau Mutter in Italien erwarten möge: ich will mich darüber aufrichtig erklären.

Ostern war der letzte Termin, den ich meinem Bleiben

in Italien gesetzt hatte: auch Sie schienen mich im Frühjahr
zu Hause zu erwarten und ich habe rationem vitae et stu-
diorum (worüber ich ein besonder Blatt wenn ich Zeit habe
beilege) völlig darauf eingerichtet, daß ich nach dem Feste Rom
ohne Widerwillen verlassen kann. Ich erwartete, daß Sie
zu Hause anlangen und mir nach Lage der Sachen Ihre Gesinnung schreiben würden. Nun anticipiren Sie solche, ich kann
mich darnach einrichten und will nun auch über die Reise der
Frau Mutter meine Gedanken eröffnen. Je mehr ich mich be-
mühte, nachzudenken und zu sorgen, wie ich ihr, als ein getreuer
Vorläufer, den Weg bereiten könnte, desto mehr sah ich wie
wenig man thun kann und wie nachher Alles auf den Augen
blick ankommt. Die größte Schwierigkeit war diejenige, welcher
Sie erwähnen, daß Ihre Frau Mutter mit Anstand auch Men
schen sehe, doch ohne zu sehr seechirt zu werden, ohne zu viel
Zeit über die wechselseitigen Egards zu verlieren. Ich habe
mich zwar ganz aus der Welt gehalten, kenne aber doch so ziemlich die hiesige Societät: sie ist wie überall und noch überdieß
sehr exigeant, weil man wirklich in dem großen Rom ein wenig
kleinstädtisch ist. Die Herzoginn muß eine Römische Dame zur
Seite haben, welche sie überall einführt und wenigstens zu An
fangs begleitet. Ich habe mit Angelika (die ein Engel von Verstand
und Conduite ist) darüber gesprochen und wir haben wohl zwei Damen gefunden, doch ist bei einer jeden wieder ein Aber. Der Senator ist wieder zurück; er wird gewiß Alles thun. Indeß bleibt
es immer eine gefährliche Sache, sich ganz fremden Menschen in

die Hände zu liefern und es ist immer das Resultat zu befürchten, das Sie in Ihrem Briefe so lebhaft schildern. Ebenso ist
es in Florenz und Neapel. Am ersten Ort kann die Herzoginn
nicht ausweichen Milady Cooper zu sehen, und auch den Hof,
wenn er nicht in Pisa ist; in Neapel ist derselbe Fall. Genug
ich könnte wohl im Allgemeinen einige Lebensregeln geben, die
aber doch am Ende nur auf einen Polonius - Segen hinausliefen.

Wenn es nun aber Ihre Gesinnung ist, daß ich in Italien
bleiben soll, so wird es meine Schuldigkeit für Alles und auch
für diesen Punkt zu sorgen. Nun paßt es grade, daß ich zu
meiner bisherigen rationi vitae übergehe.

Die Hauptabsicht meiner Reise war: mich von den physisch-
moralischen Uebeln zu heilen, die mich in Teutschland quälten
und mich zuletzt unbrauchbar machten; sodann den heißen Durst
nach wahrer Kunst zu stillen. Das Erste ist mir ziemlich, das
Letzte ganz geglückt.

Da ich ganz frei war, ganz nach meinem Wunsch und Willen lebte: so konnte ich nichts auf Andre, nichts auf Umstände,
Zwang, oder Verhältnisse schieben, Alles kehrte unmittelbar auf
mich zurück, und ich habe mich recht durchaus kennen lernen und
unter manchen Mängeln und Fehlern ist der, welchen Sie rügen,
nicht der letzte. Ganz unter fremden Menschen in einem fremden Lande zu leben, auch nicht einen bekannten Bedienten zu
haben, an den man sich hätte anlehnen können, hat mich aus
manchen Träumen geweckt, ich habe an munterem und resolutem
Leben viel gewonnen. Als ich zuerst nach Rom kam, bemerkte

ich bald, daß ich von Kunst eigentlich gar nichts verstand, und daß ich bis dahin nur den allgemeinen Abglanz der Natur in den Kunstwerken bewundert und genossen hatte. Hier that sich eine andere Natur, ein weiteres Feld der Kunst vor mir auf, ja ein Abgrund der Kunst, in den ich mit desto mehr Freude hinein schaute, als ich meinen Blick an die Abgründe der Natur gewöhnt hatte. Ich überließ mich gelassen den sinnlichen Eindrücken; so sah ich Rom, Neapel, Sicilien und kam auf corpus Domini nach Rom zurück. Die großen Scenen der Natur hatten mein Gemüth ausgeweitet und alle Falten herausgeglättet. Von der Würde der Landschaftsmalerei hatte ich einen Begriff erlangt, ich sah Claude und Poussin mit andern Augen. Mit Hackert, der nach Rom kam, war ich vierzehn Tage in Tivoli, dann sperrte mich die Hitze zwei Monate in das Haus, ich machte Egmont fertig und fing an, Perspectiv zu treiben und ein wenig mit Farben zu spielen. So kam der September heran, ich ging nach Frascati, von da nach Castello[1]) und zeichnete nach der Natur und konnte nun leicht bemerken, was mir fehlte. Gegen Ende Octobers kam ich wieder in die Stadt und da ging eine neue Epoche an. Die Menschengestalt zog nunmehr meine Blicke auf sich und wie ich vorher, gleichsam wie von dem Glanz der Sonne, meine Augen von ihr weggewendet, so konnte ich nun mit Entzücken sie betrachten und auf ihr verweilen. Ich begab mich in die Schule, lernte den Kopf mit seinen Theilen zeichnen

---

[1]) Gandolfo. Goethe's Werke, XXIX, 117 fg.

und nun fing ich erst an, die Antiken zu verstehen. Damit brachte ich November und December hin und schrieb indessen Erwin und Elmire, auch die Hälfte von Claudinen. Mit dem ersten Januar stieg ich vom Angesicht aufs Schlüsselbein, verbreitete mich auf die Brust und so weiter, Alles von innen heraus; den Knochenbau, die Muskeln wohl studiert und überlegt, dann die antiken Formen betrachtet, mit der Natur verglichen und charakteristische sich wohl eingeprägt. Meine sorgfältigen ehemaligen Studien der Osteologie und des Körpers überhaupt sind mir sehr zu statten gekommen und ich habe gestern die Hand, als den letzten Theil der mir übrig blieb, absolvirt. Die nächste Woche werden nun die vorzüglichsten Statuen und Gemälde Roms mit frisch gewaschenen Augen besehen.

Diesen Cursum habe ich an der Hand eines Schweitzers, Namens Meyer, eines gar verständigen und guten Künstlers, gemacht und ein junger Hanauer, Namens Bürh[1]), der mit mir zusammen wohnt und ein gar resolutes, gutes Wesen ist, hat mir nicht wenig geholfen. Meine Absicht ist nun, im Februar einige Landschaftszeichnungen zu copiren, einige Veduten nach der Natur zu zeichnen und zu koloriren und so auch darin sicherer zu werden. Den März wollte ich anwenden, das Wichtigste nochmals zu durchlaufen, einige Menschen zu sehen, dann die Benediktion aufzuladen und von Rom für diesmal Abschied zu nehmen. Bestimmt mich nun aber Ihr Wille, hier zu bleiben,

---

[1]) Friedrich, Maler.

Ihrer Frau Mutter zu dienen, so werde ich von Ostern an ein neues Leben beginnen, um mich zu dem Posten eines Reisemarschalls zu qualificiren. Ich nehme ein neues Blatt, um Ihnen meinen Plan vorzulegen und Ihre Approbation einzuholen.

Bisher hab ich Allen wiederstanden, die mich in die Welt ziehen wollten, weil es mir am Ersten um meine Hauptsachen zu thun war, weil die Welt nicht giebt sondern nimmt, und weil ich täglich mehr Abneigung empfinde, etwas halb zu thun. Nun aber werde ich mich equipiren, einen Bedienten anschaffen, mein Quartier besser bestellen, genug mich so einrichten, daß ich als der Ihrige öffentlich auftreten kann und am Anständigen nichts fehlt. Zuerst will ich den Cardinal Herzan und den Senator besuchen, dann zum Cardinal Staatssecretär und zu Cardinal Bernis gehen. Somit sind die Schleußen aufgezogen und das Uebrige folgt von selbst. Ich will den Monat April ganz dieser Ausbreitung widmen, denn ich muß mich selbst wieder daran gewöhnen und das Leben mit mehreren Menschen auch als Studium und Uebung traktiren. Ich habe schon das Vertrauen eines verständigen Mannes, der in der Welt lebt, erworben, mit dessen Hülfe will ich bald alle Verhältnisse kennen lernen und sehen, was die Herzogin zu thun und zu lassen hat. Was den Genuß der Natur und der Kunst betrifft, so bin ich gewiß, daß ihr ihn Niemand so verschaffen kann, wie ich es im Stande bin. Kann ich noch das Verhältniß gegen das Publikum schicklich und wenig lästig machen; so werde ich mich meines Dienstes nicht zu schämen haben. Vielleicht schickt es sich,

im May eine Excursion nach Neapel zu machen. Ich präsentire
mich alsdann auch dort bei Hofe und sondire das Terrain, eben
so machte ich es in Florenz, wenn ich der Herzoginn entgegen
gehe; denn es wäre meine Absicht, sie in Verona zu empfangen.
Kommt sie alsdann mit Jemand an, der schon bekannt (und wie
ich mich zu betragen hoffe, beliebt) ist; so macht sich Alles leichter,
besonders da man sowohl in Neapel als Florenz auf einem na
türlichen Fuß bei Hofe (insofern sich das denken läßt) lebt und
Alles ohne Etiquette und Steifheit wird abgethan werden können. Was die häuslichen Einrichtungen betrifft, diese sollen
bestens bedacht werden. Einen großen Dienst werde ich der Her
zoginn erzeigen können, ihr alle leidige Verkäufer vom Halse zu
halten, welche ein wahres aufpassendes Geschmeiß sind und ein
besonderes Geschick haben, Reisende zu compromittiren und sich
anzubringen.

Ich werde ihr einige Sachen bestellen und anschaffen, die
ihr Freude machen mit Wenigem. Ich habe diese Materie aus
dem Fundament zu studiren Gelegenheit gehabt.

Wegen meiner Ausgaben dient Folgendes zur Nachricht.
Ich habe die Summe, welche ich Ihrer Güte und Vorsorge
danke, bisher fort erhoben und sie nach Abzug dessen, was mir
meine fortgehende Wirthschaft kostet, auf die Reise verwendet,
dabei noch 1000 Thlr. welche mir die vier ersten Bände meiner
Schriften eintrugen, verzehrt. Bei meiner Lebensart hätte ich
sollen wohlfeiler davon kommen, allein meine Existenz ist wieder
auf eine wahre Wilhelmiade hinausgelaufen. Doch kann ich

völlig zufrieden seyn, meine Endzwecke aus dem Grunde erreicht zu haben. Auch habe ich Bedacht gehabt, mein Infognito selbst durch eine mäßige und schickliche Freigebigkeit respektabel zu machen und dadurch, daß ich einige Künstler immer mit mir leben ließ, zugleich Lehrer, Freunde und Diener erworben. Es hat sich Alles so hübsch gemacht, daß ich völlig zufrieden seyn kann. Das Osterquartal und den Ertrag des fünften Bandes hatte ich zu meiner Rückreise bestimmt und wäre ohne das mindeste Derangement in meine alte Haushaltung wieder eingetreten. Auch will ich gern, wenn Sie mir Ihre Güte kontinuiren, was mir dieses Jahr von meinen Schriften einkommt, fernerhin an wenden und werde mir nur das Surplus von Ihrer Frau Mutter erbitten, damit ich rein und ohne Sorgen bleibe. Daß ich mich ein wenig equipiren und ein ander Quartier beziehen muß, wird einigen Aufwand machen. So weit meine Vorschläge, welchen ich Ihren Beirath und Billigung wünsche.

Noch will ich Niemand entschieden schreiben, daß ich hier bleibe, auch von Ihnen noch von Weimar aus nähere Bestimmung erwarten. Ich schreibe auch Ihrer Frau Mutter nichts und richte mich nun indessen gelassen hier darauf ein.

Was Ihre innere Wirthschaft betrifft, haben Sie an Schmidten einen trefflichen Rathgeber; er ist ein Haushalter von Haus aus. Ohne Ihre Finanzen in seinen Händen zu wissen, könnte ich nicht einen Augenblick ruhig seyn. Von Wettkens Tod wird wohl zu profitiren seyn. Sollten Sie etwa den alten Bachmann zum Assessor machen, so gedenken Sie Seidels, den

ich) Ihnen in einem Briefe schon empfohlen. Lassen Sie seine
Fähigkeiten prüfen, für seine Treue und Honettetät steh' ich.
Das nunmehr versicherte Glück des Bergwerks¹) freut mich unendlich und wir können nun mit ernstlichen Anstalten dem Werke
entgegengehn. An Voigten haben Sie einen tüchtigen Arbeiter,
geben Sie ihm zu den Ilmenauer Sachen einen jungen Mann
zu. Ich habe schon deshalb an ihn geschrieben: er wird mit
Schmidten sprechen, und man wird Ihnen die Sache vorlegen.
Ich wiederhole nochmals, daß wenn Sie bei Ihrer Zurückkunft
mich nöthig finden sollten, ich auf jeden Wink zu kommen bereit
bin. Gar Manches macht mir den Rückweg nach Hause reizend.
Ohne Ihren Umgang, den Umgang geprüfter Freunde länger
zu leben, ist denn doch so eine Sache. Das Herz wird in einem
fremden Lande, merk ich, leicht kalt und frech, weil Liebe und
Zutrauen selten angewandt ist. Ich habe nun so viel in Kunst-
und Natur-Kenntniß profitirt, daß ein weiteres Studium durch
die Nähe unserer Akademie Jena sehr erleichtert werden würde.
Hier ist man gar zu sehr von Hülfsmitteln entblößt. Dann
hoffte ich auch meine Schriften mit mehr Muße und Ruhe zu
endigen, als in einem Lande, wo Alles Einen außer sich ruft.
Besonders wenn es mir nun Pflicht wird, der Welt zu leben.

Bestätigen Sie mir Ihren Willen, daß ich Ostern hier
bleiben soll: so sehe ich mich als einen Diener der Herzoginn
an und subordinire meine übrige Existenz dieser Pflicht. So

---

¹) In Ilmenau.

wird mir Anfangs wunderbar vorkommen und doch für die Zukunft heilsam seyn, daß ich genöthigt werde, wieder unter allerlei Menschen zu leben.

Lucchesini habe ich, seit er wieder in Rom ist, kaum gesehen. Er lebt ganz in der Welt, wie es seine Bestimmung fordert und auch zu Hause ist er nicht einen Augenblick allein. Seit Neapel, da er mir von Ihnen und den Geschäften erzählte, habe ich kein vertraulich Wort mit ihm sprechen können, so geneigt ich um Ihret= und meinetwillen dazu war. Sowohl in Neapel, als nachher in Rom, da ich nur seine Ankunft erfuhr, bin ich zu ihm geeilt. Wenn ich ihn nicht traf, hab ich mir einen zweiten Weg nicht reuen lassen. Dagegen hat er mich weder durch ein p. p. c. geehrt, noch mir auch seine zweite Ankunft in Rom nur wissen lassen. Wir wohnen in derselben Straße, etwa 500 Schritt von einander, er ist den ganzen Tag in der Kutsche und es ist ihm nie eingefallen, nur vorm Hause zu halten und ein Billet herauf zu schicken. Ich rechne es auf die Geschäftigkeit seines Geistes, der hier zu thun genug findet. Ich bin ihm zu nichts nütze, drum sucht er mich nicht. Ich finde es natürlich und bitte, daß Sie Sich nichts merken lassen. Er ist hier natürlich sehr gern gesehen und sie ist auch wohl gelitten.

Nun wäre wohl Zeit, daß ich dießmal schlösse.

Ich habe lange die Freude nicht gehabt, mich ganz offen und frei gegen Sie zu erklären und kann nun auch nicht endigen.

Meine größte Sorge, die ich zu Hause habe ist Fritz.[1]) Er tritt in die Zeit, wo die Natur sich zu regen anfängt und wo leicht sein übriges Leben verdorben werden kann. Sehen Sie doch auch ein wenig auf ihn. Gehen Sie mit Sich Selbst so gelind als möglich um. Ihre physischen Uebel lassen mich nicht ohne Sorge und es muß auch Ihr Gemüth in einem immer geschäftigen, doch meist genußlosen Leben leiden.

Erhalten Sie mir Ihre Liebe, ein Geschenke, das mir jeden älteren Verlust ersetzte und mir jeden neuern ertragen machte und bleiben Sie überzeugt, daß bei einer wahren Harmonie des Gemüthes man einander immer wieder begegnet, wenn man auch noch so weit aus einander zu gehen scheint.

G.

Schicken Sie mir doch gelegentlich die ausführliche französische Adresse des Coadjutors.[2])

45.

Rom den 17. März 88.

Ihren freundlichen herzlichen Brief beantworte ich sogleich mit einem fröhlichen: Ich komme! So werden meine Hoffnungen, Wünsche und so wird mein erster Vorsatz erfüllt. Ich fühle ganz den Umfang Ihrer Güte; mein erster und nächster Dank soll eine unbedingte Aufrichtigkeit seyn. Die Zartheit,

[1]) von Stein. [2]) von Dalberg.

womit Sie mich behandeln, heißt mich alle sogenannte Delika-
tesse zu vermeiden, welche, genau betrachtet, wohl öfter Prä-
tensionen scheinen möchten.

Ihrer Frau Mutter hätte ich, wenn Sie es nöthig und
schicklich gehalten hätten, gerne meine Dienste in Italien gewidmet [1]), ob ich gleich wohl einsehe, daß ich dabei mehr würde
eingebüßt haben, als sie durch meine Gegenwart gewinnen
konnte. Doch glaube ich durch manche Vorbereitung auch für
dieselbe nicht ganz unnütze in Italien gewesen zu seyn.

Diese Woche geht im Tanmel [2]) vorüber, man muß mit
dem Strome fortziehen. Sobald uns der dritte Feiertag erschienen ist, mache ich ernstliche Anstalt zur Abreise. Ich erwarte noch Einiges von Neapel, habe für mich und andere
mancherlei in Ordnung zu setzen, so vielerlei Fäden abzulösen,
die sich dieses Jahr angesponnen und seit Ihrem Maynzer
Briefe sich mit einiger Sicherheit fester geknüpft haben. Alles
übersehen, glaube ich Ende Aprils gewiß in Florenz zu seyn.
Ich werde eilen, das Merkwürdigste dieser Stadt, die Arbeiten
Correggios in Parma, sodann Mayland zu sehen und durch-
zugehen und wünschte dann über Chiavenna und Chur, über
Lindau, Augsburg und Nürnberg den Weg nach Hause zu nehmen. Ich habe meiner Mutter schon die Hoffnung benommen,
mich auf der Rückreise wieder zu sehen, und habe sie auf eine
andere Gelegenheit vertröstet. Sowohl noch von Rom aus,

[1]) Vgl. Nr. 44. [2]) der Charwoche.

als auf der Reise werde ich fleißig schreiben und von meinen Zuständen und meiner Wanderung Nachricht geben.

Wie ich nun nach diesen Aspekten erst in der Hälfte Juni zu Hause anlangen könnte, so würde ich noch eine Bitte hinzufügen: daß Sie mir nach meiner Ankunft, dem Gegenwärtigen, den Urlaub gönnen wollten, den Sie dem Abwesenden schon gegeben haben. Mein Wunsch ist: bei einer sonderbaren und unbezwinglichen Gemüthsart, die mich, sogar in völliger Freiheit und im Genuß des ersehntesten Glücks, Manches hat leiden machen, mich an Ihrer Seite, mit den Ihrigen, in dem Ihrigen wieder zu finden, die Summe meiner Reise zu ziehen und die Masse mancher Lebenserinnerungen und Kunstüberlegungen in die drei letzten Bände meiner Schriften zu schließen.

Ich darf wohl sagen: ich habe mich in dieser anderthalbjährigen Einsamkeit selbst wiedergefunden: aber als was? — Als Künstler! Was ich sonst noch bin, werden Sie beurtheilen und nutzen. Sie haben durch Ihr fortdauerndes, wirkendes Leben jene fürstliche Kenntniß: wozu die Menschen zu brauchen sind, immer mehr erweitert und geschärft, wie mich jeder Ihrer Briefe deutlich sehen läßt: dieser Beurtheilung unterwerfe ich mich gern. Nehmen Sie mich als Gast auf, lassen Sie mich an Ihrer Seite das ganze Maaß meiner Existenz ausfüllen und des Lebens genießen; so wird meine Kraft, wie eine neu geöffnete, gesammelte, gereinigte Quelle von einer Höhe, nach Ihrem Willen leicht dahin oder dorthin zu leiten seyn. Ihre Gesinnungen, die Sie mir vorläufig in Ihrem Brief zu erkennen geben,

8*

sind so schön und für mich bis zur Beschämung ehrenvoll! Ich kann nur sagen: Herr hie bin ich, mach aus Deinem Knecht, was Du willst. Jeder Platz, jedes Plätzchen, die Sie mir aufheben, sollen mir lieb seyn, ich will gerne gehen und kommen, niedersitzen und aufstehen.

Alles, was ich bisher gesagt und gebeten habe, gründet sich auf den Begriff, daß Sie meiner jetzt nicht unmittelbar, nicht im Mechanischen bedürfen. Ohne die Gewißheit, daß Sie mit meinem Vikarius[1]) höchst zufrieden seyn würden, hätte ich mich nicht entfernen, nicht so lange verweilen können. Er ist auf alle Fälle ein Mann zu solchen Plätzen geschaffen, welche ich nur einnahm, um sie zur rechten Zeit einem fähigern abtreten zu können. Wie freut michs, daß sie gekommen ist. Ich kann nicht anders, als denen Einrichtungen, welche Sie machen wollen, den vollkommensten Beifall geben. Die Autorität, Responsabilität und der anhaltende, unmittelbare Einfluß eines wirklichen Präsidenten ist auf alle Weise nöthig, um die Sachen in Ordnung zu bringen und darin zu erhalten; auch an Wedeln, glaube ich, wird Sie Ihre Wahl nicht trügen. Die Kriegskommission werden Sie doch auch im gegenwärtigen Falle mit dem Präsidio der Kammer verbunden lassen?

Die Kassen=Revision und die neue Ordnung ist ein trefliches Institut, dadurch wird dem übelgesinnten Diener das Mittel genommen, sich mit dem ungerechten Mammon Freunde

---

[1]) Schmidt.

zu machen, dem redlichen wird auf einmal aus mancher Verlegenheit geholfen. Hätte ich beim Antritt meiner Interims=Ad-
ministration mehr Kenntniß des Details in denen damals einigermaßen verworrenen Zuständen, mehr Entschlossenheit bei einem
allgemeinen, öffentlichen und heimlichen Widersetzen, mehr Festig-
keit gehabt; so hätte ich Ihnen manchen Verlust und mir manche
Sorge, Verdruß und wohl gar Schiefheit ersparen können. Es
war Ihnen Selbst mit der Zeit vorbehalten zu thun, was unter
andern Verhältnissen Andre nur gewünscht hatten.

Das Verhältniß, das Sie mir zur Kammer erhalten wollen,
ist, ich wiederhole es, so ehrenvoll, daß ich gleich beschämt bin,
es anzunehmen, als verlegen, es abzulehnen. Ich habe schon
einmal meine Gründe gesagt, warum ich mich zu dem Letzteren
neige und würde sie wieder verstärkt anführen, wenn ich nicht
fühlte, daß es beinah eben so unbescheiden sey, eine vorzügliche Gunst eigensinnig abzulehnen, als sie hartnäckig ertrotzen
zu wollen.[1]

Mein bestes Verhältniß zu Ihrem Oekonomischen wird im-

---

[1] Das betreffende Reskript ist unter dem 11. April 1788 an die Kammer
ergangen und eröffnet dieser Behörde, daß „der zum geheimen Rath beförderte
bisherige geheime Assistenzrath Schmidt zum Kammerpräsidenten ernannt worden", daß aber der inzwischen vom Kaiser Joseph II. in den Adelstand
erhobene geheime Rath von Goethe, „um in beständiger Connexion mit den
Kammerangelegenheiten zu bleiben, berechtiget sey, den Sessionen des Col-
legii von Zeit zu Zeit, so wie es seine Geschäfte erlauben, beizuwohnen und
dabei seinen Sitz auf dem für Uns selbst bestimmten Stuhle zu nehmen".
Vgl. auch Nr. 35.

mer die Freundschaft zu meinem Nachfolger bleiben, die sich, wie
ich hoffe, künftig in einem genauern Umgange immer fester schlie=
ßen und zu Ihrem Dienste enger verbinden soll. Besonders
sehne ich mich recht, mich mit ihm über allgemeine Grundsätze zu
besprechen, welche in keiner Session ausgemacht und nur still und
ohne Geräusch durch die Geschäfte von einem einsichtsvollen, wohl=
denkenden und standhaften Mann durchgeführt werden können.

Da sich nach meiner Rechnung meine Rückkunft bis in die
Hälfte Juni verziehen möchte, so ersuche ich Sie ja alle Einrich=
tungen, die Sie nöthig finden, so bald als möglich zu machen.
In dem Geiste und Sinne, wie ich Sie handeln sehe, können
Sie nichts thun, was nicht auch mir, sowohl fürs Ganze, als
für mein Individuum wünschenswerth scheinen sollte. Selbst wird
es mir Freude machen, in eine eingerichtete Haushaltung zu treten,
so viele schwankende Gemüther, welche Theils durch Ihre Ab=
wesenheit, Theils durch unbestimmte Lagen zweifelhaft und ängst=
lich waren, beruhigt zu finden und nicht als Einer, der ordnen
und entscheiden hilft, sondern als Einer, der sich in das Ent=
schiedene und Geordnete mit Freuden fügt, aufzutreten. Sie
sind gut berathen und werden es nach der Art, wie Sie zu
Werke gehen, immer besser seyn.

Den 18. März.

Nach Ihrer Ermahnung bin ich sogleich nach St. Luca ge=
gangen und habe Raphaels Schädel und dem schönen Bilde,
welches den Heiligen, da er die ihm erscheinende Madonna malt,

vorstellt, mit reiner Freude gehuldigt. Der Schädel ist von der
schönsten Bildung und ich halte ihn ächt. Rath Reifenstein hat
schon die Erlaubniß von der Academie erhalten, ihn formen zu
lassen; es wird in diesen Tagen geschehen. Ich habe einige Sorge,
bis diese Operation vorüber ist. Da der Schädel im Grabe ge=
legen und gemodert hat, ist er mürbe und ich fürchte diese herr=
liche Reliquie leidet. Dem Former wird alle Sorgfalt empfohlen
und Sie werden große Freude haben, den Abguß zu besitzen.
Die Kupfer wird man mir wohl überlassen. Das eine ist eine
Welt und der Abdruck sehr frisch, ob er gleich an einigen Orten
gelitten hat und schlecht aufgezogen ist. Angelika besitzt einen
Abdruck, der nicht so gut und aus vielen Fetzen zusammenge=
leimt ist. Man weiß diese Sachen hier zu schätzen. Auch sind
die Albert Dürers in großem Werthe.

Rath Reifenstein hat mir neulich ein Geschenk gemacht, das
wertheste Gastgeschenk, das er mir zum Abschiede hätte geben
können: Originalradirungen von Claude Lorrain. Sie sind un=
schätzbar, wie Alles von seiner Hand.

Diese und noch manche Zeugnisse bringe ich mit, daß ich
im Paradiese war. Sollte mir das Glück wollen, die Gores
bei Ihnen zu treffen: so würden auch diesen lieben Kindern die
Blicke ins gelobte, von ihnen wohlbekannte Land, die ich ihnen
verschaffen kann, gewiß Freude machen. Auch bringe ich Kaysern
mit, dessen Talent, hoffe ich, nicht wenig beitragen soll, Har=
monie und Geschmack zu verbreiten. Er studirt jetzt die ältere
Musik auf's Aemsigste und wird einigen Genuß derselben gewiß

auch über den Alpen verschaffen können, wenn gleich das non plus ultra ihrer Ausführung in die Sixtinische Kapelle gebannt zu seyn scheint.

Der gute Genius segne den allgemeinen Geist im Ganzen, wie er bei Ihnen zu Hause ist. Alles, was Herder unter Ihren Auspiciis unternimmt, giebt mir die größten Hoffnungen und ich freue mich, in jedem Sinne daran Theil nehmen zu können.

Daß Sie für ihn und für Voigten sorgen, erregt auch meine herzlichste Dankbarkeit. Sie kommen allen meinen Wünschen und Bitten zuvor. Möchte ich doch auch Ihrer völlig wieder hergestellten Gesundheit ganz gewiß werden, möchten Sie Sich durch Ihre mancherlei äußeren Verhältnisse, durch Uebernahme des Regiments[1]) keine disproportionirte Last aufgelegt haben! Es werde und wende sich Alles zu Ihrem Besten. Leben Sie wohl und verzeihen mein unzusammenhängendes Schreiben. Dieser ganze Morgen war unruhig und unterbrochen. Empfehlen Sie mich Ihrer Frau Gemahlinn Durchlaucht auf's Beste. Ich siegle diesen Brief gleich, ob er schon erst den 22. abgeht.

G.

46.

Rom d. 28. März 88.

Ihr Brief, mein bester Fürst und Herr, in welchem Sie mir Ihre Gedanken über Egmont eröffnen, hat das Verlangen

---

[1]) preußischer Küraffiere, vorher „von Rohr", in Aschersleben.

nur vermehrt, mich mit Ihnen über solche und andere Gegen=
stände mündlich zu unterhalten. Bemerkungen, wie die, welche
Sie mir schreiben, sind zwar für den Autor nicht sehr tröstlich,
bleiben aber doch dem Menschen äußerst wichtig und wer beide
in sich nie getrennt hat, weiß solche Erinnerungen zu schätzen
und zu nutzen. Einiges, was Ihnen nicht behagte, liegt in der
Form und Constitution des Stücks und war nicht zu ändern,
ohne es aufzuheben. Andres, z. B. die Bearbeitung des ersten
Altes, hätte mit Zeit und Muße wohl nach Ihren Wünschen
geschehen können. Noch Anderes, wie z. B. die Aeußerung
Machiavellens, war mit einem Federstrich ausgelöscht. Es war
ein schweres Unternehmen, ich hätte nie geglaubt, es zu vollen=
den; nun steht das Stück da, mehr wie es seyn könnte, als
wie es seyn sollte.

Gewiß auch konnte kein gefährlicherer Leser für das Stück
seyn, als Sie. Wer selbst auf dem Punkte der Existenz steht,
um welchen der Dichter sich spielend dreht, dem können die
Gaukeleien der Poesie, welche aus dem Gebiet der Wahrheit
in's Gebiet der Lüge schwankt, weder genug thun, weil er es
besser weiß, noch können sie ihn ergötzen, weil er zu nahe
steht und es vor seinem Auge kein Ganzes wird. Doch Alles
sey auf die gute Stunde aufgespart, die ich mir neben Ihnen
verspreche. Ich lese jetzt das Leben des Tasso, das Abbate Se
rassi und zwar recht gut geschrieben hat. Meine Absicht ist,
meinen Geist mit dem Charakter und den Schicksalen dieses Dich
ters zu füllen, um auf der Reise etwas zu haben, das mich

beschäftigt. Ich wünsche das angefangene Stück, wo nicht zu endigen, doch weit zu führen, eh' ich zurückkomme. Hätte ich es nicht angefangen; so würde ich es jetzt nicht wählen und ich erinnere mich wohl noch, daß Sie mir davon abriethen. Indessen, wie der Reiz, der mich zu diesem Gegenstande führte, aus dem Innersten meiner Natur entstand; so schließt sich jetzt die Arbeit, die ich unternehme, um es zu endigen, ganz sonderbar ans Ende meiner Italienischen Laufbahn, und ich kann nicht wünschen, daß es anders seyn möge. Wir wollen sehen was es wird.

Lila ist fertig, Jery auch. Meine kleinen Gedichte sind bald zusammengeschrieben, so bliebe mir für den nächsten Winter die Ausarbeitung Faust's übrig, zu dem ich eine ganz besondere Neigung fühle.

Möge ich nur halb so reüssiren, als ich wünsche und hoffe!

Den 2. April.

In vierzehn Tagen denke ich hier los und ledig zu seyn. Seit den Osterfeiertagen ist mir schon so viel durch den Kopf gegangen, als wenn ein halb Jahr vorüber wäre. Jene Funktionen kann man nicht ohne Verwunderung ansehn. Es ist gewiß in der Welt nie ein solches Ensemble gewesen und man kann den Schein, die Repräsentation, nicht höher treiben. Ich habe die Messe des ersten Ostertags, welche unter der Peterskuppel, vor dem hohen Altar celebrirt wird, von oben, von einer der Tribünen gesehen, welche an den Pfeilern angebracht sind, worauf die Kuppel ruht. Man sieht ohngefähr von der Höhe, wie aus Ihren Fenstern herunter; man glaubt in gewissen Augenblicken seinen Augen kaum, was da für eine Kunst, ein Verstand, ein Geschmack durch Jahrhunderte zusammengearbeitet haben, um einen Menschen bei lebendigem Leibe zu vergöttern!

Ich hätte in dieser Stunde ein Kind oder ein Gläubiger seyn mögen, um Alles in seinem höchsten Lichte zu sehen.

Leben Sie recht wohl. Wenn mir die Freunde gleich nach Ankunft dieses Brief's ein Wort nach Florenz schreiben wollen; so trifft es mich unter beiliegender Adresse. Haben Sie die Güte ihnen das Blättchen zu kommuniciren.

Empfehlen Sie mich Ihrer Frau Gemahlinn. Meine Abfahrt aus Rom zeige ich an.

Behalten Sie mich lieb und lassen Sie mich an Ihrer Seite die ersten Freuden unseres Zusammenlebens wiederfinden.

G.

47.

Florenz den 6. May 88.

Da ich von dem Magnetenberge einmal los bin, zeigt meine Nadel wieder nach Norden; ich bin hier, das heißt: schon wieder bei Ihnen. Ich habe fast Alles gesehen, was Florenz an Kunstsachen enthält und man könnte wohl mit großem Nutzen einige Zeit hier verweilen. Auch das Staatsgebäude näher zu betrachten, würde zu manchen Gedanken An laß geben. Die Mediceische Venus übertrifft alle Erwartungen und übersteigt allen Glauben. Wie manche andre kostbare Antiken sind noch hier! An Gemälden treffliche Sachen. Besonders habe ich mich an die älteren Meister gehalten; ich kenne nun die Urväter recht genau und so lernt man ihre Schüler und Nachfolger erst kennen und schätzen. Der Wunsch, der sich in mir immer wiederholt, ist, es mit Ihnen zu genießen, oder Ihnen davon aufzupacken. Raphaels Schädel[1]) kommt wahrscheinlich vor mir an; die untere Kinnlade fehlt, sie wird in St. Luca nicht aufbewahrt. Der Guß ist sehr glücklich gerathen, es ist ein rechter Schatz. Die Form kommt nach. Die Mark Antonios habe ich zuletzt noch per fas et nefas erwischt. Ich konnte sie nicht zurücklassen und man machte mir Schwierigkeit.

Am vorletzten Tage habe ich noch für ein Geringes Etwas für Sie gekauft, das Ihnen auch gewiß Freude macht: die Geschichte der Psyche nach Zeichnungen von Raphael, 32 Blatt. Aus dieser hat er hernach die Süjets zur Farnesina genommen und sind daher doppelt interessant. Die 32 Blatt sind nicht gleich, sonst wären sie unbezahlbar, aber die Hälfte ist sehr gut und alte Abdrücke. Einige gar so schön, daß man sich nicht genug drüber freuen kann.

An Musik bringen wir auch kostbare Sachen der alten Zeit mit. Kayser ist nun ganz in den alten Meistern. Ich

---

[1]) Vgl. Nr. 45, Nachschrift.

hoffe, die Umstände sollen sich fügen, daß er das, was wir bringen, genießbar machen kann.

Wir haben das schönste Wetter; ich wünsche Ihnen ein gleiches. Leben Sie recht wohl. Behalten Sie mich lieb und empfehlen mich Ihrer Frau Gemahlinn auf das Angelegentlichste.

Wahrscheinlich gehe ich den 9. May von hier ab.

Von Mayland schreibe ich wieder.

Ich freue mich sehr auf die Correges zu Parma und auf das Abendmahl von Vinci in Mayland.

Leben Sie recht wohl.

G

48.

Mayland den 23. May 88.

Sähe ich Mayland jetzt im Herwege und käme aus den Gebirgen in diese weite Gegend, diese frei gelegene Stadt, zögen sich die fernen Apenninen ahndungsvoll am Horizont hin: was würde ich für Hymnen singen und für Freude unter diesem schönen Himmel, am Obste u. s. w. haben! Nun ist mir verwöhntem Römer nichts recht und ich bin doch sonst eine genügsame Seele.

Gestern war ich auf dem Dom, welchen zu erbauen man ein ganzes Marmorgebirg in die abgeschmacktesten Formen gezwungen hat. Die armen Steine werden noch täglich gequält, denn der Unsinn oder vielmehr der Armsinn ist noch lange nicht zu Stande.

Ich sah die Hügel um den Comer See, die hohen Bünd-
ner und Schweizer Gebirge vor mir wie ein Ufer liegen, an
dem ich nach einer wunderlichen Fahrt wieder landen werde.
Wir waren am 22. Abends hier und gedenken, wie ich schon
aus Rom schrieb, über Chiavenna und Chur zu gehen, den
Splügen zu versuchen, den Adula zu grüßen und dann ein
wenig seitwärts nach Constanz zu rücken. Dort wollen wir
den 4. Juni eintreffen und im Adler die Spur jener famosen
Wanderung aufsuchen und die gute Schultheß von Zürich treffen,
welche ich sprechen und begrüßen muß, ohne den Kreis des
Propheten¹) zu berühren. An der Bestimmtheit des Datums
unserer Reise sehen Sie, daß ich mich bestrebe, den Canzler
Schmidt seel. nachzuahmen, damit ich mich wenigstens von
einer Seite der Zucht und Ordnung zu nähern suche. Denn
übrigens bin ich ganz entsetzlich verwildert. Ich habe zwar in
meinem ganzen Leben nicht viel getaugt und da ist mein Trost,
daß Sie mich eben so sehr nicht verändert finden sollen. Der
Abschied aus Rom hat mich mehr gekostet, als es für meine
Jahre recht und billig ist; indessen habe ich mein Gemüth nicht
zwingen können, und habe mir auf der Reise völlige Freiheit
gelassen. Darüber habe ich denn jede Stunde wenigstens sie-
benerlei Humor und es freut mich von Herzen, daß die Sudelei
dieses Briefes ins lustige Siebentel fällt.

Wie mir hier, da ich nun bald zwei Jahre an die soli-

¹) Lavater.

deste Kunst gewohnt bin, die Kramläden vom Nürnberger Tand an bis zu dem französischen Rebus

$$\left(\begin{array}{c} \text{M} \\ 100 \\ \text{C. C.} \end{array} \right)$$

emaillirt und mit Steinchen eingefaßt, vorkommen, kann ich gar nicht sagen.

Dagegen ist das Abendmal des Leonard da Vinci noch ein rechter Schlußstein in das Gewölbe der Kunstbegriffe. Es ist in seiner Art ein einzig Bild und man kann nichts mit ver=gleichen. Kayser studirt hier den Ambrosianischen Ritus, bringt ein Buch Messen von Palestrina und das Motett vom Palm=sonntag: lamentabatur Jacob, von Morales, auch das tu es Petrus von Scarlatti ꝛc. mit. Daß nur Bode nichts davon erfährt, sonst kommen wir übler an, als Starke, besonders wenn er wissen sollte, daß ich meine größte Spekulation darauf richte, ein Madonnenbild zu malen, das noch bei meinen Leb=zeiten in Rom Wunder thun soll. Leben Sie tausendmal wohl. Verzeihen Sie meinem Italienischen Schreibzeug und meinen Possen, ich werde schon wieder dafür büßen müssen.

Empfehlen Sie mich Ihrer Frau Gemahlinn zu Gnaden und lassen mich das alte Glück voriger Zeit, einen gnädigen Herrn und einen theilnehmenden Freund, wieder finden.

G.

49.

Von Gotha bin ich zurück mit dem Herzog und der Herzogin gekommen, welche nach Deßau gingen. Ich habe drüben gute Stunden gehabt, auch ist mein Aufenthalt daselbst in mehr als Einem Sinne fruchtbar gewesen.

Von Ihnen höre ich, daß Sie wohl sind und ich hoffe, daß Sie Ihr Dresdner Aufenthalt doppelt ~~befriedigt~~ haben wird.

Wegen der Merckischen Sache habe ich Briefe. Ein Capitalist, der die Summe als Capital herschösse, findet sich in diesem Augenblicke nicht, dagegen will Banquier Willemer in Frankfurt sie vorstrecken und verlangt auch nur 4 pr. Cnt.

Nach seinem Briefe will er die 4000 fl. gegen einen von Ihnen unterzeichneten Wechsel auf eins oder zwei Jahre vorschießen, bis man entweder sieht, ob Merck solche wieder abtragen kann, oder sich ein Capitalist findet.

Ich habe geantwortet, daß Sie nicht in loco seyen, daß ich aber gleich schreiben und eine eigenhändige Versicherung von Ihnen, worin Sie Ihren Credit für Mercken interponirten, beibringen wollte.

Haben Sie also die Güte, mir schleunigst ein Blatt ohngefähr des Inhalts zu senden:

daß Sie für die 4000 Fl., welche Merck bei Hr. Banquier Willemer in Frankfurt am Mayn auf zwei Jahre negotiirt, gutsagten, dergestalt, daß Sie, wenn Merck gedachte Summe in bemeldeter Zeit abzuführen nicht im Stande seyn sollte, für solche, als wären sie Ihnen selbst dargeliehen worden, haften und solche dem Gläubiger restituiren wollten, wie Sie denn auch die Interessen zu 4 p. cnt. inzwischen abzutragen sich engagirten.

Man wird sehen, ob Willemer mit einer solchen Erklärung zufrieden seyn wird.

Leben Sie recht wohl und kommen wohl und zufrieden zu uns zurück.

Künstlers Apotheose, ein Pendant zu Künstlers Erdenwallen im Puppenspiel, ist in Gotha fertig worden.

Es ist spät; ich schließe mit der alten Bitte: lieben Sie mich.

W. d. 19. S. 88.

G.

50.

Ich hoffe Sie noch heute früh zu sehen: verzeihen Sie, daß ich Ihnen untreu werde. Diesen Mittag gehe ich nach Tiefurth, heute Abend wünscht mich Herder sehr. Morgen früh wünscht ich eine Privatconferenz mit Prinz August[1]), dann erwarte ich Ihre Befehle. Von Rom habe ich gute Nachrichten. Meyer und Bury sind so glücklich gewesen, ein Bild von Carrache zu erwischen, wovon sie mir gleich eine Zeichnung schicken, die ich beilege. Die guten Menschen sind über diesen Glücksfall sehr froh und ich mit ihnen. Bitte gelegentlich um die Grotta

[1]) von Sachsen Gotha.

di Trofonio. Moritz läßt sich Ihnen zu Gnaden empfehlen; er hofft, wenn Sie eine gute Meinung von ihm fassen könnten, daß sein Glück dadurch sehr befördert und beschleunigt werden dürfte. Leben Sie recht wohl.

[September 1788.]

G.

51.

Mit herzlicher Theilnehmung seh ich aus Ihrem Briefe Ihr Mißbehagen, Ihren Unmuth, die mir um so schmerzlicher sind, da sie ganz außer dem Kreise meines Raths und meiner Hülfe liegen. Beinah darf ich sagen: ich habe jetzt keine Leiden, als die Ihrigen: wie soll es mich freuen, wenn Sie nach Ihrer Rückkehr im Vertrauen wenigstens einigen Trost finden!

Heute war ich mit Ihrem Kleinen[1]) in Jena, Ridel und Herders August fuhren mit. Der Kleine war gar artig und aufmerksam; er faßt die sinnlichen Gegenstände sehr leicht und richtig und hat für Namen ein sehr gutes Gedächtniß. Knebel gab uns zu essen und halb Achte waren wir wieder zu Hause.

Ich habe unter anhoffender Genehmigung einer großen De-liberation und Verlegenheit ein Ende gemacht. Eichhorn ist die letzten Tage zu Lodern gezogen und die Studenten haben sich in Kopf gesetzt, ihm ein Ständchen zu bringen. Nun waren

---

[1]) Erbprinz Carl Friedrich.

alle Pro und Contras in Bewegung, besonders weil der Schloß=
hof in Frage kam.[1] Das Concilium arctius votirte schriftlich,
indeß die Studenten schon auf einer Mühle versammelt waren und
nur auf den Einbruch der Nacht warteten! Ich fragte den Com-
mandanten, ob er seine Gatter zumachen wolle? er antwortete:
Nein, denn da haben wir den Tumult fertig und Döderleins,
vielleicht Griesbachs Fenster sind eingeschmissen. Nun sagte ich:
da in dem engen Raum vor der Hauptwache ohne neue Unordnung
kein Ständchen gebracht werden kann, will ich dem Schloßvoigt
befehlen, auch das Hofthor nicht zuzumachen und übrigens Alles
nach Ihrer Ordre zu thun. Der alte Bentheim, der Prorektor
und Loder waren sehr mit dieser Auskunft zufrieden. Die jungen
Bursche werden ihren Spaß haben, Alles wird hoffentlich ohne
Händel abgehen. Bentheim wird selbst mit den Officieren auf
der Wache seyn und nach seiner alten Praktik und Studenten=
taktik Alles ordnen und leiten.

Das überschickte Papier will ich gleich weiter befördern.

Leben Sie recht wohl. Ich habe mein letztes Opus weg=
gegeben und kann es nicht gleich vom Abschreiber haben, sonst
schickte ich es Ihnen.

Vielleicht nächstens. Lieben Sie mich.

W. d. 23. S. 88.

G.

—

[1] Loder wohnte in einem Seitengebäude des herzoglichen Schlosses.

9*

52.

(Herbst 1788.)

Lichtenbergen [1]), den Sie berufen haben, kann ich ohne ein
paar Worte nicht reisen lassen, um so mehr, als es die letzten
sind, die ich Ihnen wahrscheinlich senden kann. Ihr liebes
Brieflein erhielt ich gestern. Wir leben stille, stille fort. Wenn
ich nur irgend wüßte, Ihrer Frau Gemahlinn Freude zu machen!
Es hat sie der Fall [2]) mehr angegriffen, als sie es merken läßt.
Ich habe ihr die Abende einigemal etwas gelesen und eile nun,
den Tasso zu endigen, da sie das Stück zu interessiren scheint.
Es geht mir damit, wie es Einem im Traume zu gehen pflegt,
man ist so nah am Gegenstand und kann ihn nicht fassen. Sonst
bedenke und besorge ich allerlei in der Stille, das Ihnen nach
und nach entgegenwachsen soll. Von Lips versprech ich mir viel.

Fritz [3]) nimmt sich über meine Erwartung heraus; Sie
werden in einigen Jahren über ihn erstaunen. Er hat vieles
Gute von Wedeln, dazu Gelegenheit, sich zu unterrichten und
den glücklichsten Humor zum Lernen und Erfahren.

Leben Sie recht wohl und zeigen recht glücklich an den Tagen,
wo es gilt [4]), das, was Sie bisher so eifrig geübt. Sehen Sie
Sich doch in Magdeburg nach einem honetten Menschen um, an
den ich mich halten könnte, wenn ich einmal zur Revue hinkäme,
um Alles gut und bequem zu sehen. Kommen Sie gesund zurück.

---

[1]) Rittmeister und Adjutant des Herzogs. [2]) einer unzeitigen Niederkunft. [3]) von Stein. [4] einer großen Revue. Vgl. Nr. 42.

Um das Räthsel noch räthselhafter zu machen, sage ich
Ihnen: daß Sie das bewußte Lobgedicht dereinst in den Eroticis
antreffen werden.

G.

53.

Sie bleiben höre ich länger außen, als Anfangs Ihre Ab=
sicht war, drum schicke ich noch einige Zeilen und erzähle, wie
es mir ergangen.

Ich war mit dem Prinzen[1]) in Jena, der nach seiner Art
ganz vergnügt und aufmerksam auf dieser kleinen Tour war. Es
wird ihm gewiß wohl thun, wenn man ihm von Zeit zu Zeit
eine kleine Veränderung dieser Art macht. Giebt es noch einen
schönen Tag, so möchte ich ihn wohl einmal nach Erfurt bringen.
Dann ritt ich nach Ilmenau, wo sie ernstlich beschäftigt sind,
die Wasser zu gewältigen. Sobald ein Satz steht, sind die Lach=
ter geschwind ausgepumpt, aber die Sätze hineinzubringen, ist
ein umständliches, ja gefährliches Arbeiten. Inzwischen scheint
das Rad sehr gut gebaut und sieht mit seinen Krummzapfen
und Kreuzen gar ernsthaft in der Finsterniß aus. Die zwölf=
und eilfzölligen Sätze heben einen gewaltigen Schwall Wasser.
Die Wasser sind jetzt 25 Lachter unter dem Stollen gewältigt.
Ich bin bis auf sie hinabgefahren, um die Arbeit selbst zu be=
sehen, die nöthig ist, die Sätze zu stellen und einzurichten. Uebri-

---

[1]) Erbprinz Carl Friedrich.

gens sieht Alles recht artig und ordentlich aus. Seit meiner Rückkunft habe ich fleißig an meinen Operibus gearbeitet und hoffe nun bald über den Tasso das Uebergewicht zu kriegen. Es ist einer der sonderbarsten Fälle, in denen ich gewesen bin, besonders da ich nicht allein die Schwierigkeit des Süjets, sondern auch Ihr Vorurtheil zu überwinden arbeiten muß.[1] Je weiter ich komme, desto mehr Hoffnung habe ich zu reüssiren. In der Literatur-Zeitung steht eine Recension meines Egmonts, welche den sittlichen Theil des Stücks gar gut zergliedert. Was den poetischen Theil betrifft; so möchte Rec. andern noch etwas zurückgelassen haben.

Ich empfange Ihren lieben Brief mit meinem Gedichte. Es freut mich sehr, wenn es Ihnen einigermaßen gefallen und Gelegenheit zu frommen Betrachtungen gegeben hat.

Gebe uns der Himmel den Sinn, uns ans Nächste zu halten. Man verwöhnt sich nach und nach so sehr, daß Einem das Natürliche unnatürlich wird. Ich habe zwar hierüber nicht mehr mit mir zu kämpfen, doch mich immer daran zu erinnern.

Leben Sie recht wohl und kommen bald und gesund zurück.
W. d. 1. October 1788.

G.

54.

Hier überschicke ich die Wünsche des alten Pflanzers; inwiefern sie zu erfüllen sind, mag der Förster nachsehen. Sie

---

[1] Vgl. Nr. 46.

werden dem ehrlichen Mandarinen ja wohl die Stämmchen un-
entgeltlich verabfolgen lassen. Ich bin fleißig in Anatomicis
und fleißig einige andre gute Lehren zu befolgen, auch habe ich
Ihre Aufträge nicht verabsäumt. Schon habe ich ein Blatt from-
mer öffentlicher und Privatwünsche. Ich halte mich besonders
an Griesbachs, welche sehr wackere verständige Leute sind. Im
Conzert, Club und überall suche ich Jeden zu sprechen und ihm
Zutrauen einzuflößen.

Die Gräfinn Pachta aus Prag ist angekommen. Ich habe
sie im Conzert gesehen und will sie morgen besuchen. Es ist
eine Frau in mittleren Jahren, die wohl aussieht.

Die wiederholte Hierherkunft des Prinzen[1]) giebt den Ein-
wohnern die Hoffnung, daß er dereinst einige Zeit hier zubringen könnte. Dieser Gedanke verbreitet eine besondere Heiterkeit,
man vergleicht sich auch von dieser Seite mit Göttingen, welches die Englischen Prinzen besitzt. Ich nähre diese Hoffnung
auf eine bescheidene Weise. Sie wirkt gewiß Gutes.

Leben Sie recht wohl und genießen der Tage. Empfehlen
Sie mich Ihrer Frau Gemahlinn.

Jena den 16. Nov. 88.

Goethe.

Hier ein Eroticon.

Weichet Sorgen von mir! doch ach den sterblichen
Menschen

[1]) Vgl. Nr. 51 und 53.

Lässet die Sorge nicht los, bis ihn das Leben verläßt.

Soll es einmal denn seyn; so kommt ihr Sorgen der
Liebe,

Treibt die Geschwister hinaus, nehmt und behauptet
mein Herz!

———

Ich höre mit Vergnügen, daß Sie Sich Benten zueignen
wollen, ich bin überzeugt, daß Sie mit dieser Acquisition zufrieden sein werden. Nur bitte ich, da er gegenwärtig durch seine
Informationen sich auf einen guten Punkt gebracht hat und ein
ehrliebender Mensch ist, der auf eine bescheidene Weise vorwärts
strebt, daß Sie ihn in utili und honorifico so setzen, daß er
in Ihrer Nähe auch mit Freuden arbeite und seinem künftigen
Schicksale getrost entgegengehe.

Leben Sie bestens wohl.

Ich fange noch einmal an, um zu melden, daß wir in
Drackendorf gewesen sind, das Ziegesarische Blut zu beschauen.

Die großgewachsenen Mädchen haben uns sehr in die
Augen gestochen. Die jüngste wird eben confirmirt und kann
die Propheten nicht merken; die mittelste ist wirklich ein Schatz,
die älteste nähert sich schon der Mutter. Der Vicekanzler setzte
das Capitel der Königlichen Anekdoten: vom Haß gegen die
Geistlichen, sehr lebhaft fort, als wenn des alten Königs
Geist ihn angehaucht hätte. Und wenn die Mädchen bei einigen
Consistorialgeschichten auf die Teller schauten, waren sie darum

nichts häßlicher. Mutter, Töchter und Söhne werden uns beide Hagenstolzen ehstens besuchen und wir werden bei Gelegenheit des Naturalienkabinets uns zu empfehlen trachten. Leben Sie wohl. Ich schäme mich vor Ihnen der Studentenaber nicht, die sich wieder in mir zu beleben anfängt.

55.

Wir hören, das Carneval sey zu Ihren Ehren verlängert worden; ich wünsche daß es auch zu Ihrer Freude möge geschehen seyn.

Die Engländer haben sich, weil sie weggehen, hiesige Hofuniformen machen lassen und gefallen sich zwischen ihren Epauletten außerordentlich wohl.

Ich bin fleißig: leider giebt es aber nicht viel aus. Tasso wächst wie ein Orangenbaum sehr langsam. Daß er mir auch wohlschmeckende Früchte trage!

Mit Schmidt der mir gleich ist, habe ich ein lang Gespräch in der Comödie gehabt. Es kamen einige Sachen vor, von denen Sie mir zu schreiben erlauben. Es ist im Werke, daß man dem Seiler Wächter neben der Buchholzen die Erlaubniß Schläuche zu verfertigen, geben will. Wir fürchten beide, es werde die Operation dem Gewerbe mehr schaden, als nutzen. Es ist nicht so ausgebreitet, daß mehrere Personen mit entschiedenem Vortheil sich darinn sollten theilen können. Die Concurrenz wird geringere Preise erzwingen, die Fremden werden davon profitiren und die Waare wird wahrscheinlich geringer

und beide reiben sich auf. Die Buchholz ist betriebsam und
verdient wohl, daß man auf ihre Erhaltung denke und ihr
einigen Vortheil gönne, um so mehr als sie nicht schuldenfrei,
ja der Kriegskasse noch 700 schuldig ist, die sie richtig verinteressirt und nach und nach abzutragen sucht. Käme sie zurück,
so bliebe nichts übrig, als ihr väterlich Haus anzuschlagen und
eine Person zu Grunde zu richten, die sich bisher wacker gehalten hat und deren Unternehmungen eine Folge und Glück
hatten. Ich will nicht, wie Andere behaupten, daß es eine
Privatabsicht des Majors Germar sey, mit dem sie sich von
Anfang her nicht vertragen hat. Etwas Menschliches kann
aber doch dabei zum Grunde liegen. Der Präsident und ich
denken überein und bitten nur daß Sie es nochmals überlegen
möchten; es ist mir unbekannt, was man für die Theilung des
Gewerbs angeführt hat.

Sodann wird das hiesige Rentamt durch Wirsing's gebe-
tene Retraite leer. Der Commissarius Seidel hat sich dazu
gemeldet, man traut ihm die Fähigkeit zu; für seine Redlichkeit
bin ich Bürge. Die Kammer scheint wohl für ihn gesinnt und
ich glaube ihn besonders vor seinen Competenten empfehlen zu
dürfen. Ich bin überzeugt, daß außer den gewöhnlichen Dienstverrichtungen er der Erste seyn wird, der den magischen Schleier,
welcher die Rentamts-Geschäfte noch immer zudeckt, gerne und
freiwillig wegzieht. Er kennt das Hokuspokus recht gut, wodurch man Kammer und Fürsten in ewigen Zweifeln und Dunkelheit zu halten weiß, und selbst einiger Verlust an eigenen Ein-

künsten wird ihn nicht abhalten, Manches zu entdecken, das auf die allgemeine Ordnung und Klarheit von nicht geringem Einfluß seyn wird.

Professor Schütz von Jena schreibt mir und bittet sein Gesuch um eine Zulage in Erinnerung zu bringen. Da Hasse nicht kommt und Magister Paulus mit der bloßen Besoldung ex fisco academico zufrieden sein will: so wären die 200 Thlr., welche Jenem angeboten worden, vacant.

Von Moritz habe ich noch nichts gehört; ich bitte ihm in liegendes Blättchen zu geben.

Von Arends habe ich auch noch keine Antwort; mich verlangt sehr danach. Der Präsident hat mich auf eine freundliche Weise eingeladen, an dem wichtigen Werke des Schloßbaues[1]) pro virili Theil zu nehmen. Das Beste, was man für die Sache thun kann, ist, für die Menschen zu sorgen, die das, was geschehen soll, klug angeben und genau ausführen. Wir verstehns ja Alle nicht und höchstens können wir wählen. Alles gehe nach Wunsch und da Sie bauen wollen, werden Sie uns ja auch den lieben Frieden erhalten helfen.

Ich bin sehr neugierig auf die Schilderung einiger Personen, wenn Sie zurückkommen. Ihre Frau Gemahlinn scheint sich wohl zu befinden, der Prinz auch. Rideln habe ich merken lassen, daß Sie gute Gesinnungen gegen ihn geäußert: es hat

---

[1]) Wiederaufbau des im Jahre 1774 abgebrannten herzoglichen Residenzschlosses zu Weimar.

ihn sehr aufgemuntert und ein munterer Mensch thut wenigstens Alles, was er kann, wenn ohnedieß ein Trieb in ihm liegt.

Leben Sie recht wohl, empfehlen mich den Schönheiten und gedenken mein zur guten Stunde.

G.

W. d. 19. Febr. 89.

56.

(Februar 1789.)

Wenn Sie denken, daß Ihre längere Abwesenheit[1] einiger Entschuldigung bedürfe, so muß ich Ihnen zur Stärkung des Glaubens sagen, daß ich unter gleichen Umständen auch den einmal gefaßten Posten nicht verlassen würde. Für Sie ist es von der größten Bedeutung, im gegenwärtigen Moment von Allem unterrichtet zu werden, wo nicht gar kräftig mitzuwirken.

Jetzt wird das Eisen geschmiedet und wenn es keinen Krieg giebt, so wird eine neue Gestalt von Europa in kurzer Zeit auf eine Weile sich consolidiren.

Aus beiliegendem Aufsatze werden Sie noch besser als aus dem Hetzerschen Promemoria über die Lage der Sache berichtet werden. Sie haben aber zu wenig gerechnet. Es sind Sieben Millionen und zweimal hundert Tausend Thaler. Aber auch diese Summe ist das Land wohl werth und müßte auch rabattiren. Die verlangte Deduction soll in vier Wochen fertig seyn. Voigt macht sich eine große Freude daraus.

--- ---

[1] in Berlin.

57.

(Vor April 1789.)

Es wäre sehr gut, wenn wir durch eine Mittelsperson mit Arends in Connexion kämen und blieben. Gegen den Sohn des Bankontroleurs hätte ich zu erinnern, daß er sehr jung ist und im Zeichnen sobald nicht die Fertigkeit erreichen möchte, die Arends wünscht. Er verlangt Jemanden, der ihm beistehe, für ihn copire, welches in dieser Kunst schon viel voraussetzt. Dann wünschte ich auch, daß Sie schon in einigen Jahren den Genuß von einem solchen Menschen hätten für Ihr Bau - und Gartenwesen, und alsdann einen andern in die Schule schickten. Ich bin auf den Schlesier gefallen, der Ihnen doch gewisser maßen zur Last liegt. Sein Aeußerliches ist empfehlend, man müßte ihn in Mathematicis prüfen lassen, seine Risse ansehen und sich alsdann entschließen. Ein solcher lernte in drei Jahren so viel, daß Sie ihn zurückrufen könnten; er sähe Arends die großen Gärten anlegen und käme bald mit neuen Ideen berei chert hierher. Auch hätte ein solcher mehr Einfluß auf Arends, wenn man durch seine Vermittelung Arendsen zu Diesem oder Jenem anfeuern wollte.

s. m.

Ich sitze mit dem höllischen Feuer einer Spanischen Fliege im Nacken. Was thut man nicht, um an sich die edle Men schengestalt wieder herzustellen.

Habe ich schon gemeldet, daß ich in diesen einsamen und

mitunter schlaflosen Stunden den ganzen Kreis der Farbenlehre glücklich durchlaufen bin, daß ich die Hauptfäden ziehen konnte und nun wie eine Spinne das Werk mit Fleiß zu vollbringen anfange?

Leben Sie recht wohl und gedenken mein.

G.

58.

Indessen Sie im Staub und Getümmel Ihre Stunden zubringen, um Sich zu einer brillanten Scene[1]) vorzubereiten, leben wir ganz still und hängen unsern Gedanken unter blühenden Bäumen und bei dem Gesange der Nachtigallen nach. Wir haben unsern Lohn dahin, möge Ihnen auch der Ihrige werden.

Ich habe nichts gethan, dessen ich mich rühmen könnte, Manches, dessen ich mich freuen darf und so gehen die Tage vorbei. Gestern las ich Ihrer Frau Gemahlinn den Tasso vor; sie schien zufrieden.

Die fehlenden Scenen erzählte ich, so gut es möglich war.

Wenn ich Arends nicht erwartete; so hätte ich mich von der Welt retirirt, um das Stück fertig zu machen.

Ihre Frau Gemahlinn schien einen Vorschlag zu billigen, den ich that: ich wollte im Juni mit dem Prinzen und Rideln

---

[1]) einer Revue.

auf einige Zeit nach Belvedere ziehen. Es ist ein sehnlicher Wunsch des Kindes, dessen Erfüllung ihm wohl thun wird und ich könnte es eine Zeit lang bequem beobachten und doch ohne Zerstreuung manche Dinge vollenden. Leider zeigt Herder in seinen Briefen einen großen Hang nach Göttingen [1]), der die Frau selbst verlegen macht. Ich habe ihm wiedergeschrieben, keinen Entschluß zu fassen, bis er wieder kommt.

Lips ist nicht abgeneigt zu kommen; nur hat er mich leider an meiner schwachen Seite angegriffen und mir geschrieben, daß er auf mein Wort kommen wolle, da ich ihm versichert, daß er der Kunst nicht ganz abzusterben und dem Handwerk nicht allein zu leben brauche. Das ist nun gefährlich! Für Deutschland mag ich mich nicht verbürgen. Ich habe deswegen an Bertuch nach Leipzig geschrieben, um alle Preise zu erfahren; ich will sie an Lipsen schicken, er mag berechnen, was er machen kann. Das Reisegeld würde man ihm wohl zugestehen, es könnte einige hundert Thaler betragen. Uebrigens ist diese Acquisition wichtiger, als man denken möchte: es hängt so viel an so einem Mann, das sich erst in der Folge zeigen wird. Leben Sie recht wohl und gedenken mein unter den Waffen. Dafür bereite ich Ihnen auch ein Lobgedicht, an einem Platze, wo Sie es am Wenigsten vermuthen und bitte schon im Voraus um Verzeihung.

G.

---

[1]) wohin derselbe einen Ruf hatte.

59.

Ein wahrer Scirocco hat uns endlich von dem Schnee befreit und Sie werden auch wohl trocknen Boden haben. Die Ilm war groß, ist aber nur an den niedrigsten Plätzen ausgetreten, über den unteren Weg nach dem Brauhause und hinten an der Quelle, weil das Wehr nicht eröffnet werden konnte, doch ohne Schaden und zum großen Vergnügen der Enten, welche in völliger Ueberzeugung waren, diese Anstalt sey um ihrentwillen getroffen.

Unsre commissarischen Ueberlegungen haben wir fortgesetzt, es ist sehr angenehm mit diesen drei Männern etwas verhandeln; sie sehen auf die Sache, wollen das Rechte und ich bin überzeugt, daß die Einleitung, die wir dem Geschäfte geben, rein und für die Folge heilsam seyn werde.

Jena war, wie Sie wissen, mit einer Loge bedroht. Bertuch ging gleich von dem Gedanken ab und hat auch Hufelanden rektificirt. Bode hält zu fest an dieser Puppe, als daß man sie ihm so leicht abdisputiren sollte; indeß habe ich ihm mit der größten Aufrichtigkeit das Verhältniß hingelegt und ihm gezeigt, warum Sie weder zu einer solchen Einrichtung Ihre Einwilligung geben, noch durch die Finger sehen könnten. Ihre Erklärung gegen Bertuch kommt also recht erwünscht und der Gedanke, ein Collegium über das Unwesen der geheimen Gesellschaften lesen zu lassen, ist trefflich. Ich habe den Direktoren der Literatur=Zeitung auch einen Vorschlag gethan, den sie angenommen haben, wodurch allen geheimen Verbindungen ein harter Stoß versetzt wird. Sie werden es bald gedruckt lesen. Und so ist es gut, daß man öffentlich Feindschaft setze zwischen sich und den Narren und Schelmen. Die rechtlichen Leute gewinnen alle durch Publicität.

Der Tod der Gräfinn Ingenheim ist wohl Jedermann sehr unerwartet gewesen; Niemand macht aber dabei eine andere Reflection, als daß der Platz nicht lang unbesetzt bleiben werde.

Reichardt schreibt mir: er werde mich ehestens besuchen und seine Composition der Claudine mitbringen. Wenn er mich nur das Vergnügen, das ich dabei empfinden kann, nicht allzu theuer bezahlen läßt.

Ihre Frau Gemahlinn sagt mir, daß Sie Freude an den ersten Scenen des Tasso gehabt. Dadurch ist ein Wunsch, den ich bei dieser gefährlichen Unternehmung vorzüglich gehegt, erfüllt und ich gehe desto muthiger dem Ende entgegen. Ich habe noch drei Scenen zu schreiben, die mich wie lose Nymphen zum Besten haben, mich bald anlächeln und sich nahe zeigen, dann wieder spröde thun und sich entfernen.

Der erste Versuch in der Wachsmalerei ist sehr artig gerathen. Kraus hat eine Landschaft gemalt, an welcher nun freilich Lehrgeld mußte gegeben werden. Für eine leichte Art Malerei hat diese Methode viel Vorzüge. Lipsen hingegen ist ein Versuch, ausgeführter zu malen, wie er mir schreibt, miß lungen.

Knebel hat eine Elegie des Properz recht glücklich übersetzt. Die Frauen sagen: ich könne sie gemacht haben; da sie's

aber auf den Charakter und nicht aufs poetische Ver=
dienst nehmen, so ists nicht sehr schmeichelhaft. Auch hat Knebel
ein gut Quartier¹) gemiethet an der Ecke des Marktes, wo
ehemals die Batsch wohnte. Er ist Ihnen so näher und auf
den Sommer fixirt. Ich liege ihm sehr an, daß er zu über=
setzen fortfahre und die Erotica den schönen Herzen nahlege.
Ich leugne nicht, daß ich ihnen im Stillen ergeben bin. Ein
Paar neue Gedichte sind dieser Tage zu Stande gekommen;
sie liegen mit den andern unter Raphaels Schädel, wohin das
Cahier in meinem Schranke durch Zufall kam und nun, um
des Ominosen willen, da bleiben soll. Moritzen amüsirt diese
Combination gar sehr.

Moritz hat mir geschrieben. Er empfiehlt sich Ihnen, es
geht ihm sehr gut. Die guten Götter erhalten ihm Heinitzen lang.
Gelegentlich will ich ihm etwas zur Monatsschrift schicken.

Unger²) hat den ersten Bogen des Carnevals und zwei
der Iphigenie gesendet, beide sehr schön gedruckt; nur möcht
ich sagen, bei jenem die Lettern zu groß, bei dieser zu klein.

Wenn ich vor den Feiertagen die letzte Scene des ersten
Attes, wo Antonio zu den vier Personen, die wir nun kennen,
hinzutritt, fertigen könnte, wäre ich sehr glücklich. Fast zweifle
ich dran. Sobald sie geschrieben ist, schicke ich sie.

Sagen Sie mir gelegentlich ein Wort, wie Sie Sich be=
finden. Ich fürchte, das leidige Uebel hat Sie noch nicht ver=

¹) in Jena. ²) Johann Friedrich, Buchhändler in Berlin.

lassen. Ich werde ihm ehstens in Hexametern und Pentametern auf's Schmählichste begegnen; das hilft aber nicht zur Cur. Leben Sie wohl und lieben mich

G.

W. d. 6. Apr. 89.

60.

W. d. 12. May 1789.

Vor einigen Tagen habe ich Ihnen, nach einer nicht zu entschuldigenden Pause, ein Brieflein gesiegelt und es dem geheimen Rath Schmidt gesandt: wahrscheinlich erhalten Sie es mit diesem. Die schöne Zeit, die mich früh ins Thal lockt und recht zum Müssiggang einlädt, hat mich auch abgehalten, Ihnen zu schreiben, besonders da Alles um uns ganz stille ist, die Empfindungen sich wenig und die Begebenheiten gar nicht regen.

Arends bleibt noch immer aus und ich bin ein wenig verdrießlich, weil ich ohne die Erwartung Seiner wohl mit Ihnen den nordischen Campus Martius besucht hätte.

Das Programm, das Sie mir schicken, macht mir Lust auch so Etwas einmal zu sehen. Es ist unerlaubt, daß ich noch keine Revue gesehen habe. Ueber das Jahr wollen wir den Zuschnitt darauf machen. Es ist doch eins der merkwürdigsten Dinge, welche die Welt hat und gehabt hat. Indessen treibe ich's in meiner Art immer fort und hoffe Ihnen in der Folge auf mehr, als eine Weise Freude zu machen. Mit gar manchen Dingen bin ich auf dem rechten Weg und muß sie nur auf die Spitze treiben. Tasso scheint den Beifall Ihrer

10*

Frau Gemahlinn zu haben. Wenn ich ganz fertig wäre, wollt ich mich sehr glücklich schätzen. Von den Eroticis habe ich Wielanden wieder vorgelesen, dessen gute Art und antiker Sinn, sie anzusehen, mir viel Freude gemacht hat. Bald habe ich Hoffnung, daß diese kleine Sammlung sowohl an Poesie als Versbau den Nachfolgern Manches wegnehmen werde. Die Wissenschaften gehn ihren Weg. Gelesen habe ich die Mémoires de St. Simon, ein sehr schätzbar Buch, und Abends mache ich indessen den Wirth Ihrer Promenaden und suche bald durch Thee, bald durch saure Milch die Gemüther der Frauen zu gewinnen, indeß die Männer von der gewaltsamen Parze an den Spieltisch gefesselt sind. Knebel ist nach Jena und giebt der Gesellschaft dadurch Gelegenheit, kleine Lustreisen zu machen; heut ist die Imhof, Schardts und Steins zu ihm hinüber. Schiller ist nach Jena, Schütz nach Paris. Der Letzte empfiehlt sich zu Gnaden. Er hat mir beim Abschied noch von seiner Geschichte erzählt, die recht artig und merk würdig ist.

Von Moritz höre ich nichts. Hier schicke ich die Beschreibung des Römischen Carnevals. Die Druckfehler kommen auch mit auf seine Rechnung. Einige Blätter müssen umgedruckt werden.

Leben Sie recht wohl und gedenken mein. Wedel ist von Ilmenau zurück und hat gar verständige Bemerkungen von daher mitgebracht. Dieses Vikariat wird viel Gutes stiften.

G.

Noch füge ich hinzu, daß ich wegen Schäffers[1]) mit Ihrer Frau Gemahlinn gesprochen habe. Sie ist es wohl zufrieden, daß er von Zeit zu Zeit Rideln ablöse, es wird diesem wohlthun und dem Kinde auch vortheilhaft seyn. Ich wünschte daß Sie ihm (Schäffern) noch 50 Thaler zugeständen, damit er das Opfer seiner übrigen Stunden nicht fühle und daß man auch Etwas von ihm fordern könne.

Eine meiner vorzüglichen Sorgen ist nun Herders Schicksal. Sie werden mir erlauben, daß ich einmal gelegentlich über diesen Fall und verwandte Fälle ein Wort aus dem Herzen sage. Es wird einem Fürsten, der so mancherlei Mittel in Händen hat, leicht, das Glück von Manchem, besonders dem Nächsten, zu machen, wenn er es wie eine Baumschule behandelt, nach und nach, und immer so fort, wenig, aber das Wenige zur rechten Zeit thut. So kann der Mensch, dem nachgeholfen wird, von sich selber wachsen. Und am Ende von Allem: was unterscheidet den Mächtigen, als daß er das Schicksal der Seinigen macht, es bequem, mannichfaltig und im Großen machen kann, anstatt daß ein Particulier sein ganzes Leben sich durchdrücken muß, um ein Paar Kinder oder Verwandte in einige Aisance zu versetzen.

---

[1]) Diaconus zu Weimar, später Miterzieher des Erbprinzen Carl Friedrich.

61.

Wahrscheinlich haben Sie auf dem Walde¹) Schnee gehabt; seit vorgestern scheint uns wieder die Sonne, man wird aber der Abwechslung so gewohnt, daß man sich nicht mehr freut noch betrübt. Ich denke immer mehr auf die Hausexistenz, das sich denn auch ganz gut für mich ziemt.

Mit der Messung des alten Schlosses geht es sehr vorwärts. Es scheint der Baucontroleur will zeigen, daß er auch genau seyn kann. Wie ich seine Arbeit beurtheile, ist sie sehr brav und wir kommen auf diese Weise dem Zweck um Vieles näher. Der Plan der ersten Etage des kleinen Flügels und des Corps de Logis bis an den Rittersaal ist beinahe fertig. Nun gehts an die Profile, dann an die untere und obere Etage.

In einigen Tagen denke ich mit dem Prinzen zum Coadjutor zu gehn, dann nach Jena, wenn mich die Wolken secundiren.

Sobald ich höre, daß Sie in Wilhelmsthal angelangt sind, werde ich mich auf den Weg machen. In Eisenach hoffe ich Scylla und Charybdis vorbeizuschiffen.

Vom Tasso sind 3 Alte ganz absolvirt, die beiden letzten noch in der Revision. Noch wenige Tage, so wäre denn auch dieses schwere Jahrwerk vollendet. Ich werde mit Bornstädt zufrieden ausrufen: so weit hätten wir sie!

---

¹) Thüringerwald.

Faust will ich als Fragment geben, aus mehr als einer Ursache, davon mündlich.

Ueber alle meine übrigen Arbeiten habe ich mir einen Plan aufs nächste Jahr gemacht. Wir wollen sehen, wie weit wir es bringen.

d. 10. Juli.

Diese Tage hatte ich eine große Freude. Der junge Facius, der eine Zeit lang hier ist und Petschafte sticht, hat einen jungen Herkuleskopf nach einer antiken Gemme ganz über alle Erwartung schön in Stahl gearbeitet. Ich werde suchen, ihn auf alle Weise vorwärts und wo möglich zum Steinschnei= den zu bringen. Ihre Frau Gemahlinn will Etwas für ihn thun und Sie versagen mir eine Kleinigkeit nicht, nur um seine Existenz das erste Jahr zu sichern und ihn von der ganz ge= meinen Arbeit zu befreien, mit der er bisher sein Brod ver diente. Dieser Mensch soll uns Ehre machen.

Nun ist auch Herder wieder da, guten Humors, gesund. Ich hoffe das Beste für ihn und uns. In den ersten Augen= blicken ist von der Hauptsache[1]) wenig gesprochen worden. Heute Abend gedenke ich nach Jena, Montag komme ich zurück. Leben Sie recht wohl.

G.

---

[1]) Vgl. Nr. 58.

62.

Zuvörderst wünsche ich, daß der böse Zahn Sie nicht möge geplagt haben, das Wetter war schön und das Uebrige pflegt sich zu geben.

Ich bin wohl und fleißig gewesen. Faust ist fragmentirt, das heißt in seiner Art für diesmal abgethan. Mittelsdorf[1]) schreibt ihn ab. Ein wunderlicher Concept ist ihm wohl nie vorgelegt worden. Es ist recht eigen, alle diese Tollheiten von eben der Hand zu sehen, welche uns sonst nur: „Beste, Liebe Getreue" vorzulegen gewohnt ist. Nun wünsche ich, daß Ihnen das Stückwerk noch einmal einen guten Abend machen möge. Die beiden kleinen Stücke, die in dem siebenten Bande kommen sollen, waren schon in der Ordnung und ich fühle mich nun erst als ein freier Mensch, da ich diese Verbindlichkeiten erfüllt habe. Nun kann es an andre Sachen gehen.

Das Griechische wird eifrig getrieben und ich habe gute Hoffnung.

Unsre Bergwerks-Besorgnisse klären sich recht schön auf. Voigt geht mit seinem Bruder morgen hinauf. Der Bergsecretair[2]) mußte hereinkommen, um seine Frau, die über den Entschluß, sich im Gebirge festzusetzen, krank worden war, oder sich krank stellte, zu beruhigen. Wir haben Alles mit ihm durchgegangen. Er ist recht klar und thätig in dieser Sache: mehr bedarfs in keiner, den guten Willen vorausgesetzt.

---

[1] Geheimer Registrator bei dem herzoglichen geheimen Consilium.
[2]) Eben dieser Bruder.

Er ist sehr dankbar, daß Sie ihm den Charakter accor
diren und hat das Hartungische Haus gegen dem Schlößchen
über gekauft. Er wird manches Gute oben auch nebenher stiften. Bei seinem raschen Kopf ist er ein grundehrlicher Mensch.
In Jena war ich gestern und genoß den herrlichen Tag im
Saalthale, das sehr schön war. Der Durchstich wird auch
gut werden. Das Stück Wiese ist acquirirt, die Bäume sind
gefällt und der neue Durchstich angegeben. Ich habe nun das
ganze Werk dreimal angesehen, bei großem, Mittel- und klei-
nem Wasser und bin überzeugt, daß der Endzweck erreicht ist.
Nur muß man jetzt noch einige Jahre mit Aufmerksamkeit zu
sehen, was der Strom thun will. Wenig Aufwand wird es
erfordern.

Ich erwarte sehnlich Bentens Wiederkunft, daß endlich die
Stromaufsicht zu Stande komme. Es ist bis auf wenig kritische
Punkte ein sehr leichtes Geschäfte, das wenig Tage jährlich
erfordert. Voigt ist in Apolda mit Ludecus gewesen und hat
die Abgabe des Brodts an die Bedürftigsten gut vorbereitet.
Er hat mir die Protokolle gelassen, die ich aber noch nicht gelesen habe. Henmann hat sich als ein sehr anständiger Mann
gezeigt. Der große Ofen ist zu Stande; nur tünchen sie ihn
noch ab und es ist noch keine rechte Probe damit gemacht wor=
den. Ich habe die beste Hoffnung davon, es soll mir recht
lieb sein, wenn es reüssirt. Der Bergsekretär will gleich in
Ilmenau einen ähnlichen Versuch machen.

So oft ich ins neue Quartier komme, freue ich mich der

anmuthigen freien Lage, des schönen Raums und mancherlei Bequemlichkeit, und freue mich Ihnen auch das verdanken zu können. Schon einigemal bin ich nach Belvedere zu Fuß gegangen; es scheint mir nun wieder näher. Reicherts botanischer Vorrath vermehrt sich immer; leider! daß wir die interessantesten Sachen immer unter Dach halten müssen. Wo Sie dieser Brief auch antrifft, treffe er Sie zur guten Stunde.

G.

W. d. 5. Nov. 89.

63.

Wenn Ihre Träume, von denen Sie mir schreiben, von heroisch-philosophischem Inhalte sind, so sind die meinigen gegenwärtig höchstens erotisch-philosophisch und folglich auch nicht die unangenehmsten. Wie Sie dereinst in der 101sten Elegie meiner immer wachsenden Büchlein werden ersehen können.

Vom Faust schickte ich Etwas, wenn ich mir nicht vorbehielte, einen der ersten Abende nach Ihrer Rückkunft, Sie, Ihre Frau Gemahlinn, und wen Sie sonst berufen mögen, vorlesend zu bewirthen.

Wenn Sie so arges Wetter haben, als wir, wenn eine eben so ausgebreitete Wolke auch Sie deckt, so bedaure ich Sie, da Sie einen günstigen Himmel nöthiger haben, als wir.

Lips ist angekommen; seine Gegenwart wird viel Gutes und Erwünschtes stiften.

Wir arbeiten uns nun sachte zusammen ein. Indessen

bin ich auch angespornt worden, meine botanischen Ideen zu schreiben. Es hat den Schein, daß ein auf Ostern angekündig= tes Buch mir zuvorkommen könnte. So will ich wenigstens zugleich kommen.

Ich manoeuvrire auch immer sachte ins neue Quartier. Das schwere Geschütz ist voraus, das Corps ist in Bewegung und ich decke die Arriergarde. In wie fern Sie mein als Re= giments=Quartiermeister bedürfen, werden Sie bei Ihrer Ankunft entscheiden.

Leben Sie indeß wohl und erhalten und erwärmen Sich die Tage, wie es möglich ist und gedenken meiner.

F.

W. d. 20. Nov. 89.

64.

Daß Sie Sich unter den gegenwärtigen Umständen noch mit der mechanischsten aller Wissenschaften, dem deutschen Thea= ter, abgeben mögen, läßt uns andere Verehrer der Irene hof= fen, daß diese stille Schöne noch eine Zeit lang regieren wird.

Wir haben wenigstens diese Tage her uns mit dem Schloß= bau=Plan so ernstlich beschäftigt, als ob wir dem friedlichen Reiche Salomons entgegensähen. Arends hat uns recht schön aufs Klare geholfen und wir können den ersten Schritt mit Zutraun und gutem Muth wagen. Arends hat auch einige artige Zeichnungen für den Park hinterlassen und sich durchaus als ein geschickter, verständiger und redlicher Mann gezeigt.

Der Coadjutor[1]) hat ihm aufgetragen, eine Façade zu dem Stutterheimschen Gebäude zu zeichnen. Zu Gotha sind wir wohl aufgenommen worden und der Herzog hat einen Riß zu einem kleinen Gartenhaus von ihm begehrt.

Hier werden Sie bei Ihrer Rückkunft Alles bereit finden und man wird sogleich mit der Arbeit anfangen können. Die meiste Zeit des vergangenen Monats habe ich auf dieses Geschäfte verwendet, außerdem noch Fausten und das Botaniton in Buchhändlers Hände geliefert.

Mit Vergünstigung der Göttin Lucina hat man auch der Liebe wieder zu pflegen angefangen. Der kleine Pathe wird mager; die Frauen sagen aber: bei dieser Diät geschehe es so. Bis in die zwölfte Woche müsse man Geduld haben.

Gestern ist das erste Erotikon in diesem Jahre zu Papier gekommen.

Wir erwarten täglich Nachricht von Baldauf und werden sodann nach Ilmenau gehen.

Der Bergrath Voigt beträgt sich sehr brav oben; es war das einzige Mittel, das Geschäft wieder in Schwung zu bringen.

Der arme Meyer, in Rom, kann Ihre guten Gesinnungen, ihm dort einen Zuschuß zu gönnen, nicht wie zu wünschen wäre, genießen. Seinen traurigen Zustand beschreibt beiliegendes Blatt. Er mag nur vorerst in die Schweiz schleichen. Hat er sich ein wenig erholt, so mag er uns kommen. Wenn

---

[1]) von Dalberg in Erfurt.

er stirbt, so verliere ich einen Schatz, den wiederzufinden, ich fürs ganze Leben verzweifle.

Ich lege einen Brief vom Prinz August[1]) zum Gegengewicht bei. Er ist luſtiger und wohler, als er jemals war.

Die Wiederkunft Ihrer Frau Mutter verzieht sich und es ist mir sehr lieb. Wenn Sie Ende Mays wieder hier ist, wird ihr der Wechsel doch nicht sogleich empfindlich. In Italien sollen himmliſche Tage seyn. Nach unſerer Witterung läßt sichs denken.

Ihre Frau Gemahlinn hat uns einige Sorge gemacht; sie wird selbst schreiben. Auch der Kleine war nicht wohl, ist aber wieder hergestellt; sein Bild von Lips ist ganz fürtrefflich gerathen.

So viel von privatis und privatissimis, indeſſen Sie in publicis verſiren. Vollenden Sie Ihre Geschäfte glücklich und bringen uns die Bestätigung des lieben Friedens mit. Denn da eigentlich der Zweck des Kriegs nur der Friede seyn kann, so geziemt es einem Krieger gar wohl, wenn er ohne Krieg Friede machen und erhalten kann. Hierbei liegt eine Viſiten-karte, als Dokument daß Hetzer endlich Anstalt macht wirklich aufzubrechen, doch ist er nicht fort.

Leben Sie recht wohl und lieben mich.

Goethe.

W. d. 6. Febr. 90.

---

[1]) von Gotha.

65.

Ihr Packet ist mir nach Ilmenau gefolgt, aber mit solcher Behendigkeit daß, da ich es gleich retour schicke, nur wenige Stunden versäumt werden sollen. Alles wird richtig besorgt werden. Was zu Ihrem Heil und zu Ihrer Freude gereicht, theile ich von Herzen; ich bin recht neugierig, Sie diesmal wieder zu sprechen. Ihren Auftrag wegen der Deduktion habe ich folgendermaßen ausgerichtet.

Ich habe mir sogleich die Materialien, welche Schnauß gesammelt, mittheilen lassen, solche fleißig gelesen und mir einen Begriff von der Sache gemacht. Voigten habe ich über die Sache gesprochen, um erst zu hören wie er sie ansieht und wie er glaubt, daß sie angegriffen werden müsse. Er sagte, daß er vor allen Dingen ein Werk des jüngern Senkenberg herbeischaffen wolle, welches viel Gutes und hierher Einschlagendes enthalte. Das erwarten wir nun. Ihr Brief sagt mir auch dießmal nicht, daß Sie die Deduktion gleich nach Berlin haben wollen. In Schnaußens Materialien liegt Alles so, daß es nur geschrieben zu werden braucht. Ich will gleich mit Voigten einen Plan concertiren, den sollen Sie bei Ihrer Zurückkunft finden und geschrieben ists alsdann bald.

Verzeihen Sie die stumpfe Eile meiner Feder, der Geschworne Baldauf ist angekommen; ein wackerer Mann, mit dem

wir den unterirdischen Stegbau zu bezwingen hoffen. Leben Sie
wohl in der obersten Welt und behalten mich lieb.

G.

Ilmenau d. 18. Febr. 90.

Reichardt ist sehr von Ihren Ideen wegen des Theaters
eingenommen. Ich schreibe ihm nächstens.

66.

Ein Brief von Einsiedel veranlaßt mich Ihnen diesen Boten
zu schicken. Ich schrieb ihm neulich, daß ich der Herzoginn,
wenn sie nicht so eilig aus Italien zurückgekommen wäre, wohl
hätte ein Stückchen entgegen gehen mögen. Da sie nun durch
ihre Frau Schwester und den Erbprinzen von Braunschweig in
Neapel aufgehalten worden, so nimmt sie mich beim Worte und
Einsiedel schreibt mir, wenn ich es nicht ausführte, täuschte ich
die Herzoginn in einer sehr angenehmen Erwartung. Er sey
selbst dabei interessirt und dringt in mich, daß ich meinen Vorsatz nicht soll fahren lassen.

Wenn Sie also nichts dagegen hätten, so machte ich mich
gleich auf und ging nach Augsburg, wo ich Briefe von Einsiedel
finden werde, um zu sehen, ob ich ihnen noch weiter entgegen
zu gehen Zeit hätte. Das gelinde Wetter ladet zu einer solchen
Reise ein.

Was von Geschäften einigermaßen an mich geknüpft ist, liegt
Alles gut vorbereitet: die Schloßbausache durch die Arbeiten
von Arends, das Bergwerk durch Baldaufs Bemühungen, an

dem wir einen sehr braven Mann gefunden haben. Die Steuer=
sachen, die mich aufs Neue interessiren, und die Ihnen gewiß
dereinst Freude machen sollen, sind auch für dieses Jahr einge=
leitet, daß also eine Abwesenheit von 6 Wochen nicht bemerklich
werden wird.

Ohne Kosten macht mirs einen großen Spaß, denn ich muß
wieder einmal etwas Fremdes sehen. Auch bin ich gewiß Ihrer
Frau Mutter nützlich u. s. w. Ich richte mich daher ein, wenn
der Bote zurückkommt und mir keine Contreordre bringt, sogleich
abzureisen.

Ueber eine oder die andere Sache lasse ich Ihnen noch einen
Aufsatz zurück, z. B. über die Rechnungstermin-Sache, welche
in meiner Abwesenheit wohl entschieden werden dürfte.

Sagen Sie mir doch auch ein Wort wie es Ihnen geht?
und wann dieß Jahr die Revüen fallen? wenn kein Krieg wird.
Ich möchte das 90 er Jahr gern unter freiem Himmel, soviel
möglich zubringen.

Eben erhalte ich von Ihrer Frau Gemahlinn den Brief,
welchen Sie unterm 16. Febr. schrieben. Da auch dieser das
Friedlichste hoffen läßt, so kann ich um so mehr die Hoffnung
meiner Reise unterhalten.

Leben Sie recht wohl. Verzeihen Sie die üble Handschrift.
Hierbei liegt ein offner Brief an Reichardt mit einigen Glaubens=
Bekenntniß=Artikeln.

G.

W. d. 28. Febr. 90.

Ich weiß nicht, ob ich Sie schon einmal ersucht habe, es dahin zu bringen, daß wir Schwefelabgüsse von dem Königlichen Gemmen-Cabinet erhielten. Es wäre dünkt mich etwa unter dem Vorwande zu erlangen, daß die Academie der Künste durch solche Abgüsse auch Nutzen haben werde.

Ihre Frau Gemahlinn hat mir einen freundlichen Gruß aufgetragen.

Noch muß ich eine Vergessenheits-Sünde gestehen. Sie sagten mir, was Sie Oertels Sohn jährlich auf der Academie geben wollten und ich habe die Summe vergessen.

67.

Von Emilien[1]) werden Sie durch den Boten, den ich an Sie abschickte, einen Brief erhalten haben. Die guten Kinder sind noch in Gotha; der Alte ist krank und sie führen, scheint es, ein erbärmlich Leben.

Ich mache mich reisefertig[2]), um aufzubrechen, wenn Sie es gut finden; es macht mir diese Excursion viel Freude.

Die Römische Kaiserkrönung in Frankfurt werden wir doch auch nicht versäumen; das sind lustige Aussichten.

Leben Sie bald wohler und vergessen uns nicht.

G

W. d. 1. März 1790.

[1] Gore. [2] Vgl. Nr. 66.

68.

Am 31. März bin ich in Venedig glücklich angelangt nach einer vergnüglichen Reise.[1] Das Wetter war meist schön, besonders durch Tyrol.

Diesseits der Alpen, von Verona bis hierher, habe ich immer Nordost gehabt, hellen Himmel, aber kalt. Heute den zweiten April hat es hier geschneit. Auf dem Lande sind die Bäume noch sehr zurück, bei Botzen blühten Mandeln und Pfirschen: um Verona war es auch sehr schön: an den Hügeln hin das flache Land sieht aber noch nicht Italienisch aus. Nun bin ich unter den Amphibien und werde mich bald daran gewöhnen. Von Ihrer Frau Mutter habe ich noch keine Spur und Einsiedel hat mir einen Gasthof angezeigt, der gar nicht in Venedig existirt. Durch einen Zufall bin ich in eine gute Wohnung gekommen und habe den wahrhaften Musäus zum Wirthe; ich erneuere mir sachte den Begriff dieser seltsamen Stadt und gehe das Merkwürdigste darin durch. Diese Reise hat mich recht zusammen geschüttelt und wird mir an Leib und Seele wohlthun.

Uebrigens muß ich im Vertrauen gestehen, daß meiner Liebe für Italien durch diese Reise ein tödtlicher Stoß versetzt wird. Nicht daß mirs in irgend einem Sinne übel gegangen wäre, wie wollt es auch? aber die erste Blüthe der Neigung und Neugierde ist abgefallen und ich bin doch auf oder ab ein wenig Schmelfungischer geworden.

---

[1] Vgl. Nr. 66 und 67.

Meine Elegien haben ihre höchste Summe erreicht und das Büchlein möchte geschlossen seyn. Dagegen bring ich einen Li-bellum Epigrammatum mit zurück, der sich Ihres Beifalls, hoff ich, erfreuen soll. In manchen Augenblicken wünsch ich Sie mit mir zu sehen, nur damit Sie Sich in Teutschland besser freuten.

Das ist nun hier mitten im Wasser und wir sind mitten im Land! Das ist das beste Element, wo man sich Seiner und der Seinigen freuen kann.

Leben Sie recht wohl.

G.

Venedig d. 3. Apr. 90.

69.

Ihre Frau Mutter ist glücklich wieder angekommen. Sie wünschte sehr, Sie hier zu finden. Da Sie abwesend waren, hat sie die erste und beste ihrer Freuden vermißt. Ich habe das Mögliche gethan, ihr die Rückreise wo nicht angenehm, doch leidlich zu machen.¹)

Die Einladung ins Lager die ich in Augsburg erhielt, die mir Voigt bestätigt, ist mir sehr erfreulich. Ich werde Alles einrichten, um bald abgehen zu können. Manches möchte ich nicht unvollendet lassen. Die völlige Einrichtung Ihrer Frau Mutter, Einsiedels Situation :c. Der Schloßbau wird mir auch einige Zeit nehmen.

¹) Vgl. Nr. 66, 67 und 68.

Eine Wunde am Fuße, die mich hindert, Stiefel anzuziehen, wird auch bis dahin heilen; ich erwarte überhaupt noch nähere Nachricht von Ihnen. Daß Voigt Gelegenheit gehabt hat, sich zu zeigen, freut mich sehr. Leben Sie recht wohl. Nach so langer Zeit verlangt mich sehr, Sie wieder zu sprechen. Wirken Sie glücklich und behalten mich lieb.

G.

W. d. 22. Juni 90.

70.

W. d. 1. Juli 90.

Nach dem letzten Briefe an Ihre Frau Gemahlinn sind Sie wohl jetzt schon in Ihren Quartieren ein wenig eingerichtet und haben vom Marsch einige Tage ausgeruht. Ich wünsche, daß diese große Demonstration eines kriegerischen Vorhabens zum Heil und Frommen von Deutschland und Europa ausschlagen möge.

Ich habe indessen Alles eingerichtet und eingeleitet, daß ich bald von hier abgehen kann.

Ich bereite mich nun auf die Reise vor, daß ich sie auch nutze, wie sichs gebührt. Montags zieht Ihre Frau Mutter nach Belvedere. Dieser Aufenthalt wird ihr und Andern, hoffe ich, wohlthätig seyn. Meiner Mutter[1] hab ich geschrieben, sie solle die Zimmer, welche der Reichsquartiermeister nicht weg- nimmt, ja nicht weggeben. Sie freut sich schon in der Hoff-

---

[1] Vgl. Nr. 67.

mung, Sie bei sich zu bewirthen. Ich wünsche noch immer, daß Sie alsdann den Prinzen mitnehmen; es wird das Kind auf einmal weit vorwärts bringen.

Der Schloßbau geht ganz munter fort: an Arends schreibe ich gleich, sobald man über das Geschenke, was man ihm geben will, einig ist. Die übrigen Angelegenheiten die noch einigermaßen an mich geknüpft sind, habe ich auch wieder angesehen und um Etwas befördern helfen.

Voigt ist sehr zufrieden und neu belebt zurückgekehrt. Er war in Berlin recht in seinem Elemente.

Da mein letzter Band nunmehr gedruckt ist, scheine ich mir erst ein freier Mensch: in der letzten Zeit drückte dieses Unternehmen doch zu stark auf mich.

Desto mehr lasse ich jetzt blos den Genius walten. An meinem Büchlein Epigrammen schreibe ich ab. Es sind freilich viele ganz lokal und können nur in Venedig genossen werden.

Das botanische Werkchen[1]) macht mir Freude, denn ich finde bei jedem Spaziergange neue Belege dazu.

Was ich über die Bildung der Thiere gedacht habe, werde ich nun auch zusammenschreiben. Und die Reise, die ich zu Ihnen mache, giebt mir die schönste Gelegenheit, in mehr als einem Fache meine Begriffe zu erweitern. Knebel empfiehlt sich bestens: ich lege einen Brief von ihm bei. Er und seine Schwester tragen den Tod des Bruders standhafter, als sich denken ließ.

---

[1]) Metamorphose der Pflanzen.

Von mancherlei Verhältnissen habe ich noch Mancherlei zu erzählen und verspare es bis ich zu Ihnen komme.

Meine Wohnung danke ich Ihnen täglich; sie wird immer lustiger und anmuthiger.

Das Chaischen, das Sie soweit herumgeführt hat, ist auch diesmal ganz glücklich von Weimar nach Verona und von da zurückgekommen. Es soll mich auch wieder zu Ihnen bringen.

Leben Sie recht wohl, es gehe Ihnen nach Wunsch.

G.

Hier liegt auch ein Brief von dem Usingischen Ziegesar bei. Er hat mir in einem weitläufigen Briefe seine Fata erzählt, die schon wunderlich genug sind.

Doktor Huschke unternimmt Lichtenbergen: ich bin sehr neugierig, was er wirken wird. Ich habe viel Vertrauen zu ihm. Lassen Sie uns diesen jungen Mann ja festhalten.

Leben Sie recht wohl und gedenken mein.

71.

Zu dem erbaulichen Entschluß,
Bei diesem Wetter hier zu bleiben,
Send ich des Wissens Ueberfluß,
Die Zeit Dir edel zu vertreiben.
Gewiß, Du wirst zufrieden seyn,
Wenn Du wirst die Verwandtschaft sehen,

Worinnen Geist und Fleisch und Stein
Und Erz und Oel und Wasser stehen.

Indeß macht draußen vor dem Thor,
Wo allerliebste Kätzchen blühen,
Durch alle zwölf Categorien
Mir Amor seine Späße vor.

G.

W. d. 24. März 1791.

72.

Es fängt in diesen Tagen an ziemlich konfus mit mir zu gehen; wenn Arends kommt wird es noch besser werden und der May wird verschwinden, ohne daß man ihn gewahr worden.

Das Schauspiel[1]) überwindet alle feindseligen Einflüsse: die Einnahme ist gut, die Menschen im Durchschnitte genügsam und wer ihnen den Spaß verderben will, behält immer Unrecht. Ich habe die besten Hoffnungen, in einem Jahr soll es anders aussehen.

Von Kirms Weigerung habe ich keine Ursache erfahren können, als die Sie auch wußten. Sich nicht von der General-Polizei zu entfernen mochte wohl die Hauptabsicht seyn.

---

[1]) dessen Direction Goethe vor kurzem übernommen hatte, nachdem dasselbe nach Abzug der Bellomo'schen Gesellschaft zum Hoftheater erhoben worden war. Vgl. Goethe's Werke, XXXI, 17.

Wegen Facins[1]) hätte ich ein Anliegen, das ich Ihnen vortragen muß. Er schiebt von einer Zeit zur andern das Stein= schneiden von sich, ob er gleich die Maschine hat. Ich kann es ihm nicht ganz verdenken: aufs Graben und Stahlschneiden ver= steht er sich und hats in der Uebung, verdient etwas Geld und ist von der Fabriksucht angesteckt, mit wenig Kunst und leichter Mechanik Etwas erwerben zu wollen. Darüber geht aber das Beß're und eine solidere Zukunst zu Grunde. Es ist mir der Gedanke gekommen: da Sie Benten jetzt nach Schlesien schicken, wenn Sie Facins mit hinschickten, daß er sich so lange in Warm= brunn aufhielte, bis Bent aus Glatz zurückkäme. In Warm= brunn ist die Steinschneiderei ein Handwerk und das Mechanische was Facinsen jetzt sauer wird, was er vielleicht in einem Jahre nicht ausstudirt, dort etwas ganz Gemeines, das er in kurzer Zeit faßt und übt. Es ist wenig, was Sie auf diese Weise an ihn wenden, vielleicht braucht er auch einen kürzern Aufenthalt und es wären nur die Reisekosten. Der Effekt der dadurch hervorgebracht wird ist für ihn und für die Kunst unschätzbar. Bisher dankt er seine Bildung Ihnen, Ihrer Frau Gemahlinn Wohlthaten und dem hiesigen Institute[2]); wie sehr würde es mich freuen, wenn Sie geneigt wären, meinem Vorschlage Gehör zu geben.

Er würde diesen Sommer den Mechanismus seines Metiers fassen, auf der Rückreise Dresden sehen und wenn auf den

___

[1]) Vgl. Nr. 61. [2]) dem kurz vorher gegründeten Landes=Industrie= Comptoir.

Herbst Meyer kommt, könnte ich auf den Winter schon Vorzüg=
liches versprechen. Denn wenn Alles geht, wie ich denke, soll der
Name *ΦΑΚΙΟΣ* einmal mit dem Namen *ΠΙΧΛΕΡ* wetteifern.

Die Theorie der blauen Farbe habe ich auch in diesen Tagen
geschrieben und werde sie in irgend ein Journal einrücken lassen.

In der Hamburger Zeitung hat ein theilnehmender Mensch
gut von meiner Metamorphose gesprochen; es ist mir lieb um
der Wissenschaft willen, mehr als um mein selbst willen. Ich
lege das Blatt bei. Ich hoffe nun auch mit meinen übrigen
wissenschaftlichen Arbeiten Glück zu machen.

So wird denn doch immer etwas gefördert!

Leben Sie recht wohl! ich wünsche das beste Wetter. (Hendrich hat den Kupferstecher Müller zum Spritzenwesen citirt: ich
habe den Actum wenigstens suspendirt. Unsern jungen Künstlern
werden wir doch die Vortheile der Academisten zugestehen, wenn
wir unsre Anstalt gleich nur bescheiden eine Schule[1] nennen.)

Nochmals das beste Lebewohl.

(Es ist abgemacht.)

G.

b. 17. May 1791.

73.

Von meinen Zuständen hätte ich längst einige Nachricht geben und mich Ihrem Andenken empfehlen sollen; hier ist also

---

[1] Die herzogliche freie Zeichnenschule.

endlich eine bunte Depesche: Bittschriften, Anschlagezettel und besonders ein Versuch von Göttling mit der dephlogistischen Salz= säure. Er hat gedrucktes Papier, von dem ein Blatt beiliegt, wieder zu Brei gemacht, mit seinem Wasser alle Schwärze her= ausgezogen und wieder Papier daraus machen lassen, wie es beiliegt, das fast weißer als das erste ist. Welch ein Trost für die lebende Welt der Autoren und welch ein drohendes Gericht für die abgegangenen! Es ist eine sehr schöne Entdeckung und kann viel Einfluß haben. Bei dieser Gelegenheit hat sich eine alte Idee: hier eine gelehrte Gesellschaft zu errichten und zwar den Anfang ganz prätentionslos zu machen, in mir wieder er= neuert. Wir könnten wirklich mit unsern eigenen Kräften, ver= bunden mit Jena, viel thun, wenn nur manchmal ein Rennions= punkt wäre. Bis Sie wiederkommen, soll das Projekt reifer seyn. Ich habe diese Zeit nur im Lichte und in reiner Farbe gelebt und habe wunderbare Versuche erdacht und kombinirt, auch die Regenbogen zu großer Vollkommenheit gebracht, daß der alte Reubert ausrief: Der Schöpfer selbst kann sie nicht schöner machen! Auf die Michaelismesse gedenke ich das Trak= tätchen herauszugeben.

Beim Schloßbau ist Manches vorgekommen, das uns be= schäftigt hat; es war gut, daß wir in dieser Zeit hier waren. In etwa 8 Tagen will ich den Coadjutor besuchen, dann auf Gotha gehen, wohin ich gestern eine erneute Einladung erhal= ten habe. Dann frage ich an, ob es erlaubt ist, Sie in den Wäldern und an den heilsamen Quellen aufzusuchen.

Die hübschen Weiber sterben hier und zwar mit sonderbaren Umständen. Die Weidner ist an einer Indigestion und
zwar einer Mahlzeit, die sie nicht genossen hat, gestorben.

Einer andern stand eine Mannsperson bei der Geburt bei,
welche schwer war und lange dauerte.

Nach 3 Stunden erfährt die Wehemutter, daß es nicht
der Mann sey und ist außer sich über die Indecenz. Sie jagt
den Liebhaber fort, läßt den Mann rufen, das Kind kommt
und die Frau stirbt.

In Lauchstedt¹) geht es ganz leidlich. Es fügt und schickt
sich Alles. Kleine Inconvenienzen werden nicht gerechnet, sie
machen nur Herrn Fischer zu schaffen. Ihre Frau Mutter ist
wohl und vergnügt: sie bedient sich Tiefurths auf eine kluge
Weise, fährt manchmal hinaus, dort zu speisen und Thee zu
geben und kommt Abends wieder in die Stadt. So genießt sie
es und vermeidet manches Unangenehme.

Ich empfehle mich zu Gnaden, bitte mich der Frau Gemahlinn zu Füßen zu legen und meiner eingedenk zu seyn. Leben Sie gesund und froh.

G.

W. d. 1. Juli 1791.

74.

Ich habe mir durch das optische Studium eine große Last
aufgeladen, oder vielmehr der Genius hat's gethan: ich bin

---

¹ wo sich die weimarische Hofschauspieler Gesellschaft befand.

hineingegangen, Schritt vor Schritt, eh' ich die Weite des Feld's übersah! Die Resultate sind artig, die ich aus den Erfahrungen ziehe. Da ich meine Abhandlung gern Michael wollte drucken lassen und etwa dreißig Tafeln dazu gehören, die ich auf einzelnen Kartenblättern liefern und also bei Sutorn muß arbeiten lassen, so habe ich diese Tage mit dem Mechanischen der Fabrikation, den Patronen, Holzstöcken ꝛc. viel Plage gehabt. Eh' Alles im Gange ist, kann ich nicht weggehen; ich hoffe aber doch Montag oder Dienstag abzureisen. Allen, denen ich die Theorie vorgetragen, hat sie Freude gemacht; ich hoffe auf Sie die selbige Wirkung. Der Versuch, den liquorem acidulum[1]) auf Papier zu brauchen, wird nicht wohl angehen. Ich habe es gleich selbst versucht und Göttling darüber gesprochen, es bleibt ein gelber Flecken zurück. Da die Leinewand nachher noch gewaschen wird, geht dieses Gilbliche eher wieder heraus. Ich bringe ein Gläschen davon mit.

In Lauchstedt[2]) geht Alles ganz artig. Die Anstalt reüssirt gewiß. Ich wünsche recht wohl zu leben und freue mich herzlich, Ihnen wieder näher zu kommen.

Der neue Weg von den Ruinen[3]) hinunter wird sehr gut und eine überraschende Parthie.

Goethe.

W. d. 8. Juli 91.

—

[1]) Vgl. Nr. 73. [2]) Vgl. Nr. 73. [3]) im weimarischen Park.

75.

Möge der heutige Tag¹) Ihnen alles Gute bestätigen, zu
dem sich Ihnen in dieser Zeit die angenehme Hoffnung zeigte,
und möge ich lange Gelegenheit haben, Ihnen meine Dankbarkeit einigermaßen zu beweisen.

G.

b. 3. Sept. 91.

76.

Frankfurt a/M. 27. Dezember 1792.

Deine zwei Briefe, mein Lieber, habe ich richtig erhalten.
Ich hätte Dich freilich gerne gesprochen, ehe Du nach Hause
kehrtest; unter den gegebenen Umständen aber war es Dir
nicht zu verargen, daß Du in ein menschlicher Leben zu-
rückeiltest, da Du das unmenschliche²) so treu mit mir aus-
gehalten hattest. Da der König und der Herzog hier bleiben,
und es Jedem äußerst verargt wird, der nur den Urlaub von
Weitem erwähnt, so bin ich nicht im Stande, mich hier los zu
machen. Dazu kommt noch, daß wir die Winterquartiere noch
nicht bezogen haben, sondern Alles in Cantonnements sehr enge
liegt und, aller Wahrscheinlichkeit nach, sobald die Oesterreichische Colonne im Anfang Januar angelangt seyn wird, die
Franzosen enger eingeschlossen werden werden. Dieses bezeugt,
daß die Campagne nicht für beschlossen geachtet werden kann.

---

¹) Geburtstag des Herzogs. ²) den Feldzug in Frankreich.

Ueber die Details dessen, was geschehen ist, lasse ich mich nicht weiter ein, weil Du schon dieses Alles weißt. Ueber die Moralität der Sache läßt sich nicht gut schreiben, mündlich einmal hierüber sehr viel. Zum kostbaren anvertrauten Pfande wünsche ich Glück.[1])

Nun ein paar Worte über unser Hauswesen. Meine Frau äusserte mir den Wunsch, mich zu sehen, wenn ich nicht nach Hause kommen könnte; ich schreibe ihr deswegen heute, daß sie herkommen möchte. Ich hoffe, sie wird bald anlangen; ich freue mich sehr auf sie. Mit Schmidten will ich meine sämmt= liche Oekonomie rangiren und mit ihm Mittel überlegen, um auf's Wohlfeilste mit der Contingentstellung zurechte zu kommen; ich erwarte ihn stündlich. Leider habe ich schon aus manchen Briefen erfahren, daß unser Häuflein sehr zwiespaltig ist; in= dessen verwundert mich Dieses nicht. Ich hoffe aber sehr auf Deine Bindekraft. Deine Ankunft giebt dorten ein allgemeines Interesse und wirkt auf unsere Republik, wie der Krieg auf die Fränkische. Siehe zu, was Du bewirken kannst und gieb mir zuweilen Nachricht davon.

Ich habe besorgt, daß ohne Deines und Herders Mit= wissen kein Vorschlag wegen Döderleins Wiederbesetzung ge= schehe. Voigten's Briefe, deren ich viele empfange, tragen ganz ausserordentlich zu meinem Wohlbefinden bei, ich fühle täglich mehr, welche Seltenheit ich an ihm habe, laß

---

[1]) Vgl. Goethe's Werke, XXX, 249, 258.

ihn doch diese Gesinnung von mir einmal bemerken.
Den Bau des Gartenhauses[1]) übergebe ich Dir ganz. Da ich
wünschte, bei meiner Rückkunft einen Ruheplatz fertig zu finden, so erzeige mir den Gefallen zu besorgen, daß endlich einmal der Plan des Dinges zu Stande komme und schnell ausgeführt werde. Ich muß, um die Landschaftskassen zu schonen,
alle neue Baue übers Jahr einstellen; diesen Ruheort möchte
ich aber nicht darein begreifen.

Wenn man so lange abwesend war, möchte man doch
gern sich endlich sicher wohin setzen. Im Plane sind die Feuerungen
schlecht und ganz unbrauchbar angebracht, diese müssen geändert
werden. Nimm Dich der Sache ernstlich an: Bertuch kann
nach, wie vor, das Detail dabei besorgen. Ich werde Schmidten
anweisen, daß nichts zum Baue dieses Hauses fehle. Decke es,
womit und wie Du willst und thue, als wenn Du für Dich
bautest. Unsere Bedürfnisse waren einander immer ähnlich.
Sieh auch fleißig nach der Instruction der Kinder.

Grüße Herders. Lebwohl! Nächstens mehr. Schreib
mir wöchentlich wenigstens einmal.

C. August.

Deine Landsmänninnen behagen mir sehr wohl.

[1]) des sogenannten Römischen Hauses im Park bei Weimar.

77.

Das Schreiben an den König des¹) . . . . . Fischer habe
ich abgeben lassen; ich zweifle aber, daß sein Gesuch placitirt
werde, weil zwei ausschließende Privilegien im Königreiche
vorhanden sind.

Das Kupfer von Müller ist richtig angelangt. Es ist
recht hübsch; sprich mit Bertuch, daß er ihm etwas dafür gebe.

Meine Frau ist glücklich angelangt; ich finde sie, zu meinem großen Troste, viel gesünder, munterer und stärker, als
ich es hoffen durfte. Die Lage der jetzigen Umstände verhin-
dert mich, beständig eine Anwesenheit zu Hause zu machen;
sollten wir noch Winterquartiere beziehen, so bin ich vielleicht
im Stande einen Abstecher zu machen.

Wegen des Gartenhausbaues erwarte ich, was Du mir
darüber schreiben wirst.

Den p. Schmidt behalte ich so lange hier, bis der Prinz
von Coburg²) angelangt seyn wird, welcher, wie man sagt,
die Instructionen zur Formirung der Reichsarmee mitbringt.

Daß England nun ganz ernstlich Frankreich zu Leibe gehen
will, wirst Du schon wissen. Dieses, hoffe ich, soll der Sache
den Ausschlag geben. M. Grenville³) hat an Chauvelin⁴) seine

---

¹) Hier folgen einige nicht zu entziffernde Worte. ²) Friedrich Josias,
k. k. Feldmarschall. ³) Lord W. Grenville, Staatssecretär für die auswärtigen Angelegenheiten zu London. ⁴) Minister der französischen Republik.

letzte Note zurückgeschickt und ihm geschrieben, daß er in seinem Verhältnisse nicht mit ihm Unterhandlungen pflegen könne.

Der Herzog Friedrich von Braunschweig hat gute Hoffnung die Franzosen zu prügeln. Die Oesterreicher kommen nun mit Macht angerückt; das linke Ufer des Mayn's und das rechte des Rhein's bleibt ihrer Vorsorge überlassen. Der regierende Herzog von Braunschweig ist von einer sehr gefährlichen Colik wieder hergestellt. Prinz Wilhelm ist auch wieder hier, aber etwas lahm.

Schreibe mir doch fleißiger und leb wohl.

C. A.

Sag doch der Emilie¹), daß ich mit Schmerzen Briefe von ihr erwartete.

78.

Frankfurt den 18. Februar 1793.

Morgen geht der geheime Rath Schmidt ab, dem ich diese Zeilen mitgebe. Ich habe mit ihm die Disposition meiner Kassen dermaßen getroffen, daß, wenn keine ohnvorhergesehene beträchtlichen Ausgaben eintreten, wir dieses Jahr auskommen, Schulden bezahlen und unsere Unternehmungen nicht beträchtlich stören werden. Hie und da sind einige Einschränkungen in der Ausgabe für möglich angenommen worden, die zur Aufrechthal-

¹) Gore.

tung des Ganzen beitragen sollen. Unter diese gehört auch der vor dem Jahre geleistete außerordentliche Zuschuß zur Comödie. Sieh zu, in wie ferne Du ihn wirst entbehren können. Der Bau des Gartenhauses wird in der Maaße fortgesetzt, wie es disponirt worden, nämlich: daß in diesem Jahre das Erdgeschoß fertig, die Säulen etwa angeschafft werden und man die Vorbereitungen treffe, über's Jahr das Stock aufzusetzen.

Die Feuerung im Hause wäre folgender Gestalt einzurichten. Im Saal, hinter den Säulen, müßte ein Ofen hinkommen; Arends hat dieses als unheizbar gezeichnet. Das mittlere Zimmer bekäme ein Camin, das Eckzimmer nach der Wiese zu ebenfalls eines, das hintere einen Windofen. Nur muß man sich vorsehen, daß zwei Camine nicht unmittelbar an einander stoßen, weil sonsten eines derselben gewiß nicht brennt, sondern rauchen wird. Arends wird schon Mittel finden, die Decorationen nach diesen Bedürfnissen einzurichten. Sollten die Säulen von Seeberger Stein gemacht werden, so muß man nur nicht vergessen sie in den Fugen mit Bleiplatten zu durchschießen, weil der Sandstein ein Leiter für alle Erdnässe nach oben ist und wenn die Röhrchen dieses Steins aufeinanderpassen die Feuchtigkeit in die Höhe dringt und beständige Nässe an dem Architrab des Frontons verbreitet. Die Bleiplatten heben aber die Communikation der Röhrchen auf.

Meine Frau reiset heute über acht Tage ab, und wird wahrscheinlich den Freitag darauf in Weimar eintreffen. Ihre Gegenwart war mir höchst nöthig und versüßete mir eine äußerst bittere Zeit, die ich hier zubrachte. Es ist hart, sich an dem Rande von Hoffnungen zu sehn, deren Erfüllungen nicht ein treffen und womit sich unsere Einbildungskraft von Jugend auf schmeichelte. Indessen trägt diese Lage nur zur Befestigung meines Stoicismi bei, und wenn es etwas hülfe, besser zu werden, so glaube ich für mich gewonnen zu haben. Meiner Frau Gegenwart verschaffte mir die Gelegenheit, auf eine an ständige Art die merkwürdigsten Leute unserer Welt um mich zu versammeln und dadurch nützliche Gespräche die Lähmung meiner Existenz zu vermindern. Kanonenschüsse fallen häufig: alle Wochen kommen die Franzosen auf die Nonnenau, Kostheim gegenüber und werden wieder davon vertrieben. Neulich haben sie mit 200 Schüssen einen Hahn in diesem Dorfe blessirt und eine Katze daselbst zwischen zwei Kindern, welche unbeschädigt blieben, erlegt. Eine Hessische Kanone wurde demontirt: mit zwei Kanonen von uns wurden sie wieder weggejagt. Da die Witterung gut zu werden anfängt, so glaube ich die Eröffnung der Campagne sehr nahe. Man treibt an den Oesterreichern, Mastricht zu ent= und besetzen: gelingt dieses, — eine Sache, wozu, unter uns gesagt, ein feindlicher General selbst die Hände bietet, — so läßt sich ein glücklicher Fortgang in den Nieder landen erwarten.

Bekommen wir ein schönes Frühjahr, so glaube ich, Du thätest wohl, das erste Grün in Deiner Vaterstadt zu sehn; Du könntest von da aus ganz bequem einem der wichtigsten Vorfälle, der Belagerung von Mainz beiwohnen. Viele Leute

wünschten hier Deine Gegenwart; die Dorville'sche Familie von
Offenbach nebst Zugehör rühmen sich sehr Deiner Freundschaft.
Ueberlege dieses ein wenig und schreibe mir Antwort. Leb wohl
und behalte mich lieb.

C. A.

Mit unserer Convention wegen Stellung des Contingents
wirst Du wohl zufrieden seyn. Jetzt will man gern Truppen
in Sold nehmen und buhlt um meine Jäger; ich werde aber
erst die Bedingungen hören und sehn, was meine Nachbarn
thun.

79.

Sommersheim den 17. August 1793.

Hier bin ich seit vorgestern, 2½ Stunden von Landau
entfernt, hinter den Oesterreichern, welche diese Festung taliter
qualiter blockiren. Man sagt wieder, wir würden ausrücken,
um die Kaiserlichen von allen Posten diesseits der Queich abzulösen. Sie wollen die jenseits besetzen und Etwas detachiren,
um mit den Corps jenseit des Rheins ins Ober-Elsaß einzu-
fallen, oder die Linien von Weißenburg zu tourniren. Der
Herzog[1] ist bis Pirmasens vorgerückt, wo er heute die Feinde
angreifen wollte. Man hat viel Schießen gehört; der Erfolg
davon ist mir noch unbekannt. Bei Limbach jenseits der Blies
hat der Prinz[2] Hohenlohe Vortheile gehabt, Kalckreuth steht

[1] Carl Wilhelm Ferdinand von Braunschweig. [2] Erbprinz.

bei Birkenfeld, General Bretlach zwischen ihm und Trier. So eben komme ich von den Oesterreichischen Vorposten bei Landau und nach Jockeim zu über Germersheim, wo Prinz Condé steht, zurück. Die feindliche Armee unter Beauharnais ist bei Weißenburg und hat Detachements bis Lauterburg und andere im Gebirge. Sie besteht in etlichen 40/mille Mann, wobei nur 5000 Pferde sind. Hier sind ein paar Briefe, lasse bald etwas von Dir hören und leb wohl.

C. A.

80

Gommersheim den 27. August 1793.

Deinen Brief vom 19. habe ich richtig erhalten. Du hast sehr recht gehabt, Deinen Stab heimwärts zu kehren, denn weder in Frankfurt, noch hier, ist viel Tröstliches einzuerndten. Die Oesterreicher haben den Bienwald und Berg=Zabern ge= säubert und stehn jetzt vor den Lauterburger Linien. Da aber General von Wurmser alles dieses für sich that, ohne Befehl vom König dazu zu erhalten, oder auch nur den König von seinem Vorhaben zu avertiren, so stockt auch die Sache, indem wir mit ihm nicht gleichen Schrittes gegangen sind. Morgen besuche ich den Herzog von Braunschweig in Pirmasens.

Die Frau von Luxburg steht auf der Liste aller deutschen Geißeln: Madame Bethmann mag sie dem Könige durch Made moiselle Sophie empfehlen lassen.

Thurneisen kann sich mit seiner Pulverlieferung an die

Departements des Ober-Kriegs-Collegii im Hauptquartier des Königs wenden.

Sage Voigten, er möchte das Dekret, nach gemachtem Vortrag meiner Willensmeinung im geheimen Conseil für Jacobi aufsetzen und mir zur Unterschrift zukommen lassen. Gegen den Vorschlag der Bergwerks-Commission habe ich nichts einzuwenden.

Der geschickte Uhrmacher Weidenheimer aus Mainz wird vermuthlich meine werden, empfiehl ihn Zachen vorläufig.

Ein Angehöriger des Bildhauers Mayer kam vor 14 Tagen zu mir und frug, wie es mit dem Monumente für die erschossenen Officiers bei Mainz würde. Ich verwies ihn an Dich nach Frankfurt; ich hoffe, Du wirst die Sache nicht vergessen haben. Besorge auf allen Fall das Nöthige. Durch Hofrath Lange kannst Du die Sache betreiben lassen.

Die Erbprinzessinn von Deßau hat eine Tochter, ihr Gemahl wird wohl seinen Abschied nehmen.

Leb wohl und schreibe fleißiger, wie gewöhnlich.

C. A.

81.

Pirmasens den 8. September 1793.

Die Schreckenspost von meines Bruders[1]) Tode überschreibe ich Dir an seinem Geburtstage. Gehe gleich zu meiner Frau,

---

[1]) des Prinzen Constantin.

welche Dir das Detail sagen wird und besprich Dich mit ihr, wie die Pille der unglücklichen Mutter des Verstorbenen beizu- bringen ist. Bitte die Gore's von meinetwegen alles Mögliche beizutragen, um meine arme Mutter zu trösten und zu stärken. Wenn es irgend möglich ist, komme ich vielleicht selbst auf ein paar Tage nach Hause; sage aber nichts hiervon. Meine Frau soll mich mit einer Estafette benachrichtigen, wie die Sachen bei uns stehen; schreibe damit. Deinen Brief habe ich erhalten; ich werde Dir gelegentlich darauf antworten. Ich bin von dem Herumrennen und der Besorgung der Geschäfte, welche der Tod meines Bruders verursacht, durch das Schrecken und die Be- trübniß so gehetzt, daß ich nicht weiß, wo mir der Kopf steht, zumal da ich hier ganz allein ohne Sekretair und Nichts auf Urlaub beim Herzog bin.

Leb wohl.

C. A.

Spanne Alles an, um meine Mutter zu unterstützen.

82.

Primasens den 13. September 1793.

Deinen Brief vom 3. habe ich gestern erhalten. Es ist recht gut, daß Du das Geschäft des Monuments[1]) etwas reifen ließest, damit man Freude an der Ausführung dieser Schaffung habe. Besorge nur das Weitere. Hier ist der Brief von Friz

---

[1]) Vgl. Nr. 80.

Stein zurück; ich glaube er wird Nutzen von seinem Aufenthalte in Hamburg bei Büschen einernöten. Die Nähe dieser Stadt vom Mecklenburgischen Lande könnte ihn vielleicht veranlassen, nach ausgehaltenen Lehrjahren in Hamburg in jene Provinz zu reisen, um die praktische Landwirthschaft zu beobachten; auch könnte er Vieles hierüber im Holsteinischen lernen. Ich billige sehr, wenn er Dieses unternimmt und auf diese Weise einige Jahre zubringt. Sein Stuhl in der Kammer und seine Ancien= netät bleibt ihm aufgehoben. Halte ihn nur an, daß er Dir ohngefähr zweimal des Monats Rapport abstatte von dem, was er lernt und bemerkt, damit er sich an deutliche Begriffe ge= wöhne und man sehe, welche Richtung sein Geist nimmt. Du kannst ihm dann helfen, damit seine Aufmerksamkeit anhaltend an dieselbe Schnur sich binde und daran fortziehe.

Vorgestern wollte der Herzog von Braunschweig eine Com= mission an den kroatischen General Pejacsevich ausgerichtet ha= ben, an der ihm Vieles lag. Ich erbot mich dazu und er ließ mich hinreiten. Ich fand diesen General im tiefen Gebirge bei Bondenthal, jenseits der Lauter, wo er 6000 Franzosen mit einer Hand voll Leute, blos mit dem Bajonette aus einer der stärksten Verschanzungen, den Morgen desselben Tages, getrie= ben hatte, ohne viel dabei zu verlieren. Er erbeutete viel, auch 5 Kanonen; ich kam Abends an, und blieb die Nacht bei ihm. Mit Anbruch des Tages war der Feind wieder da. Ich er= wartete den Anfang der Affaire, da mir aber die Stellung der Kaiserlichen sehr gefährlich schien, denn sie waren ohne Com=

munication fünf Stunden Wegs im Gebirge und in Gefahr,
von den Franzosen eingeschlossen zu werden, ich ferner hier her-
wärts sehr stark schießen hörte, auch mein Auftrag vollbracht
war; so kehrte ich zurück, nicht ohne Besorgniß eines gefährlichen Rückzuges für mich und für das Schicksal der Oesterreicher. Ich kam ohne Hinderniß nur mit etwas Umwegen hierher und die Tapferkeit der Kaiserlichen schlug die Franzosen
dermaßen, daß Pejacsevich heute den Feind auf's Neue angreifen
will. Ehe ich wegritt, sahe ich die Franzosen ganz in der linken
Flanke und fast im Rücken der Oesterreicher auf lauter domi-
nirenden Felsen stehn, die kaum 1200 Schritt von uns entfernt
waren. Indessen griff der Feind aus dem Schweigener und
Hornbacher Lager die Position des Herzogs an. Die Teten der
Colonnen kamen aber kaum durch die sehr beschwerlichen Desilees
dieses Landes; so kehrte der Feind wieder um, indessen war die
Kanonade und zumal die Haubitzade von beiden Theilen sehr
heftig. Wir haben einen Oberst leicht verwundet und sonst 11
Mann todt und blessirt, nebst zwei Pferden. Ich erreichte den
Kampfplatz zu Ende der Affaire. Der König wird hier stündlich erwartet, noch eifriger aber die Ankunft des Plan de campagne von Wien, der noch immer außen bleibt und Alles lähmt.
Wurmser thut indessen Alles, was er will und führt Krieg für
sich). Die Expedition des Generals Pejacsevich ist die unüber-
legteste und schlechtgeordnetste von der Welt und eine wahre
Wurmseriade. Nur gegen einen so äußerst schlechten Feind, wie
der jetzige Republikaner, ist es möglich, daß dergleichen Dinge

nicht äusserst schlimm ablaufen. Indessen ist es noch nicht aller Tage Abend und es ist mir noch immer für dieses Kaiserliche Detachement bange.

Die Einnahme von Toulon wird wahrscheinlich große Veränderungen hervorbringen. Ich habe mich mit unbestimmtem Urlaub hierhergemacht, weil ich vor Langeweile beim Corps des Königs umkomme und hier täglich Gelegenheit habe, Vieles zu sehn, zu hören und zu lernen. Der Herzog, alleine commandirend, ist ein ganz anderer Mensch, als so, wie wir ihn nun seit einem Jahre sehen.

Mit der größesten Ungeduld erwarte ich Nachrichten von Euch, um zu erfahren, wie es mit meiner armen Mutter steht.[1]

Leb wohl.

Carl August.

83.

Pirmasens den 17. September 1793.

Die Estafette, welche mir meine Frau schickte, kam gestern Vormittag hier bei mir an und brachte mir Deinen Brief mit. Es ist mir sehr tröstlich, daß meine Mutter durch den harten Schlag[2] nicht niedergedrückt wurde und ich zähle auf die kräftige Unterstützung ihrer Freunde, daß sie sich aufrecht erhalten werde. Die süße Hoffnung, welche ich mir machte, auf etliche Tage nach Hause kommen zu können, verschwindet. Der Generallieutenant

---

[1] Vgl. Nr. 81. [2] Vgl. Nr. 81 und 82.

von Schönfeld wurde am 14. dieses zwar leicht, aber doch so an der Hacke eines podagrischen Fußes verwundet daß er sich hat von der Armee wegbringen laßen. Der Herzog hat mich vom König an die Stelle des Abgegangenen verlangt. Ich zweifle nicht daran, daß dieses bewilligt werde und alsdann bin ich hier angebunden, wenigstens auf so lange Zeit, als der Generallieutenant von Schönfeld krank danieder liegen wird. Auf den Winter hoffe ich aber ganz gewiß. Wie sehr und daß wir am 14. dieses den Feind hier an der Stadt geschlagen haben, wirst Du aus meinen Briefen an meine Frau, Voigten und Gores ersehn.

Weyland schreibt Voigten das nähere Detail über diese wichtige Begebenheit. Die Einnahme von Toulon wird Dir schon bekannt seyn; hoffentlich soll dieses ein Anker für die Contrerevolution in den mittäglichen Provinzen werden. Die Engländer haben sich mit großer Weisheit und Edelmuth unter Commando des Admirals Hood betragen. Der Mangel an Lebensmitteln und die Unzufriedenheit in Frankreich soll täglich zunehmen. Ein jeder Kenner, Nichtkenner, aber Wünscher hofft auf eine baldige Umwälzung.

Leb wohl, schreibe mir ofte, grüße Herders. Sage Wedeln, er solle alle acht Tage, von der Zeit, wo der Lerchenstrich angeht, durch die Post eine Kiste mit Lerchen an den König und eine an den Herzog von Braunschweig schicken. Der arme Wedel macht mir viele Sorgen. Sollte er abgehen, so ist für mich sein Verlust unersetzlich. Leb wohl.

C. A.

84.

Pirmasens, den 25. September 1793.

Hier schicke ich Dir den Riß des Monuments[1]) zurück.
Die Idee gefällt mir sehr wohl, nur wünsche ich, daß die
Ausführung den geforderten Preis der 100 Ducaten nicht sehr
übersteige. Bringe dieses mit den Leuten ins Klare. Es ist
mir sehr tröstlich, daß es mit meiner Mutter gut geht.[2]) Empfiehl mich ihr und sage ihr, ich wollte ihr nicht mit Briefen
beschwerlich fallen. Ich wollte Gore's wären bei ihr geblieben.

Unser Krieg nahet sich seinem Ende. Der König will noch
das Lager bei St. Imbert und Bliescastel wegjagen lassen,
dann nach Hause reisen und wir werden wohl darnach an feste
und sichere Winterquartiere denken. Dabei bekomme ich Lust
und kehre hoffentlich nach Hause; vielleicht geschieht dieses Anfangs November. Schreibe mir bald und leb wohl

C. A.

85.

Pirmasens den 2. October 1793.

Deinen Brief vom 20. habe ich richtig erhalten. Die
Franzosen sind nun gänzlich vom Reichsboden entfernt, nachdem
sie vorgestern der Generallieutenant von Knobelsdorf gänzlich
über die Saar geworfen hat. Das Wenige vom Saarbrücki-
schen, welches jenseits des Flusses liegt, möchten sie wohl noch

[1]) Vgl. Nr. 80 und 82.　[2]) Vgl. Nr. 81, 82 und 83.

inne haben. Generallieutenant von Kalckreuth nahm ihnen vor 3 Tagen 2 Kanonen ab, verlor aber den alten General von Wegener, der aus Blödigkeit des Gesichts unter die feindlichen Flanqueur's gerieth und todt gehauen wurde. Der Commandant von Cronsatz, Oberstlieutenant von Greiffenberg, verlor den rechten Fuß.

Der Verlust der Engländer, Hannoveraner und Holländer am 6. und 7.[1]) ist gewaltig stark; sie haben zusammen über 6000 Mann und vielleicht 200 Officiere verloren. Der hessische General von Kochenhausen ist unter dieser Zahl; er verlor beide Füße. Der Prinz Friedrich von Oranien ist durch die Schulter und mein Schwager Christian[2]) durch den Arm geschossen worden. Feldmarschall von Freytag bekam einen Hieb in die Stirne und wurde gefangen.

Die Hannoveraner überfielen aber die Franzosen in der Nacht des 6. zu . . . . .[3]), befreiten den Feldmarschall und hätten beinah Houchard selbst gefangen. Dieser giebt seinen Verlust selbst auf 6000 Mann an. Der Prinz Adolf von England bekam einen leichten Hieb über dem linken Auge und einen stärkern in die Schulter. Er rettete sich zu Fuß durch einen Sprung über eine Hecke und verlor sein Pferd und Degen. Beaulieu jug gleich die Franzosen wieder aus Menin; die Alliirten setzten sich zwischen Furnes, Dixmuiden, Nieuport, Odenkerke und Bulscamp. Prinz Coburg ist mit aller Macht

---

[1]) Schlacht bei Hondscote. [2]) Landgraf von Hessen Darmstadt.
[3]) unleserlicher Name.

den Franzosen auf ihre Communication gegangen; man erwartet täglich die Nachricht eines neuen Treffens. Der Himmel weiß, was aus uns noch werden wird. Der König ist vorgestern ab und nach Polen gereiset; der Herzog bereiset alleweile die andern Preußischen Corps und wird heute zurückerwartet. Der Feldzeugmeister Ferrari kommt heute zu uns.

Ich habe ganz gewisse Hoffnung, mich auf einige Zeit hier los machen zu können; wenigstens schmeichele ich mir damit. Unsere Gegenpart steht bei Bitsch und im Gebirge.

Mich freut es sehr, daß es mit meiner Mutter leidlich geht.[1] Die Schreiben der Bürgerschaft sind eingekommen; ich habe eine Resolution an das geheime Conseil in Betreff ihrer Vorstellungen ergehn lassen, mit der ich hoffe, daß Du zufrieden seyn wirst. Ich habe sie in Aphorismen eingekleidet, wodurch ich die Unrichtigkeiten, die ein zusammenhängendes Raisonnement gern mit sich führt, vermied und meine Antwort dadurch communicabler einzurichten geglaubt. Schreibe mir, wenn Du es gelesen haben wirst, ob ich Recht hatte.

Weidenheimer[2] will sich erst in unserm Vaterlande besehen, ehe er sich entschließt, sich dorten niederzulassen. Ich habe Benten aufgetragen, seine Werbung ernstlich zu betreiben. Leb wohl und schreibe mir bald wieder.

Carl August.

Grüße Herders, Wielanden, auch Wedel und Knebel.

---

[1] Vgl. Nr. 81, 82 und 83. [2] Vgl. Nr. 80.

86.

Deinen Brief vom 20. erhalte ich so eben. Voigten habe ich die Lage der Hauptsachen geschildert; er wird Dir meine Erzählung mittheilen.

Für den Prolog[1]) danke ich Dir recht von Herzen, mein Lieber, er hat mich innig gerührt. Möchte ich gleich im Stande seyn, so viele Liebe zu erwiedern! Das Glück wird mir doch endlich helfen, mich hier befreien und mich in den Stand setzen, meinen lebhaften Wunsch zu erfüllen, bei Euch zu seyn, ohne Verdruß und unangenehme Zumuthungen von Aussen befürchten zu müssen.

Die Vorstellungen des geheimen Conseils wegen der Disposition über meines Bruders Verlassenschaft werde ich gerne annehmen und beherzigen.[2]) Ueber die Art, die Kasse zu führen, hat mir Schmidt schon Einwürfe gemacht; besondere Ursachen haben mich aber zu dieser Methode bewogen, die ich Schmidt detaillirt habe und die Du Dir von ihm kannst sagen lassen. Eckell's einstweilige Anstellung hatte ich meiner Frau überlassen; von ihr hängt es ab, ob sie ihn sehn will oder nicht. Verstoßen kann ich den Menschen nicht, ein Forstdienst, irgendwo, wird ihn entfernen und mir eine Pension sparen.

Dein Vorschlag, die Büsten von Trippel betreffend, ist

---

[1]) über den Tod des Prinzen Constantin, vgl. Nr. 81. [2] Vgl. Nr. 81, 82, 83 und 85.

sehr gut. Besorge die Sache in der Maaße, daß Herder's Büste für oder unter 100 Ducaten erstanden und bei der Angelika deponirt werde. Für die Deinige können dann gelegentlich wieder 100 Ducaten an die Erben gesendet werden.

Es ist mir, bei sehr trüben Zeiten, ein wahrer Trost, daß Euer Bemühen meiner Mutter Schmerz lindert. Leb wohl und schreibe mir balde wieder.

Carl August.

87.

Meiningen den 15. May 1794.

Schade, daß das Colorit ein solcher Stein des Anstoßes beim Genie ist, sonst wäre dieses Bild eben unsere Sache. Die Venus von Titian, die ich mir sehr wohl erinnere, hat für mich mancherlei Mängel. Das Bild ist lang, aber nicht hoch, passet also nicht auf den bestimmten Platz. Ein ausgestrecktes, nacktes Frauenzimmer möchte beim Eintritt ins Haus einen bösen Begriff von der Bestimmung der Wohnung geben. Dann passirt dieses Gemälde für eines der besten Stücke jenes Künstlers und Meyer möchte wohl schwerlich damit fertig werden. Das Bild ist bloß Fleisch und von der schönsten Sorte. Irgend ein sonstiges, gefälliges Sujet, wie Du sagst, wird ja wohl hoffentlich unserm Abgesandten in die Hände kommen. Für Meyern selbst wünschte ich, er suchte sich ein Bild aus, wo männliche Figuren die Hauptsache wären; er ist mit diesen glücklicher und macht sie leichter, wie die weiblichen.

In Ilmenau habe ich Alles in rechtem gutem Stande gefunden; ich wünsche unsern Gewerken immer das ausdauernde Vertrauen auf unser gutes Glück.

Künftigen Montag gehe ich in die Zillbach,[1]) dann nach Kaltennordheim[2]) und Ostheim[3]), und denke den 25. wieder hier zu seyn. Den 27. gehe ich in die Ruhl[4]) und will den 29. in Eisenach seyn, von wo ich in den allerersten Tagen Juni's nach Hause zurückzukehren denke. Sollte indeß Schurich anlangen, so besprich die Sache einstweilen mit ihm.

Leb wohl.

C. A.

88.

T. 18. May (1794).

Noch kann ich mit lebhafter Freude melden, daß ich seit gestern die Phänomene der Farben, wie sie das Prisma, der Regenbogen, die Vergrößerungsgläser pp. zeigen, auf das einfachste Principium reducirt habe. Vorzüglich bin ich durch einen Widerspruch Herders dazu animirt worden, der diesen Funken herausschlug.

(G.)

89.

[1794.]

Der beiliegende Vortrag enthält die 3 Abtheilungen des Verhältnisses, in dem Ihr[5]) mit der Beck steht, und sie vice

---

¹) Jagdschloß und Dorf im Eisenachischen. ²) ³) und ⁴ Ortschaften im Eisenachischen. ⁵) Die herzogliche Hoftheater Commission.

versa. Der Schluß derselben hiernach setzt zum Voraus, daß ich gewaltig diese 3 Abtheilungen der Verhältnisse souteni ren müßte, aber Dieses geht ohnmöglich an. Laß doch einen Vertrag machen, wo Ihr Eure Vorschläge hineinsetzet; deswegen wird schriftlicher Bericht auf schriftliche Gesuche gefordert.

C. A.

90.

W. den 25. April 95.

Hier schicke ich Dir den Brief von Fritzen¹) zurück. Der junge Mensch scheint recht ordentlich und solide geworden zu seyn. Auf seine Vorsicht kannst Du ihm äußern, daß ich nicht gewohnt wäre, Jemanden mit Leib und Seele zu kaufen, oder von ihm zu verlangen, daß er sich auf immer und ewig ver schreibe; keine Ehe halte ich für unzertrennlich. Daß Fritz nicht aus Leichtsinn aus meinem Dienste gehn würde, erwartete ich ohnedieß von seinem Charakter; wenn ich auch keine Kosten an seine Bildung wendete. Ich hoffe einen dieser Tage den gehei men Rath Hofmann zu sprechen, um ihn zu fragen, wie viel er glaube, daß Fritz zu seinem Auskommen in Schlesien brauche.

Mein Zufall ist nun vorüber; ich habe viel gelitten. Künf tigen Montag gehe ich nach Leipzig, wo mich der Fürst von Deßau hin bestellt hat; ich hoffe den Freitag wieder hier zu seyn.

¹) von Stein. Vgl. Nr. 82.

Der Kleine[1]) wird aufwarten, so bald Du ihn nach Jena hin verlangst.

Zu dem Bauen wünsche ich guten Fortgang und Dir schönes Wetter. Ich wünschte wohl Beuten morgen früh hier zu haben, wenn er abkommen kann. Leb wohl.

Carl August.

Schreibe mir, ob Du noch die ganze Woche in Jena bleibst, ich könnte vielleicht retour dahin kommen.

91.

(4. Juny 1795.

Ich bedauere, daß ich jetzt erst bei meiner Zuhausekunft die Gegenwart des ꝛc. Humboldt[2]) erfahren habe; indessen sagt mir meine Frau, daß er Morgen bei uns essen werde, worauf ich mich freue und zuschicke.

Für Schillers Buch bin ich schönstens verbunden. Ich bin neugierig auf die Versuche. Recht sehr bedauere ich den Zustand Deiner Backenstücke: ich vermuthe, daß die Schwäche an diesen Theilen vom Einbinden herkommt. Gegen Abend komme ich zu Dir: laß doch Deine Hinterthür so wie Garten thür offen, so um 6 herum.

C. A.

---

[1]) Erbprinz Carl Friedrich. [2] Wilhelm.

92.

So eben erhalte ich Deinen Brief. Die auch so eben an=
gelangten Zeitungen enthalten nichts Neues. Was von Oester=
reichern neulich die Franzosen neckte, war eine Patrouille, die
dem Tractat gemäß auf jeder Straße, derer drei vorgeschrieben,
gehn konnte. Es ist schwer zu vermuthen, daß die Oesterreicher
die Demarcationslinie brechen werden, da ihnen daran gelegen
zu seyn scheint, daß die Franzosen sie respectiren. Prinz Hohen=
lohe und sein König haben eine Declaration ergehen lassen,
daß Franken für neutral erklärt sey und Alles bei Durchzügen
von Französischen Truppen am linken Maynufer bezahlt
werden solle. Vom rechten ist also gar nicht die Rede. Die
Sachsen sind in vollem Rückzuge; ich habe mich beim Kurfür=
sten Raths erholt, was nun geschehen werde. Frankfurt ist
wohl auf gewisse Weise blokirt, aber es scheint in einem Zau=
bernebel zu liegen, denn alles Freundliche und Feindliche, Hin=
und Herreisende, Waaren, Geld, Briefe u. s. w. geht unbe=
waffnet ein und aus, ohne angehalten zu werden. Graf Keller
kam vor drei Tagen daher zurück. Ich hatte Dir schon gestern
hier ein Quartier und für Fritschen bestellt: ich halte es offen
und hoffe Dich morgen Abend oder übermorgen hier zu sehn.
Jeder (als Frankenberg, der Coadjutor, mein Schwager :c.)
approbiren sehr Deine Abschickung dahinunter. Ich habe auch
dem Kurfürsten etwas Entferntes davon geschrieben und ihm
versprochen, Nachrichten zu verschaffen. Jeder glaubt, daß

Jemand der unten ist, gut sieht und hört, uns Allen zur großen
Annehmlichkeit gereichen wird. Kursachsen scheint seine indivi-
duelle Neutralität halten zu wollen, aber eine Position zu nehmen. Der Kurfürst von Mainz hat Ideen zu einem Reichs-
frieden, wenn auch der Kaiser nicht wolle. Alles dieses sollst
Du schriftlich hier sehen. Dein Quartier ist im Anker hier
bestellt. Leb wohl und komme bald. Wenn Du etwa in Gotha
über Nacht bleiben willst, so erwarte ich Dich übermorgen.

Carl August.

93.

Eisenach den 28. August 1795.

Das Projekt für Meyern ist mir sehr angenehm zu vernehmen gewesen. Ich bin überzeugt, daß er uns in Italien
nützlicher seyn wird, als er uns vor der Hand zu Hause seyn
könnte. Selbst da ich genöthigt seyn werde, etliche Bilder in
das neue Haus[1]) zu kaufen, so wird mir sein tramontanischer
Aufenthalt dazu behülflich seyn können. Ich wünsche nur, daß
er meine Rückkunft abwarte, ehe er wegreiset, weil ich ihn
gerne noch über mancherlei Gegenstände sprechen möchte. Er hat
doch dieses Jahr mancherlei Wege für mich gemacht und dafür
will ich ihm 100 Thlr. auszahlen lassen, die zu seinen Reisekosten
helfen können. Ich denke den 12.—15. zu Hause zu seyn.

Zur Expedition in Ilmenau wünsche ich Glück und gutes
Wetter. Was giebts denn dorten?

---

[1]) Vgl. Nr. 76 und 78.

Es ist meinen Grundsätzen ganz angemessen, daß man den Studenten aus den Köpfen bringe, daß sie etwas Anderes sind, als wie Schutzverwandte und temporäre Bürger des Staates, in welchem sie sich aufhalten. Dieses gelingt gewiß, wenn man sie nach Civilgesetzen richtet und sie wie die Bursche der Handwerker behandelt, die auch unter den allgemeinen Gesetzen des Landes stehen.

Ich habe Frankenbergen Deinen Vorschlag und Voigts Votum geschickt, um seine Meinung darüber zu erfahren. Ich hoffe, daß die jetzige Untersuchung sehr consequent geführt worden ist und daß die Beschließung des Prozesses ebenso ausfallen wird. Gebe der Himmel, daß unser Bemühen und die aufgewendeten beträchtlichen Kosten fruchten mögen.

Die Gesellschaft, die wir hier genießen, ist wirklich sehr gut. Es ist merkwürdig zu sehn, mit welcher cultivirter Bescheidenheit diese Leute [1]) sich in ihr Schicksal finden und mit welcher Feinheit und Bequemlichkeit sie sich einzuschränken wissen und sich darüber heraus lassen. Mit dem zartesten Gefühl bemerken sie die mindeste Gefälligkeit, die man ihnen bezeigt, beweisen eine Dankbarkeit sonder Gleichen, und dieses auf die politeste Art, und wissen jedes Anerbieten mit einer ganz besondern Gefälligkeit von sich zu weisen, das ihrer Meinung nach nicht in ihren Zustand paßt. Man kann sehr viel bei ihnen lernen.

―

[1]) vornehme französische Emigrirte.

Deine Thüringer Wälder mögen Dir auch, ich wünsche es, Zufriedenheit schaffen, sey es auch auf eine andere Art. Leb wohl.

Carl August.

Meine Frau empfiehlt sich Dir.

94.

Wilhelmsthal[1]) den 29. August 1795.

Dich wohlbehalten und gesund in Weimar wieder zu wissen, freut mich sehr; hier sind die Badeliften zurück. Das Wetter ist freilich hier so erbärmlich, daß man an keine Kur denken sollte, indessen brauche ich Pyrmonter Wasser und Ruhler Bad ordentlich fort. Ich kann über den Erfolg dieser 1½ Wasser nicht klagen. Meine Frau ist recht wohl und empfiehlt sich Dir. Die Gesellschaft der Emigrirten ist für uns sehr angenehm, sie ist wirklich besonders glücklich ausgewählt. Täglich kommen Einige davon zu uns und um den dritten Tag meistens gehe ich in die Stadt, um kleine Details zu besorgen und da bringe ich denn die Abende immer in der Familie Castries zu. Einer, der Graf Dumanoir, wird nach Weimar ziehen, um bei seinem Sohne, einem hübschen wackern Jungen von 12 Jahren, zu bleiben, den ich unter dem Titel eines Pagen angenommen habe, die Meinung aber dabei hegend, daß dieses Kind einen Gesell schafter für mein ältestes abgeben soll, um ihm etwas Erotis mus und fremde Sprachen beizubringen. Damit ich hier nicht

---

¹) Luftschloß bei Eisenach.

ganz müßig gehe und beim Brunnen Gelegenheit zur Bewegung habe, lasse ich den hiesigen Garten verändern und anglisiren. Auch Dieses trägt zur Unterhaltung der Fremden mit bei, da unter ihnen Weiber und Männer sind, die Englische Gärten ge= pflanzt haben und sich recht hübsch auf dieses Handwerk verstehen.

So sehr es mich freut, daß der Wasserbau in Jena gut anschlägt, so sehr wünsche ich auch, daß unsere neuerlichst er= zwungene Rigolung des akademischen Bodens[1]) Anlaß zu bessern Früchten bringe.

Im Anfange künftigen Monats sehe ich Dich hoffentlich recht gestärkt und ohne Zahnschmerzen wieder. Leb wohl.

Carl August.

95.

(1795.)

Ad 1, wird wohl feste zu setzen seyn, daß inclusive des Ankaufs=Kapitals, die Veränderungen bei der Kammer die Wen= del[2]) verlangen würde und die auf meine Kosten gemacht wür= den, zu 4 Procent verinteressirt würden und Dieses auf die Dauer der ganzen Pachtzeit, nicht bloß von den Veränderungen in den ersten bis drei Monaten geschähe, sonsten könnte er uns nach drei Monaten weit hineinführen und davon bezahlte er als= dann nicht die Interessen. Ich dächte, es würde feste gesetzt, daß er in den sechs Pachtjahren rein 4 Procent bezahlen müßte, das Kapital möge sich durch Veränderungen oder Reparaturen

---

[1]) Goethe's Werke, XXXI, 54. [2]) Goethe's Werke, XXXI, 58.

so hoch es wolle vermehren; denn sonsten könnten die Reparaturen bald das Kapital in Ansehung des reinen Abwurfs der
4 Procent vermindern.

ad 2. Bedürfte auch wohl etwas deutlicher auseinander
gesetzt zu werden.

ad 3. Muß wohl ausgedrückt werden, daß er das Fuhr-
lohn der Steinkohlen von der Grube zu bezahlen hätte, im
Falle in der Stadt Ilmenau kein Kohlenmagazin sey, wo das
Fuhrlohn schon auf den Kohlen-Preis geschlagen ist.

ad 4. Ist ganz billig.   s. m.

                                              (C. A.·

96.

1795.·

Hier schicke ich Dir 12 Carolin (vermuthlich meinte dieses
Wendel unter dem Namen von „Louis") ich habe sie einstweilen
aus meinem Privatbeutel genommen, deswegen ich mir eine In-
terimsquittung erbitte. Ueber das Remboursement wollen wir
heute Mittag sprechen.

                                              C. A.

97.

(Eisenach) den 3. Oktober 1795.

Hier schicke ich Dir Alles, was zu Deiner Ausrüstung nöthig seyn wird. Kirmsen habe ich gesagt, daß er Dir einen
Wagen aussuchen lassen soll.[1]

[1] Vgl. Nr. 92.

Es folgt hierbei:

1) eine Anweisung an die Kammer auf 300 Thlr.

2) ein Creditbrief an Banfa auf 1000 Thlr.

3) die sämmtlichen Abschriften.

4) ein Chiffre chiffrant und déchiffrant. Hierbei ist zu bemerken, daß Du während Deines Hierseyns diese Chiffres mußt copiren lassen, weil mir die Doubletten fehlen. Du kannst hierzu einen Kanzlisten von der geheimen Kanzlei mit zu Hülfe nehmen und Deine Leute mit dran setzen; letztere werden dadurch mit dem Dinge bekannt. Leb wohl.

C. A.

Die Abschriften der Chiffres bringst Du mir nach Eisenach mit.

98.

Es wird mir sehr angenehm seyn, wenn sich Loder morgen früh mit dem Gehirne und Kopfe[1] herüber bemühen will, ich würde dann um 10 Uhr zu Dir kommen und mit vielem Vergnügen der Demonstration beiwohnen. Loder möge sich einrichten, alsdann bei Hofe zu Mittag zu essen.

C. A.

(Dezember 1795.)

---

[1] Goethe's Werke, XXXI, 61.

99.

1795.

Nachdem wir mit der unbegreiflichsten Geduld den großen Bandeur überlebt, so erbitten wir uns pour la bonne bouche den Schädel von Kirmsen dazu aus und zwar gleich ipso facto, indem ich früh 4 Uhr verreise.

C. A.

100.

Wilhelmsthal den 20. Dezember 1795.

Der gute Fortgang unsres Theaters und die Bequemlichkeit, welche mir bisher die zeitherige Direction desselben verschaffet hat, läßt mich auf alle Fälle wünschen, daß Du selbiges fort unter Deiner Aufsicht behaltest. Ich hoffe, Du wirst das Verlangen wieder zurücknehmen, Dich von diesem Geschäfte befreit zu wissen und mir den Gefallen erzeigen, in dem noch dauernden Verhältnisse fortzuwirken. Sollten Unannehmlichkeiten von Personen erzeigt, die bei diesem Geschäfte mit angestellt sind, eintreten, so werden sich gewiß die Mittel, diese in ihren Schranken zu halten, finden; ich werde sie gewiß anwenden, um Dir die Beschäftigung der Theaterdirection so angenehm wie möglich zu machen.[1]

Carl August.

[1] Goethe's Werke. XXXI, 50.

101.

(2. September 1796.)

Eine vergnügte Reise nach Jena und einen angenehmen Aufenthalt daselbst wünsche ich herzlich. Ich gehe morgen weg, denke aber in 12 Tagen wieder hier zu seyn. Schillern empfiehl mich bestens; ich hoffe ihn bei meiner Rückkunft zu sehn. Heute muß ich noch nach Tiefurth und Mancherlei treiben. Leb wohl.

Carl August.

102.

Weimar den 3. Oktober 1796.

Die Ausstellung der Zeichnenschule wird balde zu Ende gehn; ich wünschte deswegen, du kämst herüber, sie zu besehn, damit die Austheilung der kleinen Preise nicht gar zu willführlich geschehe und man etwa auch Abrede nehmen könnte, was mit der Waitzischen Besoldung gemacht werden könnte. Bei dieser Gelegenheit wünsche ich auch, daß Du die Sache mit dem Herderischen Sohne, oder Söhnen zu Stande und ins Reine bringen mögest, indem ich nicht gerne zum zweiten Male in die vorige unangenehme Verlegenheit gerathen möchte. Ich bin von heute Nachmittag an bis Freitag früh in Ettersburg¹) anzutreffen, wo ich hoffe, daß du mich besuchen wirst, wenn Du herkommst. Leb wohl.

Carl August.

---

¹) Jagdschloß am Ettersberge unweit Weimar.

103.

1.—9. Abends [1796].

Kirms hat mir beiliegendes erst mündlich, dann aber schrift=
lich vorgetragen. Wenn du auf's Frühjahr weggehen solltest,
wie Du es im Willen zu seyn schienest, so ist freilich unser
Theater im A — denn die Idee mit Schillern, die Du einmal
äußertest, möchte wohl schwerlich ausführbar seyn. Ich weiß
wirklich nicht, was ich über die Sache rathen, thun oder sagen
soll und wünschte Deine Weisheit zu vernehmen. Mir dünkt, es
ist ein Fehler im Calcül, denn es war nicht, ni fallor, Ißlan=
den ganz extraordinarie zu erhalten, die Absicht, sondern nur
einen außerordentlichen Zuschuß an ihn zu wenden, die Haupt=
sache aber aus der Theatercasse durch Dimissionen möglich zu
machen, und diese letztern waren eben die, dünkt mir, durch
welche Kirms die Beck's erhalten will. Antworte mir durch
diesen Boten. Laß etwas von Deiner Hernia incarcerata wis=
sen und leb wohl.

C. A.

104.

24. April 1796.

Bestelle Ißlanden auf Morgen zum Diner ins neue Haus.

C. A.

105.

Weimar den 4. (März) 1797.

In beiliegendem Verzeichnisse, welches ich dankend remittire, habe ich einige Sachen notirt, die ich zu besitzen wünschte und deren Preise ich sehr billig finde; ich bitte sie mir zu bestellen.

Wenn der Schnupfen der Geburt nicht hinderlich ist, so ist es doppelt gut, daß sich die Natur reiniget, während daß sie etwas Schönes auf die Welt bringt; aller berühmten Leute Mütter waren in eben diesem Falle.

Ich hoffe, daß Sartorius ein guter Mensch werden soll; ich will nun balde durch Benten untersuchen lassen, wie weit er gekommen ist, damit ich nun mich besinne, welche Richtung er bekommen muß.

Boyneburgk, der den Trenkelhof administrirt, ist hier und sagte mir heute ein ganz besonderes Ding: auf seinem Hofe und im Schaafstalle, neben dem Bette des Knechts, quillt Quecksilber aus der Erde hervor, auf dem Deubachshof näm-lich, an der Kreuzburger Chaussee. Er hat das Ding erst vor Kurzem erfahren und nicht eher darauf Acht gegeben, bis ihm vor einigen Tagen gesagt wurde, das Quecksilber sey so kost-bar. Er konnte mir daher auch keinen rechten Bericht über die Sache geben, weil er sie selbst noch nicht recht besehen hat. So viel, sagte er, die Leute wissen, daß an diesen zwei Stellen dieses mehreremalen bey gutem Wetter gesehen wäre. Hum-boldt sollte doch das Ding untersuchen; es ist nicht so weit von Jena nach Eisenach. Ueberhaupt wünschte ich wohl seine

Bekanntschaft zu machen. Vielleicht komme ich künftige Woche nach Jena; ich möchte so gerne den Goettling über sein Stein- kohlen = Projekt sprechen, und hören, was Humboldt dazu sagt. Leb wohl

Carl August.

106.

Weimar 7. März 97.

Mit Verlaub werde ich diesen Abend in Jena aufwarten und daselbst bis morgen Abend bleiben; ich bringe Getränke mit. Da ich ein sehr geringer Nachtesser bin, so will ich bloß meinen Magen auf morgen Mittag rekommandirt haben. Mache daß ich die Humboldts diesen Abend zu sehn bekomme. Ich komme so gegen 6 Uhr hin und wenn Professor Goettling etwa nach 7, gegen 8, käme, so wäre mir dieses ebenfalls recht lieb. Leb wohl.

Carl August.

107.

Weimar den 9. März 1797.

Für die gütige Aufnahme bedanke ich mich schönstens. Im Herüberreiten fiel mir auf, daß ich vergessen hatte, bei den so sehr interessanten galvanischen Versuchen zu fragen: ob man untersucht hätte, was das sogenannte galvanische Fluidum auf die lymphatischen Gefäße für eine Wirkung habe? Ich glaube, daß bei einiger Nachforschung und reinlicher Präparirung man etwas darüber entdecken könnte, welches sehr interessant seyn müßte, indem meiner Meinung nach die gichtischen und andern Stockungen eher in der Lymphe, als im Nervensafte zu suchen sind. Ich bitte dieses Humboldten nebst meinem Compliment vorzulegen. Zugleich erwähne ich Scherers wieder, dessen Sache zur Ueberlegung und Ausarbeitung ich bestens empfehle; ich verspreche mir sehr viel von dieser Acquisition.

Eine Kleinigkeit, die ich Dir zu sagen vergaß, bringe ich nach: solltest Du den Theaterdiener wieder ersetzen wollen, so nimm doch irgend einen herrschaftlichen Pensionär dazu. Wir haben unter Andern einen Unteroffizier Rommel, das ein hübscher und guter Mensch ist und der höchstens 38 Jahre hat. Leb wohl.

C. A.

108.

(1797.)

Du wirst Dich erinnern, daß ich ꝛc. Humboldt ersucht hatte, eine Art von Promemoria für mich anzusetzen, nach dessen Anleitung ich dem Ober=Berghauptmann Grafen von Rheden zu Breslau in Betreff des jungen von Herder schreiben könnte, indem ich letztern einige Zeit bei dem Bergwesen in Schlesien angestellt zu sehn wünschte. Da ein heute eingelaufener, diese Sache betreffender Brief an mich eingekommen ist, der mich wünschen macht in Ansehung der Oekonomie des jungen Herder's baldigst Einrichtungen treffen zu können und sich über haupt im Laufe der künftigen Woche die Geschäfte dermaßen häufen werden, daß ich es gern sehn muß, wenn ich alle Materialien, sie vor meiner Abreise abzuthun, beisammen habe, so wirst Du mir einen großen Gefallen erzeigen, wenn Du heute an Humbolden schreibst und ihn bittest, sich so einzurichten, damit ich das Promemoria übermorgen empfinge. Alsdann könnte ich die Sache den Montag besorgen. Am Liebsten wäre es mir, Humboldt käme übermorgen früh, Sonntags, selbst herüber und brächte es mit. Ich habe ihn über mancherlei Sachen noch zu sprechen. Leb wohl.

C. A.

109.

Weimar den 22. März 1797.

Für alles Uebergeschickte sage ich den besten Dank; ich werde mit Vergnügen Scherer's[1]) Bekanntschaft machen und Humboldt's zu Ende des Monats, mit Dir, wieder hier sehn.

Das Papier, auf welchem Du mir schreibest, ist für mich zu schön; meine Flöhfüße würden sich noch häßlicher darauf ausnehmen, wie auf gewöhnlichem Papiere.

Ich habe jetzt Monsieur Nicolas, oder le cœur humain dévoilé von Restif de la Bretonne vor. Man macht viel Wesens in Frankreich von diesem Werke und es zeigt, auf welchen Grad auch dorten die Litteratur herunter kömmt. Es

---

1 Vgl. Nr. 107.

ist nicht zu leugnen, daß es ganz vortreffliche Episoden ent=
hält: das Ganze aber, Restifs eigenes 60jähriges Lebensjour=
nal, ist durch die acht Theile über die Beschreibung langweilig,
roh und geschmacklos. Interessant ist es wieder, weil es die
uns noch sehr unbekannten Sitten des Tiers in Frankreich, leb=
haft malt. Es steht zu Dienst bei Deiner Rückkunft. Leb wohl.

Carl August.

110.

[1797.]

Um Dr. Scherer[1]) recht klar über sein Reiseverhältniß und
aus aller Verlegenheit zu setzen, so habe ich Beiliegendes ge=
schrieben, zu welchem die gestrige . . . . .[2]) gelegt werden
könnte. Ich bitte es zu putzen, zu feilen und Deine Bemer=
kungen mir darüber mitzutheilen und sollte es in Betracht des
Inhaltes so bleiben können, es abschreiben zu lassen.

Vielleicht kann ich ihm noch ein Empfehlungsschreiben an
Mr. Sinclair, Präsident der agronomischen Societät, mitgeben.

C. A.

111.

[1797.]

Hier sind 2 Briefe für Dr. Scherer[3]) die ihm von gutem
Nutzen seyn werden. Die Bergwerksache habe ich an Voigten

---

¹/ Vgl. Nr. 107 und 109. ²) unleserliches Wort. ³) Vgl. Nr. 107,
109 und 110.

geſchickt, damit er ſie heute in der Seſſion bei mir zum Vor
trage bringe.

C. A.

112.

[1797.]

Ich genehmige völlig dieſe Nachſchrift, welche alle Miß-
verſtändniſſe heben wird. Willſt Du nun die Abſchriften beſor-
gen laßen.

C. A.

An M. Sinclair will ich ſchreiben.
Hebe mir doch Beikommendes auf.

113.

[1797.]

Auf die Bibliotheks-Desideria muß ich mich nur ein Bischen beſinnen; dann Antwort. Hier liegt noch ein Brief von
Scherer;[1] mich freut, wenn er wieder kömmt.

C. A.

Noch etwas von Lenz, worüber ich weitere Nachricht mir
erbitte.

114.

[1797.]

Die Leutchen auf der Bibliothek machen mir viele Ausgaben, die wohl geſpart könnten werden: beſtändig bekomme ich

---

[1] Vgl. Nr. 107, 109, 110, 111 und 112.

solche Zettel. Die meisten der Dinge sind gut broschürt gewesen und könnten so bleiben. Was dergleichen Journale betrifft, die ihre eigne gezierte Textur haben, diese könnten ja wohl Jahrgangsweise mit Bindfaden zusammen geknüpft werden und in ihrer eignen Haut bleiben. Mündlich ein Mehreres darüber.

C. A.

115.

Weimar den 13. März 1797.

Beiliegend übersende ich Dir die Frucht müßiger Stunden, welche meiner Muse gewidmet waren und die ich bescheidener Weise unter einem anderen Namen drucken ließ.

Erzeige mir den Gefallen, unsere neuliche Abrede wegen Abschickung eines Menschen nach Schlesien, der dorten das Zusammenbacken der gepulverten Steinkohlen lernen sollte, in ein Promemoria zu fassen, damit ich es dem Grafen Rheden schicken könne; ich fürchte sonst, daß ein Mangel von terminis technicis meine Bitte undeutlich machen möchte.

Sage mir auch, ob Du meinen Brief vom Donnerstag oder Freitag erhalten hast; ich fürchte, weil ich ihn durch Gelegenheit besorgen ließ, daß er verloren sey. Leb wohl.

C. A.

Die Wolfskeel[1]) hat ihren Vater verloren.

------

[1]) Hofdame der Herzoginn Anna Amalia.

116.

Ich hatte Humboldten gebeten, diesen Vormittag meiner zu erwarten, weil ich ihn in die Hölle führen wollte, das Wetter ist aber so elend, mir thun die Gliedmaßen so weh und ich muß heute die Geheimeräthe überhören, daß ich mir diese Partie erst auf Morgen erbitten möchte. Ich wünschte Humbolot, der mit Dir bei uns isset, ließe nach Tisch seine Lampe heraufbringen; sie würde meiner Frau Vergnügen machen und das höchst ansehnliche Publikum instruendo belustigen.

C. A.

117.

27. April 1797.

Ein ganz besonderer Umstand hat sich, laut beiliegender Weinprobe und der Nachricht, welche ich hierüber schreibe ereignet.

Als der jetzige Fürst von Würzburg vor drei bis vier Jahren zur Regierung kam, so ließ er sich von dem Coadjutor von Dalberg weihen (oder sonst eine geistliche Operation, die bei solchen Gelegenheiten gewöhnlich ist, machen). Hierauf schenkte er ihm alten Leistenwein, ein Stückfaß, pro studio et labore, wie dieses gewöhnlich ist. Der Coadjutor brauchte Geld und verkaufte dieses Stück bouteillenweise, die Bouteille pro 1 Conventionsthaler. Ich kaufte deren 50 vor einem Jahre. Neulich wollte ich davon trinken und im beifolgenden

Zustande fand man ihn in hiesiger Kellerei. Erzeige mir den
Gefallen, ihn an Scherer[1]) zu schicken, damit er untersuche,
wie es möglich ist, wie ein solcher Wein in Bouteillen bei sei
nem Alter und bei dem Werth und Reinheit, den er nach mora=
lischen Grundsätzen haben sollte und müßte, so umschlagen kann?
In seinem trinkbaren Zustande war er holzbraun und klar. Es
ist fast nicht möglich, daß er zusammengesetzt. Die chemische
Untersuchung wird das Weitere lehren.

C. A.

118.

Leipzig den 21. (May) 1797.

Hier überschicke ich Dir, mein Lieber, etliche Cabinetsstücke
für das Jenaische Cabinet. Die Opale kommen mir so vortreff=
lich schön und selten vor, daß ich sie wirklich nicht vorbeilassen
konnte. Charpentier von Freyberg wünschte mir außerordentlich
Glück zu diesem Handel, zumal zu dem des kleinen Steins.
Beide Stücke kosten zusammen 20 Ducaten. Gelegentlich werde
ich sie mir von der Kammer auf Rechnung der Loderschen Casse
ersetzen lassen. Das Stück Granit ist von Wörlitz, aus Stei=
nen gebrochen, welche aus der Dübener Haide kommen: es kam
mir ebenfalls merkwürdig vor. Beiliegende Adresse zeigt an,
wo die Opale her sind. Die Münzen sind für Dich, als eine
Merkwürdigkeit Deines Geburtsortes.

---

1 Vgl. Nr. 107, 109, 110, 111, 112 und 113.

Da bis zum Anfange voriger Woche das Wetter kalt und unbeständig war, ich auch aus vielerlei sehr triftigen Ursachen nicht risquiren wollte, nach Dresden zu kommen, ehe die Niederkunft vorbei wäre, dem ohngeachtet aber auch ich, aus ebenfalls guten Gründen, Dresden auf meiner Hinreise berühren wollte, so habe ich hier und zu Dessau gewartet. Mit Heute schließen sich die Feten wegen der Geburt eines Prinzen[1]) am Hofe. Das Wetter ist nun sehr warm und ich hoffe nunmehr eine gute Badekur und einen nützlichen Aufenthalt zu Teplitz und Dresden machen zu können. Diesen Abend reise ich von hier ab und denke in wenigen Tagen das Bad erreicht zu haben, ohngefähr zu Ende dieser Woche. Es ist mir bis jetzt recht wohl gegangen: vergnügte Gesellschaft und Zerstreuung haben mich meine alten Uebel vergessen machen, welche hoffentlich das Mineralwasser sehr vermindern wird.

Lasse bald etwas von Dir hören und lebe wohl.

Carl August.

119.

Teplitz den 13. Junp 1797.

Endlich erscheint mir etwas eigenhändig Ausgefertigtes von Dir, den ich schon für mausetodt hielt. Einstweilen habe ich hier Deine Mitschuldigen, in deutsche Prosa übersetzt und unter dem Titel: „Alle strafbar", aufführen sehn. Für Dein

---

[1]) des nachherigen Königs Friedrich August II., geb. 18. Mai 1797.

Stillschweigen hättest Du wohl die Strafe verdient, dieses Stück anhören zu müssen. Söller wird so und dermaßen von der Tugend seiner Frau gerührt, daß er das Geld heimlich dem Fremden wieder unter das Bette setzet.

Mich wird es sehr freuen, Humboldten hier zu sehn und ich warte wirklich schon auf ihn. An witziger Unterhaltung fehlt es mir hier nicht, aber an unterrichtender, welche Humbolt gewiß in Gang bringen würde. Indessen wenn Erwerb von Menschenkenntniß auch ein Unterricht genannt werden darf, so getraue ich mir zu sagen, daß ich hier in eine Schulklasse gekommen bin, die mir wirklich in manchem Betracht neu war. Mündlich ein Mehreres darüber. Ein weiblicher Charafter steht à la téte dieser Geistesübung.

Erzeige mir den Gefallen, mein Lieber! und gedulde Dich, Deine Abreise bis nach meiner Wiederkunft zu verschieben, welche freilich vor dem Anfang July nicht erfolgen kann. Ich bleibe von gestern an drei Wochen gerechnet noch hier.

Ein böser Hals hat mich in der Kur etwas zurückgesetzt, dann bleibe ich noch etliche Tage in Dresden und ein paar in Leipzig.

So Mancherlei habe ich noch mit Dir zu verabreden, welches ich geschlichtet zu haben wünschte, ehe Du Dich auf lange von uns entferntest und kurze Zeit bleibst Du doch wohl auf alle Fälle nicht aus.

Monniers[1] Institut scheint nun ernstlich vom Flecke gehn

[1] Vgl. Goethe's Werke, XXX, 271.

zu wollen: es haben sich verschiedene junge Leute bei ihm angesagt und er eilt nach Belvedere zu kommen.

Mit den Wirkungen des Bades bin ich wohl zufrieden:
freilich läßt sich dessen Wirksamkeit zu Zeiten empfindlich spüren
und verlangt große Vorsicht. Hoffentlich werde ich guten Nutzen
davon ernbten; ich brauche es lange genug. Leb wohl, mein
Lieber, schreibe bald wieder.

C. A.

120.

Teplitz den 17. Juny) 97.

Beiliegendes Briefchen wird, hoffe ich, den meinigen einen
gnädigen Eingang und Aufnahme verschaffen. Die Schreiberinn
habe ich erst gestern kennen lernen: heute ist sie nach Dresden und
kommt in etlichen Tagen wieder. Sie gefällt mir sehr wohl:
ich hoffe, sie soll unserer kleinen, aber sehr ausgesuchten Gesellschaft keinen Abbruch thun. Sie ist schon in selbige eingeführt.

Wenn das Wetter nicht so sehr böse wäre, so hätte ich gar
nichts an meinem hiesigen Aufenthalte auszusetzen: die Bäder und
der Egerbrunnen, beides bekommt mir gut. Heute habe ich das
25. und letzte erweichende Bad genommen, morgen fange ich das
roborirende Steinbad an und brauche dieses noch vierzehn Tage.

Die Comödie ist so schlecht, wie möglich. Vorgestern der
ächte Wiener Casperle, gestern „Alle schuldig" in Prosa. Die
Mayer hat sich schöne scandalisirt.

Leb wohl Alter und schreibe hübsch fleißig.

C. A.

So eben erhalte ich Deinen zweiten Brief, für den ich auf's Allerbeste danke. Der tolle Bristol[1]) ist meiner Meinung nach der unangenehmste Narr den ich kenne.

Die Verdauung einer Billardkugel ist wohl in unsern jetzigen Zeiten blos möglich, wo alle Säfte so sehr acerb geworden sind. Der Himmel gebe nur, daß wir von diesen veränderten Säften nichts leiden mögen! Recht traue ich dem Landfrieden noch nicht.

Der Fürst Ligne ist in allem Betracht ein sehr interessanter Mann, der eine sehr große Bildung des Geistes besitzet und äußerst bequem im Leben ist. Er hat mir versprochen, zu mir zu kommen und ich hoffe er wird Wort halten.

Sehr freue ich mich auf Deine neuen Produkte und zumal auf das Gedicht par excellence.[2]) Leb wohl.

121.

Weimar 23. August 1797.

Deine 2 ersten Briefe, mein Lieber, habe ich richtig nebst einer Beilage von Dr. Scherer[3]) erhalten und würde nicht gesäumt haben, drauf zu antworten, wenn nicht Ehehaften von ganz besonderer Art mich von allen Geschäften abgehalten hätten. Es hat nämlich dem König von Schweden beliebt, dem Badenschen Hofe ein Rendezvous in Erfurt zu geben; dieses hatte Sonntag vor acht Tagen daselbst statt und das Verlöbniß

---

[1]) Goethe's Werke, XXXI, 71. [2]) Goethe's Werke, XXXI, 71.
[3]) Vgl. Nr. 107, 109, 110, 111, 112 und 113.

zwischen dieser Majestät und der Prinzessinn Friederike von Ba=
den kam zu Stande. Die Badenschen sind alsdann bis zum
vorigen Montage hier geblieben und reiseten nach Hause, um
dorten ihre Tochter confirmiren zu lassen und selbige alsdenn
in den ersten Tagen Oktobers dem Könige in Stralsund zuzu=
führen. Sie kommen alsdenn hier wieder durch. Der König
ist ein ganz hübscher Herr, sehr jung, klein und schmächtig,
furchtsam, bescheiden und ernsthaft. Die Prinzeß ist sehr wohl
gebildet und verspricht viel Charakter. Der König war incognito
ohne mein Wissen hier, ehe er nach Erfurt ging, besah die Kirche
und den Park. Er ließ meine Frau nach Erfurt invitiren: ich
bin zwei Tage dorten gewesen.

Deine Relationen sind gar interessant und es ist recht löblich, daß Du Dich unserer hier erinnerst. Meine Frau, die sich
Dir empfiehlt, hat viele Freude daran gehabt. Morgen fängt
Herder seinen Cursum mit unserm ältesten Sohne an: das Kind
freut sich darauf. Fritz Stein scheint ganz entschlossen zu seyn,
in Schlesien bleiben zu wollen: welches der wahre Grund sey,
der ihn dorten bindet, kann ich nicht ganz herausbringen. Seine
Aussichten dorten sind zu ungewiß, als daß ihn ein größerer
Dienst bloß anziehen sollte. Voigt hat zweimal mit ihm sprechen
müssen und endlich habe ich mir seine endliche Erklärung schrift
lich erbeten, um genau zu wissen, was er wünsche und wolle.
Es kömmt immer darauf hinaus, daß ihm der Schritt wehe
thue, daß er aber der Lust, in Preußische Dienste zu gehn, nicht
widerstehn könne und er schlägt immer, vielleicht als Selbstbetrug

zu seiner Beruhigung vor, daß man ihn gehn lasse, mit der
Hoffnung, ihn in etlichen Jahren wieder zu nehmen, wenn ich
zumalen auf der Idee beharrte, meinen Sohn nach Schlesien zu
schicken und ihn Fritzen bei zu geben. Da aber dieser Plan
schwerlich zu Stande kommen kann, indem Jemanden im Dienste
wieder einzuschieben, der ihn ohne Noth verlassen hat, bedenk=
lich seyn möchte, Stein nach etlichen Jahren Dienst erst ganz
feste in Schlesien sich gemacht würde haben, ich auch nicht gerne
ihn alsdenn dorten, so zu sagen debauchiren möchte, oder auch
ihn nur zum Schein dorten in Dienst gehn ließe, mit der ge=
heimen Abrede, ihn nach einiger Zeit wieder zu nehmen, weil
dieses Stein zu einem zweiten falschen Schritte, ginge er dieses
Arrangement ein, verleitete; so fange ich an unser Verhältniß
für abgebrochen anzusehn und bereite mich vor ihn zu entlassen,
wenn er nicht seinen Sinn ändert und sich entschließet pure im
hiesigen Dienst zu bleiben. Es ist nicht angenehm, daß ich ihn
und damit auch mehrere Aussichten verliere, auf die ich Jahre
lang ziemlich sicher rechnete. Seinem Egoism persuasoria ent=
gegen zu setzen, trage ich Bedenken, weil alle Ueberredungen
nichts taugen, sein Egoismus nur noch mehr erhöhet würde
werden und er durch diese verstärkte üble Eigenschaft dem End=
zweck nicht entsprechen möchte, den ich mit ihm hatte, um
den Charakter meines Sohnes bilden zu helfen. Schwer wird
es mir werden, eine andere gute Wahl zu diesem Behufe zu
treffen.

Die Jagemann ist glücklich von ihrer Wanderschaft zurück=

gekommen. Kirms behauptet, sie habe ihre ganze Gage wieder
eingebracht.

Vom Frieden ist wohl genug die Rede, aber wenig Gewißheit. Die Absendung eines Kaiserlichen Gesandten nach Rastel
lässet hoffen, daß der Englische und Deutsche Frieden mit ein
ander gehn werde. Man sagt, daß der Besitz von Mantua
eigentlich der noch immer dauernde Zankapfel sey.

D. Scherers ¹) Adresse in London habe ich nicht: wenn er
sie Dir überschreiben sollte, so schicke sie mir zu. Denen, die
sich meiner in Frankfurt erinnern, empfiehl mich bestens, nament-
lich Deiner Frau Mutter, denen Sarrazins, Torville, Thurneisen, Jeannot. Sage mir, ob die Bärbel Sarrazin geheirathet
hat, oder was sonst aus ihr geworden ist. Auch der Schwarz-
kopf sage viel Schönes.

Viel Glück zu allen Deinen Vorhaben und Unternehmen.
Leb wohl.

Carl August.

122.

Weimar 30. August 1797.

Gestern erhielt ich durch Geheimrath Voigt Dein drittes
Extrablatt, wofür ich bestens danke. Zur ferneren Reise wünsche
ich Dir Glück und uns Deine baldige Rückkehr.

Dieses mal kann ich Dir allerhand Dinge schreiben, die
Dich interessiren werden.

---

¹) Vgl. Nr. 107, 109, 110, 111, 112 und 113.

Von Wien habe ich Antwort wegen Jagemanns. Der
Maler Unterberger kann ihn nicht zu sich nehmen, noch ordent=
liche Lectionen geben, empfiehlt aber sehr die Akademie und ver=
sichert, er wolle gern dem jungen Jagemann mit Rath und That
an die Hand gehn. Füger, der Direktor der Akademie, hat
aber geschrieben und erbietet sich zu allem Guten. Er sagt, der
junge Künstler brauche 5—600 Fl. jährlich. Ich will Jage=
mann nun auf die Michaelis-Messe mit nach Leipzig nehmen
und dorten suchen, ihn mit Kaufleuten auf die wohlfeilste Art
nach Wien zu bringen, ihn besonders an Persen empfehlen und
ihm auf zwei Jahre jährlich 300 Thlr. geben, auch Unterbergern
selbst noch schreiben, daß er etwas Außerordentliches an dem
jungen Menschen thue. Ich hoffe diese Unternehmung soll gut
gelingen. Solltest Du Jemanden in Wien kennen, so empfiehl
ihn ebenfalls noch.

Du wirst meinen neulichen Brief empfangen haben, wenn
Du Scherers¹) Adresse hast, so schicke sie mir.

Vor zwanzig Jahren hast Du wohl sagen hören, daß der
ehemalige Statthalter²) Graf von Bünau an meinen Vater
eine schriftliche Instruction über die Staatsverwaltung gegeben
habe; vergeblich suchte ich sie beim Geheimrath Fritsch und an
andern Orten. Vor ein paar Tagen schreibt mir der alte Dr.
Burscher aus Leipzig, schickt mir das ganze Opus in 19 un=
geheuern Briefen, welche er, wie er sagt, unter den Mann=

¹) Vgl. Nr. 107, 109, 110, 111, 112, 113 und 121. ²) des Her=
zogthums Weimar.

scripten des seel'gen Grafen gefunden habe, die ihm beim Tode seines ehemaligen Herrn geschenkt wurden und die er erst alle weile rangirt. So pedantisch und langweilig das ganze Ding ist, so freut es mich doch diese Papiere zu besitzen.

Der Herzog von Meiningen ist hier und jagt mit mir; thu ein Gleiches in Deiner Art und schreibe mir, was Du gefangen hast. Leb wohl.

Carl August.

123.

Tübingen den 11. Sept. 1797.

Vom 25. August an, da ich von Frankfurt abreiste, habe ich langsam meinen Weg hierher genommen. Ich bin nur bei Tage gereist und habe nun, vom schönen Wetter begünstigt, einen deutlichen Begriff von den Gegenden die ich durchwandert, ihren Lagen, Verhältnissen, Ansichten und Fruchtbarkeit. Durch die Gelassenheit womit ich meinen Weg mache, lerne ich, freilich etwas spät, noch reisen. Es giebt eine Methode durch die man überhaupt in einer gewissen Zeit die Verhältnisse eines Orts und einer Gegend, und die Existenz einzelner vorzüglicher Menschen gewahr werden kann. Ich sage gewahr werden, weil der Reisende kaum mehr von sich fordern darf: es ist schon genug, wenn er einen saubern Umriß nach der Natur machen lernt und allenfalls die großen Partien von Licht und Schatten anzulegen weiß; an das Ausführen muß er nicht denken.

Der Genuß der schönen Stunden, die mich durch die Berg

ſtraße führten, ward durch die ſehr ausgefahrnen Wege einiger
maßen unterbrechen. Heidelberg und ſeine Gegend betrachtete
ich in zwei völlig heiteren Tagen mit Verwunderung und ich
darf wohl ſagen mit Erſtaunen. Die Anſichten nähern ſich von
mehreren Seiten dem Jdeal, das der Landſchaftsmaler aus
mehrern glücklichen Naturlagen ſich in ſeiner ſchaffenden Phan
taſie zuſammen bildet. Der Weg von da nach Heilbronn iſt
theils für's Auge ſehr reizend, theils durch den Anblick von
Fruchtbarkeit vergnüglich.

Heilbronn hat mich ſehr intereſſirt, ſowohl wegen ſeiner
offnen fruchtbaren wohlgebauten Lage, als auch wegen des
Wohlſtandes der Bürger, und der guten Adminiſtration ihrer
Vorgeſetzten. Jch hätte gewünſcht dieſen kleinen Kreis näher
kennen zu lernen.

Von da nach Stuttgart wird man von der Einförmigkeit
einer glücklichen Cultur beinah trunken und ermüdet. Jn Ludwigsburg beſah ich das einſame Schloß und bewunderte die
herrlichen Alleenpflanzungen, die ſich durch die Hauptſtraßen des
ganzen Ortes erſtrecken.

Jn Stuttgart blieb ich neun Tage. Es liegt in ſeinem
ernſthaften wohl gebauten Thal ſehr anmuthig und ſeine Um-
gebungen, ſowohl nach den Höhen, als nach dem Neckar zu,
ſind auf mannichfaltige Weiſe charakteriſtiſch.

Es iſt ſehr intereſſant zu beobachten auf welchem Punkt
die Künſte gegenwärtig in Stuttgart ſtehen. Herzog Carl, dem
man bei ſeinen Unternehmungen eine gewiſſe Großheit nicht ab-

sprechen kann, wirkte doch nur zu Befriedigung seiner augenblicklichen Leidenschaften und zur Realisirung abwechselnder Phan-
tasien. Indem er aber auf Schein, Repräsentation, Effect
arbeitete, so bedurfte er besonders der Künstler, und indem er
nur den niedern Zweck im Auge hatte, mußte er doch die höhe-
ren befördern.

Zu früherer Zeit begünstigte er das lyrische Schauspiel
und die großen Feste: er suchte sich die Meister zu verschaffen,
um diese Erscheinungen in größter Vollkommenheit darzustellen.

Diese Epoche ging vorbei, allein es blieb eine Anzahl von
Liebhabern zurück und zu Vollständigkeit seiner Akademie gehörte
auch der Unterricht in Musik, Gesang, Schauspiel und Tanz-
kunst. Das alles erhält sich noch, aber nicht als ein lebendiges,
fortschreitendes, sondern als ein stillstehendes und abnehmendes
Institut.

Musik kann sich am längsten erhalten. Dieses Talent kann
mit Glück bis in ein höheres Alter geübt werden: auch ist es,
was einzelne Instrumente betrifft, allgemeiner und von jungen
Leuten erreichbar. Das Theater dagegen ist viel schnellern Ab-
wechselungen unterworfen und es ist gewissermaßen ein Unglück,
wenn das Personal einer besondern Bühne sich lange nebenein-
ander erhält; ein gewisser Ton und Schlendrian pflanzt sich
leicht fort, so wie man z. B. dem Stuttgarter Theater an
einer gewissen Steifheit und Trockenheit seinen akademischen
Ursprung gar leicht abmerken kann. Wird, wie gesagt, ein
Theater nicht oft genug durch neue Subjecte aufgefrischt, so

muß es allen Reiz verlieren. Singstimmen dauern nur eine gewisse Zeit: die Jugend, die zu gewissen Rollen erforderlich ist, geht vorüber, und so hat ein Publikum nur eine Art von kümmerlicher Freude durch Gewohnheit und hergebrachte Nachsicht. Dieß ist gegenwärtig der Fall in Stuttgart und wird es lange bleiben, weil eine wunderliche Constitution der Theateraufsicht jede Verbesserung sehr schwierig macht.

Miholé ist abgegangen und nun ist ein anderer Entrepreneur angestellt, der die Beiträge des Hofes und Publikums einnimmt und darüber, so wie über die Ausgaben, Rechnung ablegt. Sollte ein Schaden entstehen, so muß er ihn allein tragen; sein Vortheil hingegen darf nur bis zu einer bestimmten Summe steigen, was darüber gewonnen wird, muß er mit der herzoglichen Theater=Direktion theilen. Man sieht, wie sehr durch eine solche Einrichtung alles was zu einer Verbesserung des Theaters geschehen könnte, paralysirt wird. Ein Theil der ältern Acteurs darf nicht abgedankt werden.

Das Ballet verhält sich überhaupt ungefähr wie die Musik. Figuranten dauern lange, wie Instrumentalisten, und sind nicht schwer zu ersetzen: so können auch Tänzer und Tänzerinnen in einem höhern Alter noch reizend seyn, unterdessen findet sich immer wieder ein junger Nachwuchs. Dieses ist auch der Stuttgarter Fall. Das Ballet geht überhaupt seinen alten Gang, und sie haben eine junge sehr reizende Tänzerin, der nur eine gewisse Mannichfaltigkeit der Bewegungen, und mehr Charakteristisches in ihrem Thun und Lassen fehlt, um sehr

interessant zu seyn. Ich habe nur einige Divertissements gesehen.

Unter den Particuliers hat sich viel Liebe zur Musik erhalten, und es ist manche Familie die sich im Stillen mit
Clavier und Gesang sehr gut unterhält. Alle sprechen mit Entzücken von jenen brillanten Zeiten, in denen sich ihr Geschmack
zuerst gebildet, und verabscheuen deutsche Musik und Gesang.

Bildhauer und Maler schickte der Herzog, wenn sie gewissermaßen vorbereitet waren, nach Paris und Rom. Es haben
sich vorzügliche Männer gebildet, die zum Theil hier sind, zum
Theil sich noch auswärts befinden. Auch unter Liebhaber hat
sich die Lust des Zeichnens, Malens und Bossirens verbreitet;
mehr oder weniger bedeutende Sammlungen von Gemälden
und Kupferstichen sind entstanden, die ihren Besitzern eine angenehme Unterhaltung, so wie eine geistreiche Communication mit
andern Freunden gewähren.

Sehr auffallend ist es, daß der Herzog gerade die Kunst
die er am meisten brauchte, die Baukunst, nicht auf eben die
Weise in jungen Leuten beförderte und sich die so nöthigen Or-
gane bildete; denn es ist mir Keiner bekannt, der auf Baukunst
gereist wäre. Wahrscheinlich begnügte er sich mit Subjecten
die er um sich hatte und gewohnt war, und mochte durch sie
seine eignen Ideen gern mehr oder weniger ausgeführt sehen.
Dafür kann man aber auch, bei allem was in Ludwigsburg,
Stuttgart und Hohenheim geschehen ist, nur das Material, das
Geld, die Zeit, so wie die verlorne Kraft und Gelegenheit was

15*

Gutes zu machen, bedauern. Ein Saal, der jetzt in Arbeit
ist, verspricht endlich einmal geschmackvoll verziert zu werden.
Isopi, ein trefflicher Ornamentist, den der Herzog kurz vor
seinem Tode von Rom verschrieb, führt die Arbeit nach Zeich=
nungen von Thouret aus. Dieses ist ein junger lebhafter
Maler, der sich aber mit viel Lust auf Architectur gelegt hat.

Das Kupferstechen steht wirklich hier auf einem hohen
Punkte; Professor Müller ist einer der ersten Künstler in dieser
Art und hat eine ausgebreitete Schule, die, indem er nur
große Arbeiten unternimmt, die geringern buchhändlerischen Be=
dürfnisse, unter seiner Aufsicht, befriedigt. Professor Seybold,
sein Schüler, arbeitete gleichfalls nur an größeren Platten und
würde an einem andern Orte, in Absicht der Wirkung auf eine
Schule, das bald leisten was Professor Müller hier thut.

Uebersieht man nun mit einem Blicke alle diese erwähnten
Zweige der Kunst und andere die sich noch weiter verbreiten,
so überzeugt man sich leicht, daß nur bei einer so langen Re=
gierung, durch eine eigene Richtung eines Fürsten, diese Erndte
gepflanzt und ausgesäet werden konnte; ja man kann wohl
sagen: daß die spätern und bessern Früchte jetzo erst zu reifen
anfangen. Wie schade ist es daher, daß man gegenwärtig nicht
einsieht, welch ein großes Capital man daran besitzt, mit wie
mäßigen Kosten es zu erhalten und weit höher zu treiben sey.
Aber es scheint niemand einzusehen, welchen hohen Grad von
Wirkung die Künste, in Verbindung mit den Wissenschaften,
Handwerk und Gewerbe in einem Staate hervorbringen. Die

Einschränkungen die der Augenblick gebietet, hat man von dieser Seite angefangen und dadurch mehrere gute Leute mißmuthig und zum Auswandern geneigt gemacht.

Vielleicht nutzt man an andern Orten diese Epoche und eignet sich, um einen leidlichen Preis, einen Theil der Cultur zu, die hier durch Zeit, Umstände und große Kosten sich entwickelt hat.

Eigentlich wissenschaftliche Richtung bemerkt man in Stuttgart wenig: sie scheint mit der Carls-Akademie wo nicht verschwunden, doch sehr vereinzelt worden zu seyn.

Den preußischen Gesandten Madeweiß besuchte ich, und sah bei ihm ein Paar sehr schöne Bilder, die dem Legationsrath Abel, der gegenwärtig in Paris ist, gehören. Die Sammlung dieses Mannes, der für sich und seine Freunde sehr schätzbare Gemälde aus dem französischen Schiffbruch zu retten gewußt hat, ist aus Furcht vor den Franzosen in den Häusern seiner Freunde zerstreut, wo ich sie nach und nach aufgesucht habe.

Den sehr corpulenten Erbprinzen sah ich in der Komödie; eine schwarze Binde, in der er den vor kurzem auf der Jagd gebrochnen Arm trug, vermehrte noch sein Volumen. Die Erbprinzeß ist wohlgebaut, und hat ein verständiges gefälliges Ansehen, ihr Betragen, sowohl nach innen als nach außen, muß, wie ich aus den Resultaten bemerken konnte, äußerst klug und den Umständen gemäß seyn. Der regierende Herzog scheint, nach dem Schlagflusse der ihn im Junius des vorigen

Jahres traf, nur noch so leidlich hinzuleben. Die Wogen des Landtags haben sich gelegt und man erwartet nun was aus der Infusion sich nach und nach präcipitiren wird.

Ich machte in guter Gesellschaft den Weg nach Kannstadt und Neckar-Rems, um das Lager von den ungefähr 25,000 Mann Oesterreichern zu sehen, das zwischen Hochberg und Mühlhausen steht und den Neckar im Rücken hat; es geht darin, wie natürlich, alles sauber und ordentlich zu.

Darauf sah ich auch Hohenheim mit Aufmerksamkeit, indem ich einen ganzen Tag dazu anwendete. Das mit seinen Seitengebäuden äußerst weitläufige Schloß und der mit unzähligen Ausgeburten einer unruhigen und kleinlichen Phantasie übersäete Garten gewähren selbst im Einzelnen wenig Befriedigendes; nur hier und da findet man etwas, das besser behandelt eine gute Wirkung hervorgebracht haben würde.

Einen thätigen Handelsmann, gefälligen Wirth und wohl unterrichteten Kunstfreund, der viel Talent in eignen Arbeiten zeigt und den Namen Rapp führt, fand ich in Stuttgart und bin ihm manchen Genuß und Belehrung schuldig geworden. Professor Dannecker ist, als Künstler und Mensch, eine herrliche Natur und würde, in einem reichern Kunstelemente, noch mehr leisten als hier, wo er zu viel aus sich selbst nehmen muß.

So ging ich denn endlich von Stuttgart ab, durch eine zwar noch fruchtbare, doch um vieles rauhere Gegend, und bin nun am Fuße der höhern Berge angelangt, welche schon verkündigen was weiterhin bevorsteht. Ich habe hier schon den größern Theil von Professoren kennen gelernt, und mich auch in der schönen Gegend umgesehen, die einen doppelten Charakter hat, da Tübingen auf einem Bergrücken zwischen zwei Thälern liegt, in deren einem der Neckar, in dem andern die Ammer fließt.

Wie auslöschlich die Züge der Gegenstände im Gedächtniß seyen, bemerkte ich hier mit Verwunderung, indem mir doch auch keine Spur vom Bilde Tübingens geblieben ist, das wir doch auch, auf jener sonderbaren und angenehmen ritterlichen Expedition, vor so viel Jahren berührten.

Die Akademie ist hier sehr schwach, ob sie gleich verdienst- volle Leute besitzt und ein ungeheures Geld auf die verschie- denen Anstalten verwendet wird; allein die alte Form wider- spricht jedem fortschreitenden Leben, die Wirkungen greifen nicht ineinander und über der Sorge wie die verschiedenen Einrich- tungen im alten Gleise zu erhalten seyen, kann nicht zur Be- trachtung kommen, was man ehemals dadurch bewirkte und jetzt auf andere Weise bewirken könnte und sollte. Der Haupt- sinn einer Verfassung wie die würtembergische bleibt nur immer: die Mittel zum Zwecke recht fest und gewiß zu halten, und eben deswegen kann der Zweck, der selbst beweglich ist, nicht wohl erreicht werden.

Goethe.

124.

Stäfa, den 17. October 1797.

Kaum sind wir aus der unglaublichen Ruhe, in welcher die kleinen Kantone hinter ihren Felsen versenkt liegen, zurück-

gefehrt, als uns vom Rhein und aus Italien her das Kriegs-
geschrei nach und entgegenschallt. Bis dieser Brief Sie erreicht, wird manches entschieden seyn; ich spreche nur ein Wort
vom gegenwärtig Nächsten.

Die Franzosen haben an Bern einen Botschafter geschickt
mit dem Begehren: man solle den englischen Gesandten sogleich
aus dem Lande weisen. Sie geben zur Ursache an: „Man
sehe nicht ein, was er gegenwärtig in der Schweiz zu thun
habe, als der Republik innere und äußere Feinde zu machen
und aufzureizen." Die Berner haben geantwortet: „Es hänge
nicht von ihnen ab, indem der Gesandte an die sämmlichen
Kantone accreditirt sey." Der französische Abgeordnete ist deß-
halb nach Zürich gekommen. Das Weitere steht zu erwarten.
Mir will es scheinen als suchten die Franzosen Händel mit
den Schweizern. Die Ueberbliebenen im Directorium sind
ihre Freunde nicht; in Barthelemy ist ihr Schutzpatron ver-
bannt. Ein verständiger Mann, der von Paris kommt und
die letzten Scenen mit erlebt hat, behauptet, daß es nicht
sowohl der royalistischen als der friedliebenden Partei gegol-
ten habe.

Unsere eilstägige Reise, auf der wir die Kantone Schwyz,
Uri, Unterwalden und Zug durchstrichen, ist sehr vom Wetter
begünstigt worden. Der Pater Lorenz ist noch so munter als
wir ihn vor so viel Jahren kannten. Tausendmal, ja beständ-
dig habe ich mich der Zeit erinnert, da wir diesen Weg
zusammen machten. Ich habe viel Freude gehabt, diese Gegen

stände wieder zu sehen und mich in mehr als Einem Sinne an
ihnen zu prüfen. Meine mehrere Kenntniß der Mineralogie
war ein sehr angenehmes Hülfsmittel der Unterhaltung. Die
Cultur dieser Gegenden, die Benutzung der Produkte gewährt
einen sehr angenehmen Anblick. Es war eben die Zeit des
Bellenzer Marktes und die Straße des Gotthardts war mit
Zügen sehr schönen Viehes belebt. Es mögen dießmal wohl
an 1000 Stück, deren jedes hier im Lande 10 bis 15 Louisd'or
gilt, hinübergetrieben worden seyn. Die Kosten des Trans-
ports auf's Stück sind ungefähr 5 Laubthaler: geht es gut,
so gewinnt man auf's Stück zwei Louisd'or gegen den Ein-
kaufspreis und also, die Kosten abgezogen, 3 Laubthaler. Man
denke, welche ungeheure Summe also in diesen Tagen in's
Land kommt. Eben so hat der Wein auch großen Zug nach
Schwaben und die Käse sind sehr gesucht, so daß ein undeut-
liches Geld einfließt.

Ich lege eine kleine Schilderung, eine Aussicht von meinem Balcon bei. Die Cultur ist um den Züricher See wirklich auf dem höchsten Punkt und der Augenblick der Weinlese
macht alles sehr lebhaft.

Meyer empfiehlt sich zu Gnaden, er ist fleißig mit dem
Pinsel und der Feder gewesen. Der letzte Kasten von Rom,
der die Aldobrandinische Hochzeit enthält, ist eben über Triest,
Villach und Constanz angekommen. Nun sind alle unsere
Schätze beisammen und wir können nun auch von dieser Seite
beruhigt und erfreut unsern Weg antreten. In einigen Tagen

gedenken wir nach Zürich zu gehen und erwarten was uns die Kriegs= oder Friedensgöttin für einen Weg nach Hause zeigen wird, wo wir Sie gesund und vergnügt anzutreffen hoffen. Empfehlen Sie mich Ihrer Frau Gemahlinn zu Gnaden und erhalten mir Ihre geneigten Gesinnungen.

Goethe.

125.

Den 4. April 1798.

Das Wetter ist heute mein Ueberwinder und ich bleibe zu Hause. Ich wollte Mellish Dornburg bei Gelegenheit einer Excursion dahin recht annehmlich vorstellen. Er scheint es zu seinem Wohnsitze annehmen zu wollen und zu diesem Behufe muß wohl ein besserer Tag gewählt werden, wie der heutige ist. Mich plagt noch über Regen und Sturm eine hämorrhoidalische Sciatique, die ich mir gestern bei einem Ritt holte und welche gewaltig weh thut.

Es freut mich, daß Du so gut mein Andenken aufgenommen hast.

Zum Unternehmen wünsche ich recht herzlich Glück! Da Herrmann und Dorothea einen so guten Begriff von Deiner epischen Muse gegeben hat, so bin ich überzeugt, daß Dir Dein Werk im Griechischen Styl¹) wohl gerathen wird. Das von

¹) Achilleis. Goethe's Werke, XXXI, 79.

Dir gewählte Feld ist neu und giebt Dir daher einen rechten bequemen weiten Spielraum, um Dich auszulassen. Leb wohl.

Carl August.

126.

(25. April 1798.

Ich dachte morgen oder übermorgen ein kleines Diner hier hauße[1]) zu geben, wo meine Frau mit einer Hofdame, der Prinz Friedrich[2]), Oberst von Haake[3]) und Deine Herrlichkeit daran seyn würden. Zu diesem wollte ich Ifflanden bitten und was noch mehr ist, seinen Bajazzo. Das würde ein rechtes Fest geben; schreibe mir, ob Dir diese Einrichtung gelegen wäre und welchen Tag.

Mir wäre morgen am liebsten, weil ich Freitags Conseil habe und da die Essensstunde bisweilen unsicher ist. Es wäre mir sehr lieb, wenn Du Ifflanden bereden könntest, künftigen Dienstag hier zum letzten Male zu spielen, weil Mellish mit Steins erst künftigen Montag kommen werden und daß er also einen Ruhetag machte, oder noch eine siebente Vorstellung zum Besten gäbe. Erzeige mir den Gefallen, Vohs und seiner Frau und Graff in meinem Namen recht inständig anzuliegen, lauter und deutlich zu sprechen und Dieses gleich von Anfang ihrer Rollen an zu bewirken: am Ende versteht man sie immer,

---

[1]) im Römischen Hause des weimarischen Parks.   [2] von Gott[?]
[3]) Begleiter des Prinzen Friedrich.

wenigstens die Männer. Gestern habe ich Ifflanden, selbst wenn er ganz leise sprach, Wort für Wort verstanden; ich sehe daraus, daß es also nicht meine Ohren, sondern das Sprach= organ der Nase ist, welches verursacht, daß der größeste Theil der Stücke als Pantomimen vorbeigeht, welches eine garstige Qual ist, und Einem den Genuß gewaltig verbittert, den Iff= lands Spiel gewährt. Wenn sich die Leute nur ein paarmal die Mühe geben, ordentlich zu articuliren, so können sie es alsdann für immer. Vale.

C. A.

Meyers Ideen[1]) sind sehr hübsch, er wird Dir gesagt haben, welche wir wählten.

127.

Weimar den (25. Nov. 98.

Den Auftrag des Fürsten Ligne werde ich mir suchen vom Halse zu schaffen.

Wannehr wir in Roßla jagen, ist noch unbestimmt; ich werde aber gerne in Deiner Heimath aufwarten und Dich davon avertiren.[2]) Morgen gehts nach Ottstedt am Berge, wo ge= wöhnlich etliche Paar Ohren erfroren werden.

Die verwittwete Königinn von Preußen wird erst Mittwochs nach Erfurt kommen, wo wir sie zu sehen gedenken.

---

[1]. Goethe's Werke, XXXI, 117. ig. [2]) Goethe besaß damals ein Landgut in Niederroßla, einem weimarischen Dorfe.

Des Gildemeisters Augenkonstitution ist wirklich eine seltsame Erscheinung. Ich erinnere mich dunkel gehört zu haben, daß Personen gewisse Nüancen in den Farben nicht unterscheiden konnten. Es wäre der Mühe werth, den Gildemeister ein Blatt Landschaft nach seiner Vorstellungsart selbst illuminiren zu lassen, denn sonsten kann man sich seinen Sinn nicht recht denken.[1]

Gestern genossen wir die Zaubereien des Ritters Wili bald.[2] Die Fabel hat mich sehr lachen machen, weil die Pomade wahrscheinlich nichts ist, als die abstringirende des Maréchal de Saxe. Der alte König kam aus seiner Probe vollkommen in der Form des Königs in Carreau, die Wittib war sehr erschrocken darüber und tröstete sich blos durch die hoffentliche Verengerung und durch die lange unterirdische Ruhe ihres Gemahls. Die Musik ist sehr mittelmäßig. Schaffe doch die Iphigenie von Gluck anbei, mir dünket in Tauris, die ich habe in Berlin gesehn; wir können sie vollkommen besetzen.

Von Dresden schreibt man mir, daß Seconda auf Landstedt renoncirt und wir das Privilegium bekommen werden. Leb wohl.

Carl August.

Caroline Oertel heirathet heute den Fürsten von Carolath.

—   .

[1] Goethe's Werke, XXXI, 81.   [2] Wilibald und Erminia, romantisch-komische Oper von Kauer.

128.

Die Jagd in Roßla ist auf übermorgen feste gesetzt, weil die Hasen anfangen, in die Sächsischen[1]) Hölzer zu desertiren. Indessen bitte ich uns nicht in Roßla[2]) aufzunehmen, weil es erstlich wahrscheinlich ist, daß das Wetter aufgeht und darüber gar nichts aus der Jagd werden möchte, dann, weil vermuthlich unser Rendezvous mit der Königinn[3]) diesen Donnerstag in Erfurt seyn wird, weswegen ich alsdenn der Jagd nicht einmal beiwohnen könnte.

Ich danke Dir für Deine wohlthätige Absicht und nehme das Gute für empfangen an.

Bei Gelegenheit dieses Briefs bringe ich eine Idee zum Vorschein, die ich, wenn ich nicht irre Dir schon einmal mündlich mittheilte, sie betrifft die Bestimmung Dr. Scherers[4]) für meinen Dienst. Ich dachte, er sollte, zumal im Winter, ein publicum gratis von populärer Chemie für Handwerksleute, als da sind Brauer, Brenner, Färber, Gärber und dergleichen Leute mehr lesen. Zwei Stunden die Woche wären hierzu hinlänglich. Im alten Schlosse fände sich wohl Raum zur Sitzung. Ueberlege Dieses und sage mir bei Deiner Rückkunft Antwort. Leb wohl mein Lieber.

Carl August.

-

129.

Aus der Jagd ist, wie ich gleich vermuthete, nichts geworden.

Graf Frieß und Perse[1]) sind gestern angekommen und wünschen, wie natürlich, Dich zu sehn. Ich dächte, Du kämest herüber; es geht dann gleich besser mit der Gesellschaft. Ueberdem habe ich Dich auch über etliche Gegenstände zu sprechen, wovon einer sehr wichtig ist: er betrifft eine Veränderung in der Erziehung meines ältesten Sohnes. Ich hatte nach einem Manne zu diesem Behufe geangelt, der wider mein Vermuthen und gegen mancherlei Wahrscheinlichkeiten angebissen hat[2]): dieser Umstand erfodert mancherlei Rücksprachen und Voreinrichtungen. Ferner hat Cronrath das Modell zu dem Fenster fertig, das mir sehr wohlgefällt, worüber aber auch vielerlei zu reden ist. Komme bald und leb wohl.

Carl August.

130.

Herr von Wolzogen, der sich schon das Erstemal durch den Herzog von Meiningen an mich wendete, (sie kennen sich von Kindesbeinen auf) hat an letztern meine abschlägliche Antwort überschrieben und gesagt, daß die Ursache, die ich gebraucht

---

[1]) Hofrath aus Wien. [2]) Vgl. Nr. 141.

hätte, ihn abzuweisen, nämlich daß ich den untersten und gering besoldeten Platz in der Kammer ihm nicht anbieten könnte, ihn nicht abschrecke, sich noch Einmal zu melden und zu versuchen, ob er die soliden Weimar'schen Dienste statt der sehr zweifelhaften Württembergischen erhalten könne. Er sagt dabei, daß er gelernt hätte, sich einzuschränken, daß er glaube, man würde von ihm nicht vielen Aufwand verlangen und daß er Alles thun würde, um nur die Württemberger los zu werden. Wie ich Dir schon neulich sagte, so hänge ich ofte vom Aberglauben ab, daß ich etwas bisweilen annehme, das sich mir so unverhofft darbietet und wobei sich mir einiger Anschein von etwas Gefälligem zeigt. Nun ist Letzteres bei dieser Gelegenheit wirklich vorhanden, indem Wolzogen überall, wo ich von ihm reden hörte, in Ansehung seiner Conduite (prudentia externa) ein sehr gutes Lob hatte, er die Welt gesehen hat und im gesellschaftlichen Umgange angenehm ist, meine Frau äußerst wünscht, Jemanden bei Hofe zu haben, der nicht ganz stumm ist, wie unsere übrigen Hofleute und es gerne gesehen hätte, wenn ich Wolzogens Antrag annähme. Hierzu gesellt sich noch Etwas: Luck kränkelt sehr und seine Zufälle sind so häufig, daß ich fürchte, er wird nicht lange laufen. Verlier ich diesen, so habe ich platterdings Niemanden, dem ich den Hof anvertrauen könnte; ging also Luck ab, so müßte ich doch nach einem Fremden greifen; das käme mir dann theuer zu stehn und setzte mich in Verlegenheit. Wenn ich aber derweile Jemanden, wie ich mir den Wolzogen vorstelle, angewöhnt hätte, so brächte mich Dieses vielleicht

über die Schwierigkeiten hinweg, die sich mir bei einer solchen
Veränderung in den Weg stellen würden. Diese Betrachtungen
zusammen genommen reizen mich sehr, Wolzogen anzunehmen,
wenn er sich gefallen ließ, mit Kammerherrn-Dienste auf dem
alleruntersten Platz in der Kammer und 400 Thlr. Besoldung
sich anstellen zu lassen. Indessen ehe ich hierbei zu oder ab-
schlage, wünsche ich doch, Du erkundigst Dich, am Ende geradezu
bei Schiller, wie eigentlich der moralische Charakter des Mannes
beschaffen wäre. Einstweilen habe ich dem Herzog gesagt, ich
könnte mich noch nicht ganz entschließen und bäte mir Bedenk-
zeit aus.

Die Jagd geht hier vortrefflich und da heute wieder ein
neuer sive frischer Schnee gefallen ist, so werde ich wohl meine
Abwesenheit über die Woche hinaus verlängern. Leb wohl.

Carl August.

131.

(30.) Nov. 98.

Ich danke Dir mein Lieber! daß Du meiner Einladung
Folge geleistet hast. Meine Frau und ich sind heute den ganzen
Tag in Erfurt bei der Königinn von Preußen[1] und Frieß nebst
Lerse[2] bei meiner Mutter. Vielleicht sehe ich Dich diesen Abend
beim Souper dorten.

---

[1] Vgl. Nr. 128. [2] Vgl. Nr. 129.

132.

Es wird Dir hier nachgesagt, daß künftigen Dienstag Lese=
probe von Piccolomini bei Dir seyn würde; lasse Dich nur
bündig vernehmen, ob Dieses wahr sey? Ob das ganze Stück,
oder nur einzelne Theile? Zu welcher Tageszeit und Stunde?
und — durch wessen Organ alles Dieses vollbracht werden
solle? Ferner der Ort und Stelle?

133.

1798.[1]

Dem Feldmarschall würde es Vergnügen machen, morgen
eine theatralische Aufführung zu sehn; er geht übermorgen weg.
Ich glaube ein Schauspiel wäre besser, wie eine Oper, weil
ersteres weniger Umstände verlangt. Nimm nur ein lustiges,
ich dächte die Vorurtheile, oder das Ding neulich von Kotze=
bue. Beide gingen ganz passabel und wenn Du den Leuten
sagtest, sich zusammen zu nehmen und munter zu spielen, so
wird es ein ganz artiges Abendvergnügen geben.

                                        C. A.

[1] Diese Jahreszahl ist entschieden unrichtig, eine Berichtigung hat aber
nicht gelingen wollen.

134.

den 13.   1798.[1]

Für die Horen danke ich Schönstens. Im Schiller'schen Almanach stehn rechte hübsche Sachen; er ist der beste in meiner Sammlung. Die 100 Carolin für Herder liegen bei mir parat.

Gestern bei Tisch wurde zwischen meiner Frau, Herder und Schmidt und mir eine große Abhandlung über Wilhelm Meister geführt. — Ich nehme das Ettersburger Gut zur Administration an, um eine Spanische Schäferei dorten anzulegen.

Verschiedene Damens schreien hier nach Dir, wie der Hirsch nach frischem Wasser, die Deines Rathes und Thates zu einer Maskerade bedürfen. Leb wohl und grüß Schillern.

C. A.

135.

1798.

Das Ding ist unter aller Kritik; unbegreiflich bleibt es, daß die Leute doch auch gar nicht das Bitterste begreifen.

Gareissens Bild werde ich heute produciren.

C. A.

---

[1] Obiges Datum ist von sehr zweifelhafter Richtigkeit, denn nach Ausweis der Acten erfolgte die Uebergabe des Gutes an den Administrator den 8. Juni 1796. Eine auch nur einigermaßen zuverlässige Berichtigung war aber unfindbar.

136.

Den 8. Dezember 98.

Hier schicke ich Dir Boufflers artige Sophismen zurück, die sich recht gut lesen. Indessen gefällt mir der erste Theil besser, wie der zweite; dieser ist ein bischen sehr schwach.

Bent wird Dir gestern Abend gesagt haben, daß es mit der Idee eines zweiten Bades[1]) nicht gehe, weil die Böschung so flach wird, daß sie auf den Wasserstand des Baches mit 0 ausläuft und daher alle Sitze, Tritte, oder was man anbringen möchte unter Wasser stehn würden und das Ding am Ende wie eine Schwemme aussehn möchte. Diese Böschung muß ich annehmen, weil sonsten der Bach ein hohler Graben wird, welches ich zu vermeiden wünschte. Nachstehend ist ohngefähr die Figur des Flusses, der beiden Ufer und der Böschung:

A ist der höchste Punkt im Stern, wo alle Wege und Böschungen zusammen laufen, B das hohe Ufer, das schon bewachsen ist, C der Auslauf der Böschung auf dem Wasserstande mit dem Maaße Null. Wollte ich die projektirte Vertiefung der Sphynx gegenüber doch anbringen, so müßte ich

---

¹) im weimarischen Part.

den Fluß vertiefen, und zwar beträchtlich: dann fiele der Wasserfall im Sterne ganz weg und dieser wird sehr schön und belebt die ganze Gegend. Ich sollte glauben, es wäre besser, man ginge von der Idee, ein zweites Bad zu graben ab, verzierte die Grotte, wo die Sphynx liegt, auf eine beliebige Art, als ein verfallen Bad, z. B. mit einer in den Berg führenden Thür, mit Architektur u. s. w. und machte dieses zum Waschplatz. Der Weg ging dann doch daran vorbei. Da es heute schön und trocken wird, so besuche doch mit Meyern und Venten das Lofal.

C. A.

137.

(14. December) 98.

Hier ist Ifflands Leben, das sehr schöne Züge enthält. Ich vergaß, Dir zu sagen, daß ich von dem wirklichen Marsche der Russischen Truppen endlich aus Berlin Nachricht habe; man weiß aber noch nicht, wohin sie bestimmt sind. Der Erbprinz von Darmstadt mit Baumbachen kommen morgen oder übermorgen her.

C. A.

Fleischmann in Meiningen ist gestorben.

138.

Berlin 22. Dezember 1798.

Für Iffland habe ich einen rechten hübschen Ring mit einem Portraitstein gekauft und in selbigen mein Bildniß in camaïeu legen lassen. Der Ring kostet 40 Friedrichsd'or und der Juwelier erbietet sich, ihn mit 15 Procent Rabatt wieder zu nehmen. Dieses macht ein hübsches Geschenke für Iffland, dem ich es hier bei meiner Abreise geben werde, eine schickliche Gelegenheit finde ich schon dazu. So gut die Truppe hier ist, so sticht doch Iffland überall darüber hinaus. Von ihm versteht man jedes Wort, während die andern, tout comme chez nous, sachte sprechen.

Hier sind hiesige Damastproben; sie können von allen Farben und Stärke gemacht werden. Die Fabrikanten widerrathen aber die graue Farbe, weil sie nicht hält, zumal in Zimmern, wo Sonne hinein kommt; in dunkeln Zimmern geht es eher an.

Der Vergolder Keller wird Dir ehstens wieder neue Proben schicken. Sie sind ganz vortrefflich. Er ist erbötig, selbst auf einige Zeit zu kommen. Er ist ein Schweizer und ein sehr geschickter Arbeiter.

Balde werde ich Dir Proben von Pferdehaaren Stuhlzeug von hier schicken, wovon der Grund schwarz mit bunten Streifen ist. Es sieht aus wie Atlas; ich habe nicht leicht etwas Angenehmeres gesehn.

Politica betreffend, lasse Dir meinen Zettel an Voigten zeigen. Haugwitz erinnert sich mit vieler Freude Deiner alten Bekanntschaft. Leb wohl.

C. A.

139.

27. December 1798.

Bringe mir morgen Meyers Ideen zu Tische mit und iß bey mir alsdann.

Götzen laße wißen, daß er sorgen möge, daß ich so zwischen 3—4 Nachmittags etwas zu eßen in Kahla finde; ich denke so gegen Mittag hier weg auf Jena zu fahren, wo ich Relais finde.

Schönstens danke ich für die Besorgung.

C. A.

Ich bringe drei Pferde, den Kammerdiener, einen Jäger und einen Kutscher mit.

140.

Den 21. Jan. 1799.

Dieses Commando schicke ich Dir zum beliebigen Gebrauch; ich wünsche herzlich, daß die Sachen gut gehn mögen. Wenn das Elbeis, das entsetzlich stark ist, zur rechten Zeit geht, so sind wir geborgen; sollte dieser Fluß aber später thauen, wie die Saale, dann sähe es böse aus. Die Reise, welche ich hinter mir habe, war äußerst unangenehm und mir ist sie nicht recht sonderlich bekommen. Ueberhaupt fängt mein organisches Sy stem an gewaltig wackelig zu werden. Es ist aber auch eine Manier, das Leben zu genießen, wenn man oft an sein Da seyn erinnert wird.

Viel Glück zu den literarischen Arbeiten![1]) Nach dem 4. März sehn wir uns wieder. Leb wohl.

Carl August.

141.

Das ist ja recht schön, daß das Eis gebrochen ist und die Stadt[2]) die Gefahr wahrscheinlich überstanden hat. An Fleiß wirst Du es gewiß nicht fehlen lassen, daß alles Nöthige, Mögliche geschehe.

Des Barons van Haren Acquisition[3]) scheint wieder einer der blinden Glücksfälle zu seyn, die zuweilen bei mir eingekehrt sind. Ihn zu beurtheilen bin ich gar nicht im Stande, als nur nach seinem Aeusserlichen, das sehr distinguirt ist. Es scheint, daß er hier allgemein gefällt, meine Frau besonders ist zufrieden.

Mit Ridel will es sich platterdings nicht in der Güte geben. Ich habe ihm endlich den Antrag machen lassen, daß ich ihm gleich sein letztes Gesuch accordiren wollte, nämlich 1000 Thlr. Pension und den Abschied. Dieses hat er angenommen und behält sich vor, bei den Ständen sein Glück zu versuchen um 20 — wenigstens 15 Mille Thlr. zu erlangen. Dieses überlasse ich ihm ganz und werde mich gar nicht rühren.

---

[1]) Vgl. Goethe's Werke, XXXI, 84. [2]) Jena. [3]) Vgl. Nr. 129.

Die gestrige Post ist von Frankfurt ausgeblieben, in politicis weiß ich also nichts Neues. Vielleicht ist Mahomet unterwegs? Grüß Schillern und leb wohl.

Carl August.

142.

Den 24. Jan. 99.

Der Prinz Friedrich von Gotha traf eben ein, als Dein Bericht mir gegeben wurde.

Daß großes Wasser eintreten würde, war immer zu vermuthen; der Schaden, den es thut, wird aber nicht beträchtlich seyn, nur gut daß das Eis sich so manierlich betragen hat.

Die Ilm hat hier ebenfalls sämmtliche Wiesen und den Stern überschwemmt; indessen ist sie gestern Abend in ihre Ufer wieder zurückgetreten, hat den Rasen gedüngt und sogar den Kies verschont gelassen, den ich auf dem Weg auf den Wiesen hatte auffahren lassen.

Leb und befinde Dich wohl.

Carl August.

143.

(31. Januar 1799.

Hier schicke ich Dir Französische Comödien. Du wirst Dich verwundern, wie dorten der Geschmack fällt und wie sehr sich dorten Alles den Barbarismen nähert. Auch kommt das Journal des Mines. Du läßt wohl alles auf der Bibliothek eintragen? Ueber den gestrigen Wallenstein[1]), — die ausnehmend schöne Sprache abgerechnet, die wirklich vorzüglich, vortrefflich ist, — aber über seine Fehler möchte ich ein ordentlich Programm schreiben; indessen muß man den zweiten Theil erst abwarten. Ich glaube wirklich, daß aus beiden Theilen ein schönes Ganze könnte ausgeschieden werden; es müßte aber mit vieler Herzhaftigkeit davon abgelöset und anderes eingeflickt werden. Der Charakter des Helden, der meiner Meinung nach auch eine Verbesserung bedürfte, könnte gewiß mit Wenigem ständiger gemacht werden.

Bei Gelegenheit lasse doch Grassen avertiren, daß er Hauptstellen, als zum Beispiel den Monolog, langsamer und mit weniger Convulsionen spreche; man hat ihn bei uns hinten fast gar nicht verstanden. Vohs hat sehr schön gespielt. Die Teller wußte auch manchmal nicht recht, was sie anfangen sollte. Der Husar war wohl etwas zu modern gekleidet. Die Rugendas'schen Figuren zeigen die alte ungarische Tracht.

(C. A.)

144.
(Weimar den 1. Februar 1799.)

Ich rechne drauf, daß Du mit Schillern heute zu Tische kömmst. Vohs und Grassi hätte ich Lust, für ihr gutes Spiel

---

[1]) Das Stück wurde unter dem Titel „Die Piccolomini, Wallenstein's erster Theil" gegeben, die beiden ersten Acte von „Wallenstein's Tod" waren damals noch zu den „Piccolomini" gezogen.

eine Ergötzlichkeit zu machen, ich dächte Jedem 6 Carolin zu geben; sage mir Deine Meinung deshalben.

C. A.

145.

(Weimar den 1. Februar 1799.)

Die Gnadenthür hat sich noch weiter eröffnet, meine Frau hat zugelegt. Hier sind 16 Carolin: davon gieb Graffen und Vohs jedem die Hälfte in unser beider Namen mit den schönsten Aufmunterungen.

C. A.

146.

(Januar bis März 1799.

Ich will auf Morgen das Concert abbestellen. Wenn Du heute bei uns hier oben essen willst, so soll es mir lieb seyn und wenn Du heute Morgen um 10 Uhr zu Ch. von Wolzogen kommen könntest, so wäre dieses gar schön. Ich komme mit Benten hin. Wir wollen alsdenn den Plan für den Schweinsmarkt[1]) bestimmen und das Hauptalignement versteinigen lassen.

C. A.

---

[1] Der jetzige Carlsplatz in Weimar

147.

W. 2. 8. 99.

Es wird schon an einer besondern Ukase gearbeitet, durch welche Du in allen vier Welttheilen zum Fürsten unter dem Titel Meccanus ausgerufen werden sollst. Dieser Sieg ist in manchem Betracht dem der conquête von Italien vorzuziehn, denn erstlich arbeitest Du gegen Deine Natur und überwindest diese, was Suwarow nicht nöthig hatte, und dann giebt Deine Uebersetzung dem Deutschen Theater gewiß eine neue und sehr wichtige Epoque, die Italiens Siege nicht in ihrem Fache hervorbringen. Enfin ich wünsche Dir das beste Glück und Gedeihen und freue mich ganz gewaltig über Deine Tapferkeit. Vielleicht könntest Du das Stück zu meiner Frauen Geburtstag geben lassen. Uebermorgen gehe ich nach Leipzig, bin aber den 7. oder 8. wieder hier; nach dem 13. sehe ich Dich also wieder.

Von der Holländischen Expedition augurire ich nichts Gutes. Leb bestens wohl.

Carl August.

148.

Den 17. . . . 1799.[1]

Schon lange schiffte ich, um nach Eisenach zu kommen, ließ aber immer nicht aus dem Hafen: endlich bläst ein unglücklicher

---

[1] Obiges Datum ist jedenfalls unrichtig: „Christel" (Euphrosyne) war schon 1797 gestorben.

Brand mir in die Segel und ich reise so eben ab. Mittwoch oder
Donnerstag über acht Tage denke ich wieder hier zu seyn. Es
ist rings um Bechtolsheims Haus herum Alles abgebrannt, an
40 Häuser todt und blessirt, zum Glücke lauter elende Baracken
und etliche Scheunen. Man rechnet das Assecurations-Quan
tum nur auf 4000 Thlr.

Die 100 Carolin für Herder[1]) laß ich hier bei meiner
Frau liegen. Ich wünsche Du holtest sie selbst bei ihr ab; sie
sind zum Theile in Gold und leicht einzustecken. Mir wäre es
lieb, wenn dieses Geld nicht durch Bediente in der Stadt herum
getragen würde.

Hamlet ist gestern ganz leidlich abgelaufen. Vohs hat sich
erstaunliche Mühe gegeben, sehr gut memorirt und einige Stellen
gut deklamirt; nur spürt man bei ihm, daß die Sachen nicht
von innen heraus bei ihm kommen und seine Einbildungskraft
ihn nicht erhebt. Christel hat die Ophelia sehr anständig ge
spielt; indessen geht es ihr mit der Rolle, wie andern auch: sie
wissen im Grunde nicht recht, was sie damit anfangen sollen.
Leb wohl.

Carl August.

149.

1800.

Liebster Meccanus[2]). schicke mir den Propheten, sonst
kann ich ihn versprochener Maaßen morgen nicht wieder schaffen.

---

[1]) Vgl. Nr 131.   [2]) Vgl. Nr. 147.

Ich bin Mahomets wahrer Omar und verbreite seine Lehre
durch Wort und That.

C. A.

150.

(Januar) 1800.

Pag.   8 finde ich den Schreibfehler schon corrigirt.

„   47 ist die Frage, ob nicht statt des Worts „Herrlich" ein anderes zu wählen sey.

„   30 finde ich auch den Zweifel gehoben.

„   19 ganz unten entsteht die Frage, ob nicht zu Ausfüllung des Verses, das Wörtchen „und" zu
intercaliren, wo Mahomet sagt (zu Seïden) du
suchst etc.

„   60 ganz unten ruft er zur Rache sie des „eignen
Mords", dieses Wort eignen kommt mir
etwas dunkel vor, denn es drückt wohl eher
einen Selbstmord, als einen Mord aus, den er
selbst begangen hat.

Verzeih die kleinfügigen Bemerkungen; sie entstehen aber
aus der großen Liebe, welche ich für die Umwälzung habe,
die Mahomets Erscheinung hervorbringen wird.

C. A.

151.

1800.

Von ohngefähr erfuhr ich gestern, daß Kotzebue dieses
Stück hatte, und daß — seine Frau es übersetzte. Ich habe

es gleich geborgt und schicke es mir balde wieder, ohne zu
sagen, daß Du es gelesen hast, sonst komme ich ins Henkers
Küche. Frau von Löwenstern hat übernommen, Dir den Mahomet heute wieder zu schicken.

C. A.

152.

1800.

Verzeih, daß ich Dir nochmals mit Abforderung Deiner
Uebersetzung des Mahomet beschwerlich falle, lasse sie mir nur
bis morgen Mittag. Die Ursache davon ist folgende: Die
Jagemann hat mich über die Art, wie sie ihre Rolle beurtheilen soll, um Rath gefragt und mir gestanden, daß es ihr
äusserst schwer fiele, sich selbige anzupassen, da, wie sie selbst
gesteht, sie die dazu nöthige Zartheit sich erst mit vieler Kunst
anstudieren müßte. Mein erster Rath war, das Stück erst
selbst und zwar ganz zu lesen, noch dazu auf Deutsch, — denn
auf Französisch hat sie's gelesen, — weil sie sich ihr Ohr wie
der vom Originalklang entwöhnen muß, um sich den der Deutschen Versetzung einzutönen. Eine Leseprobe hilft dazu nichts und
da sie nicht aus ihrem Naturell, sondern durch ihre Kunst sich die
Rolle zueignen kann, so ist diese Vorsicht höchst nöthig. Ich stehe
für die schnelle Zurückgabe des Buchs und für allen Nachtheil.

Bei dieser Gelegenheit erfuhr ich, daß Benda die Rolle
des . . . .[1] oder Biscroma in Axur spielen soll: leide

---

[1] unleserlicher Name.

doch dieses ja nicht, sondern laß sie von Weyrauchen spielen, sollte er sie auch nur zweimal noch hier spielen können. Oder fände dieses Schwierigkeiten, so laß lieber die ganze Oper für diesen Winter weg, bis Weyrauchs Stelle ersetzt ist.

Arur ist von seltener Schönheit und roulirt hauptsächlich auf die Art wie der Biscroma gegeben wird; Benda ruinirte das Stück total.

C. A.

153.

(Januar) 1800.

Ich kann nicht begreifen, warum es mir nicht eingefallen ist, Dir Cordemann statt Beckers zum farouche Omar vor-zuschlagen. Becker würde, fürchte ich, die Rolle verderben; er hat eine gar zu gäcksige Stimme und deklamirt gewöhnlich falsch. Cordemann hat schon ein etwas Arabisches Ansehn und ein schönes Organ.

C. A.

154.

(31. Januar) 1800.

Wäre es nicht möglich, die letzte Scene etwas anders zu gruppiren, gestern kam die Mahometische Partie der Seïdischen zu nahe. In Paris war die erste fast ganz vorne, links den Zuschauern und die andre blieb rechts dem Hintergrunde nahe, wo auch das Bänkchen zum Sterben sich fand.

Graff hat, dünkt mir, sehr gut gespielt, Vohs erstaunlich wässerig. Sein dicker Bauch gefiel mir nicht und sein Janitscharenturban. Haide — ultra posse nemo obligatur.

Die Jagemann hat es vorausgesagt, daß diese Rolle nicht in ihre Natur passe.

C. A.

Sollte das Theater nicht um eine Conlisse morgen verlängert werden können? Die letzte Scene würde dann besser ausfallen.

155.

Aug. 1800.

Da Du gestern Dir selber entflohest, so habe ich jetzt meine Freude über das Dir so wohl gerathene Griechische Basrelief noch, das gestern Abend vor meinen Augen erschien. Wenn Du mir einmal den Text zum Lesen leihen kannst, so werde ich ihn dankbar empfangen.

Heute versuchte ich es, meine Gedanken über einen Plan zur Vollendung des Schloßbaues zu fassen, kam aber nicht zu Stande damit. Es fand sich endlich die Nothwendigkeit ein, eine specielle Charte des Schlosses machen zu lassen, nämlich von jeder Provinz einzeln, in der Art, wie Wolzogen noch Risse von einzelnen Stuben aus Württemberg hat. Lasse dergleichen machen, dann kann man hineinschreiben, was man will und calculiren. Ferner fand sich ein Widerspruch in der Anlage des escalier dérobé, in der östlichen Ecke des Schlosses, der durch Anlegung von ein paar Tapetenthüren und etlichen kleinen Kunststücken gehoben werden kann. Wolzogen weiß, wie das Ding gemacht werden mag und wird wohl das Nöthige besorgen. Dann habe ich mit Meyern beredet, daß die Pilaster in seiner Zeichnung jenes östlichen Schlafzimmers wegfallen und, das Blau schonend, mehr Weiß unter die Vergoldung gebracht werde. Mündlich ein Mehreres.

C. A.

156.

Oktober 1800.

Beliebt es wohl Ew. Meccanischen Hoheit[1]) morgen Mittag, da wir allein sind, mit Schillern bei mir in concreto zu speisen, und mir heute Dein Manuscript von Mahomet nebst dem Französischen Original, das meiner Frau gehört, zuzusenden?

Wegen das, was gestern über die Schmelzung mit Steinkohlen gesagt wurde, empfehle ich doch Deiner Vorsorge einige Proben anstellen zu lassen. Vielleicht käme einmal der Geschworne wieder herein, daß man ihm wegen der Gedinge zusetzen könnte, um die Steinkohlen für den Merk wohlfeiler zu bekommen.

C. A.

¹) Vgl. Nr. 147.

157.

Es ist mir gestern Abend erzählt worden, daß in der Maria Stuart eine förmliche Communion oder Abendmahl auf dem Theater paſſiren würde. Vermuthlich ſoll ſie katholiſch ſeyn und ſich vielleicht mit der in den Jeſuiten entſchuldigen. Indeſſen iſt doch auf unſerer Bühne bei der Vorſtellung der Je= ſuiten die Sache ſo anſtändig gemacht worden, daß, bis auf ein Crucifix, das wohl auch hätte wegbleiben können, nichts ſehr Anſtößiges vorkam. Siehe doch zu, daß Dieſes auch bei Maria Stuart der Fall ſey; ich erinnere Dich daran, weil ich der prudentia mimica externa Schilleri nicht recht traue. So ein braver Mann er ſonſten iſt, ſo iſt doch leider die gött= liche Unverſchämtheit oder die unverſchämte Göttlichkeit, nach Schlegelſcher Terminologie, dergeſtalt zum Tone geworden, daß man ſich mancherlei poetiſche Auswüchſe erwarten kann, wenn es bei neueren Dichtungen darauf ankommt, einen Effekt, wenig= ſtens einen ſogenannten hervorzubringen, und der Gedanke, oder der poetiſche Schwung nicht zureichen wollte, um durch Worte und Gedanken das Herz des Zuhörers zu rühren. Leb wohl.

Carl August.

158.

Morgen Mittag möchte ich Dich wohl mit Schillern bei mir, ſo wie neulich bewirthen, laß mich wiſſen ob Dieſes angeht.

C. A.

17 *

159.

Zu meiner Schande muß ich bekennen, daß ich in litteris so weit zurücke gekommen bin, daß ich diese Stücke nicht lesen kann. Jetzt habe ich keine Zeit, mich darauf zu appliciren; wenn ich wieder komme, wollen wir einmal eines derselben mit einander durchgehen.

Den Mahomet habe ich mir auf künftigen Mittwoch noch einmal zur guten Letzt bestellt. Die gestrige Vorstellung war ungleich besser, wie die erstere. Bei der nächsten aber veranstalte Folgendes mir zu Gefallen.

1) sage Vohsen, daß er noch lebhafter wie gestern sey, nicht immer auf einem Flecke stehen bleibe, mehr gehe und hauptsächlich seine Füße durch alle fünf Positionen öfter abwechseln lasse; aus der vierten bringt er sie gar nicht heraus. 2) Die Stellung der Bänke hat gestern den fünften Akt wieder verdorben: die eine steht frei auf dem Theater, dadurch kommt sie der Seïdischen Gruppe in den Weg und treibt sie zu nahe an Mahomet heran. Die Bank muß an der Coulisse stehn und dorten Seïde seinen Geist aufgeben. Mahomet muß weiter vorn ans Proscenium treten. Auch beim Tode Sopirs könnte die Bank an der Coulisse oder an dem Hintergrund stehn. Die frei stehenden Bänke sehn übel aus und unterbrechen immer das Spiel.

C. A.

160.

1800.

Das ist eine schwere Aufgabe, mein lieber Meccanus[1] für einen Laien und einen höchst unsystematischen Dilettanten: indessen will ich mein Möglichstes thun. Der herzliche Antheil, den ich an Allem nehme, was von Dir kommt und zu Dir geht, wird mir vielleicht Lichter anstecken, die bis jetzt noch nicht recht helle bei mir brennen wollten. Nur bitte ich um Zeit und Geduld; mein Kopf wird so ofte aus seinem Gleichgewicht gerückt, daß ich nicht immer für seine Brauchbarkeit stehn kann. Die beste Stellung, deren er fähig ist, soll aber dem Cophta gewidmet werden.

C. A.

161.

1800.

Hier schicke ich Dir, was ich zusammen gebracht habe. Die von Dir aufgestellte Frage überschreite ich freilich, indessen lege ich den Ueberfluß meiner Antwort als Stoff nieder, auf den sich einige Unterhaltungen gründen können, als Zweifel die man auflösen kann, wenn man von der Materie eben einmal reden mag. Es wäre schade, wenn man immer einerlei Meinung wäre, sonsten müßte man am Ende beständig schlafen. Bloß das Hin- und Herstreben ist's, was das Leben im Gang erhält.

C. A.

[1] Vgl. Nr. 117 und 156.

Schicke gelegentlich Deine Iphigenie vor meinen Richter-
stuhl, die so viele tausend Gulden und Lichter Wien gekostet
hat; ich habe sie nicht sogleich bei der Hand.

Um die Frage zu beantworten, ob und wie dem Schauspiele, der Groß-Cophta, zu helfen sey, damit es den Zuschauern mehr gefalle, als dieses bis jetzt gelungen ist, ob das
Verhältniß eines Ehebruchs in dasjenige eines anticipirten
concubiti verändert, hinlänglich sey, die Laulichkeit des Publikums bei diesem Stücke aufzuheben, wagt man Folgendes zu
bemerken:

Allerdings würde das Publikum weniger betroffen seyn,
eine Rolle spielen zu sehn, die mit der Liebhaberinn in Diderots
Hausvater und einigen andern Charakteren dieser Art Aehnlich-
keit hätte, als wie sich mit der Vorstellung eines ehebrecherischen
Ehepaar's belustigen zu müssen, welches Leichtsinn und Lieder-
lichkeit stempelt, während die Fehltritte der Diderotschen und
anderer Französischen Sünderinnen aus feinern und weichern
Motiven entstehen und nach erlaubten Zwecken streben. Indessen würden die Marquise und Marquis aus Eheleuten in
Bruder und Schwester verwandelt und die Nichte dadurch von
einer größern Vergehung befreit; so fiele das Zwangsmittel
weg, wodurch letztere zur Betrügerinn geworben wird und alsdann müßte das Stück umgearbeitet und neue Motive einge-
schaltet werden, um die Nichte so handeln zu machen, wie es
zum Gange des Stückes nöthig ist. Ein bloß anticipirter Bei-

schlaf auf die Hoffnung einer zukünftigen Ehe unternommen, würde wohl schwerlich ein Mädchen, das nicht schon ganz in die Klasse der verworfenen gehört, bewegen, eine Handlung zu begehn, welche sie an den Galgen oder ins Zuchthaus bringen könnte. Aber nicht allein das ehebrecherische Verhältniß ist es, was den Zuschauer anstößt, sondern auch das des Domherrn zur Prinzeß, der Tochter seines Fürsten, die er nicht zu ehelichen, aber wohl zu verführen gedenkt. Obwohl ein ähnlicher Fall in der Hochzeit des Figaro vorkömmt, so ist dieser doch nur einzig auf der Bühne: das Pariser Publikum, das schon damals seltsam gestimmt war, ertrug ihn, weil Figaro durch mancherlei Ursachen ein Lieblingsstück ihm wurde und auf die Autorität dieses Publikums gestützt, ertrug man ihn an mehreren Orten. Demohngeachtet bleibt die Frage unerörtert, ob Deutsche theatralische Schriftsteller es wagen dürfen und gut daran thun, dem Beispiele und der Laune Beaumarchais zu folgen. Wenn obige Bemerkungen gegründet sind, so möchte wohl daraus folgen, daß die Veränderungen der „Situationen große Conse-„quenzen für den Bau des so sehr durchdachten und consequen-„ten Stückes nach sich führen und die Umarbeitung desselben „nöthig machen würden."

Sollten aber wohl die anstößigen Verhältnisse alle ine schuld seyn, daß dieses Schauspiel nicht allgemein gefiele? Man könnte vielleicht glauben, daß das Publikum einen Wider-willen gegen die öffentliche Aufstellung gewisser Betrügereien spürte, durch welche sehr ausgezeichnete Personen an der Nase herum geführt worden sind und daß eine Wahrheitsscheue der Zuschauer diesem Schauspiele Schaden thäte. Bedenkt man aber, daß an allen Orten, wo es gespielt worden, der wenigste Theil des Publikums in magisch-freimaurerischen Verhältnissen gewesen ist, daß die Zuschauer in das Theater strömen, wenn Iffland'sche oder Kotzebue'sche Stücke gegeben werden, in welchen die drückendste Moral über die ängstlichen, bürgerlichen und häuslichen Verhältnisse so hypochondrisch wie möglich, oft beißend, meistens aber strafend gepredigt wird; so sollte man bezweifeln, daß die Wahrheitsliebe, die in Goethe's Schauspiel herrscht, der Furcht vor Wahrheit des Publikums auf eine dem Groß-Cophta schädliche Art entgegenstehn könnte.

Sollte nicht der Genre, in welchem dieses Stück geschrieben ist, daran schuld seyn, daß die Zuschauer lau dabei bleiben? Eigentlich gehört es, seiner Behandlungsart nach, in die Klasse der Drama's, während der Charakter des Sujets es entweder zu einer Posse, oder zu einer Tragödie stempeln möchte. Letzteres hat es im Sinne des Autors nie werden sollen, sondern es nähert sich wohl ehr der Comödie und zwar einer Art, die man in Frankreich chargirt nennt: hiezu ist es aber zu ernsthaft und hauptsächlich zu lang. Eine chargirte Comödie, oder eine Posse muß ihrer Natur nach kurz seyn, denn lange dauernde Späße ermüden und ein zu gedankenreicher, aufeinander gehäufter, vielwörtlicher Witz verfehlt gewöhnlich sein Ziel. Der Witz verlangt eine gewisse prosaische Einfachheit in den Gedanken, in seinem Ziele und im Ausdrucke.

Sollte nicht diesem Schauspiele eine Eigenschaft schädlich seyn, die hier angemerkt zu werden verdient: die Handlungen im Cophta kommen der Wirklichkeit zu nahe, der ernsthafte Ton, der darinnen herrscht, läßt dem Zuschauer zu viel Zeit, moralische Betrachtungen anzustellen und unterhält ihn zu sparsam beim Lächerlichen. Die leeren Unterhaltungen mit Unsichtbaren verwundern vielleicht bei der ersten Vorstellung: sobald man aber sie gewöhnt worden ist, wirkt ihr innerer Gehalt zu sehr auf den Zuhörer. So ist es auch mit den Ceremonien, die wenn sie nicht mit großem theatralischen Aufwande und in der Form einer Art Ballets gegeben werden, ebenfalls auf die Dauer keine Befriedigung gewähren.

Da dieses Stück den Drama's einverleibt ist und durch eine gewisse Zartheit im Gefühle der Nichte Ansprüche auf Empfindung machen kann; so möchte der Zuschauer wohl wünschen, daß einige liebenswürdige Charaktere ihm dabei mit zu Theile gekommen wären. Denn unter der Rotte von Dieben und Betrügern bleibt der Ritter doch nur ein kurzsichtiger, schwankender Mensch, den es am Ende beinahe gereut so gehandelt zu haben, wie er nur einzig handeln konnte, um nicht Mitschuldiger der Diebe und Hochverräther zu werden. Und die Nichte bleibt gewaltig sujet à caution, indem sie erst morgen entdecken möchte, wozu sie heute durch den Zufall genöthigt wird.

Wollte Goethe sich die Mühe geben, diesem Stücke eine andere Form anzupassen, so möchte die einer komischen Oper vielleicht Vortheile gewähren. In Versen mit Musik begleitet klingt Manches ganz anders, als in der wirklichen Sprache; das Feld ist dann weiter und bequemer.

Salvo meliori.

162.

1800.

Der Prinz Friedrich von Gotha kommt erst, wenn wir von Leipzig wieder kommen: also kommt er schwerlich eher als Freitag über acht Tage. Du könntest wohl den Bayard, der wie ich höre diesen Sonnabend gespielt werden soll, auf über acht Tage verlegen. Schreib mir, ob Du noch mit mir nach Leipzig gehest, alsdenn wollen wir heute über acht Tage hin.

C. A.

163.

Nov. 1800.

Hast Du mit Gentzen über die Veränderungen gesprochen, welche ich in Betreff der Decorationen in meiner Frau Zimmern machen möchte? ist es geschehn, so käme ich wohl um 10 Uhr ins Schloß, wo Du ihn etwa hinbrächtest.

C. A.

164.

November 1800.

Wir wollen morgen früh 10 Uhr zur Bausession im Schloß uns zusammen finden.

Erinnere mich dorten an Fernows Vorschlag wegen Jena.

Dann wollte ich, wenn Du der Meinung auch bist, Wolzogen auftragen, vor seiner Abreise noch einen oder ein paar Tage mit Gentzen sich zusammen zu setzen um durchzustudiren:

1) die Möglichkeit in der gegebenen Zeit fertig zu werden;

2) die Hindernisse aufzufinden, die uns im Wege stehn möchten, ob in der Anstalt oder sonsten;

3) die Mittel und Einrichtungen, um diese Hindernisse zu beseitigen.

Ein berichtendes Protocoll über diese Verhandlung würde uns viel Licht und Hülfe geben und da Wolzogen nicht viel zu thun hat und etwas Arte-peritus ist, so könnte er wohl dieses Geschäft mit Succès übernehmen.

C. A.

165.

Dec. 1800.

So eben komme ich von einer Jagd zurück, die uns gestern Abend bis in die Dunkelheit in die Jenaischen Berge geführt hat, wo der Hirsch gefangen wurde. Bei Berta hatten wir angelegt. Wir waren so entsetzlich durchnäßt und die Pferde dergestalt caput geritten, daß wir in Magdala bleiben mußten. Die Garderobe des Oberförsters, seiner Frau, Kinder und Knechte wurde dabei sehr geplündert.

Zu Deiner bevorhabenden Reise wünsche ich das beste Glück: ich hoffe Dich bald wieder zu sehn. Leb wohl.

C. A.

166.

Für die überschickte Nachricht und das schöne Buch danke ich bestens. Siehe doch zu, daß Du mir diesen zweiten Theil des N. cl. a. erhandelst; es ist ein vortrefflich Werk, einstweilen hebe ich es auf.

Hier ist Nathan der Weise. Ein Blatt ist, 265, los, es war verbunden und ich schnitt es heraus. Seite 67. 68. habe ich etwas mit Bleistift bezeichnet, das wohl wegbleiben müßte, weil es etwas gar zu auffallend klingt und am Ende nicht nothwendig ist, weil man doch so manches Andere auf dem Theater von einem Stück überhört und das Stück doch immer leben bleibt. Ins Ganze ist es aber eine fürchterliche Entreprise, das Ding zu spielen; ich bin vor der Idee erschrocken, wie ich jetzt das Stück wieder gelesen habe. Ich höre auf zu begreifen, wie es unsere Leute aussprechen wollen, was mit so scharfen Contouren und wenigen Linien bezeichnet ist. Glückliche Niederkunft und leb wohl.

C. A.

167.

Erst übermorgen kann die Antwort von Berlin kommen, welche bestimmen wird, ob und wann ich hin muß; möglich wäre es, daß die Mecklenburgische Herrschaft nicht so lange dorten bliebe, daß ich sie noch anträfe. Ich glaube dieses zwar

nicht, alsdenn ging ich nicht hin und müßte mir auf eine andere
Weise helfen. Dazu kommt noch, daß aller Wahrscheinlichkeit
nach der Conducteur Rabe schon unterweges seyn muß. Warten
wir den Mittwoch noch ab; ist alsdann meine Abreise bestimmt,
so muß ich eine Estafette nach Berlin senden, um mir Pferde
und Quartier zu bestellen und alsdann kann man Gentzen mit
dieser Gelegenheit schreiben. Mich freut es, Deine Handschrift
wieder zu sehn.

C. A.

168.

Berlin 1. 3. 1801.

Hierbei ein Schächtelein von Frau von Grothausen an
Dich, mein Lieber! Brühl überbringt es, da ich, wie Du schon
wissen wirst, bis medio März hier bleibe. Abänderungen die
der König mit den Depots gemacht hat, davon er mich benach-
richtigte und mir dabei äusserte, daß ich hier bleiben möchte,
verursachen mein längeres Ausbleiben; ich hoffe den 16. oder
18. zu Hause zu seyn.

Wolzogen wird Dir schreiben, daß und wie wir mit Gentzen
zu Rande gekommen sind. Wir haben ihn nun sicher 6 Monate hintereinander bei uns. Allerhand Sachen haben wir zusammen gesucht, die zum Theil zu Modells, zum Theil zum
Gebrauch dienen können.

Tancred wird den 10. gegeben; ich bekomme ihn noch
zu sehn. Mit Iffland's Hinkommen zu uns scheint noch nichts

gewiß zu seyn. Vom hiesigen Theater bin ich nicht sonderlich erbaut; außer bürgerlichen Conversationsstücken können sie nichts; die Wallensteins gehn erbärmlich. Ich bin im Willen, Dir die Partitur von Reichardts Geisterinsel mitzubringen, wo wirklich schöne Musik darinnen ist, die sich eine Weile bei uns halten möchte.

Ein paar Tage bin ich an einem bösen Halse krank gewesen. Befinde Dich wohl und leb wohl, mein Lieber.

C. A.

169.

Möge dieser Brief, bester Fürst, Sie ganz hergestellt antreffen, damit Sie das an mancher Unterhaltung reiche Berlin recht genießen können.

Die Gentzischen Zeichnungen, welche Graf Brühl überbracht hat, hebe ich auf bis zur Ankunft des Conducteurs Rabe. Den Quadratoren haben wir einstweilen in der obern Etage, nach dem Kegelthore zu, einige Decken und Gesimse in Arbeit gegeben, wozu uns Wolf die Zeichnungen geliefert hat. Auch sind die Stuccatoren beschäftigt, so daß keine Zeit versäumt wird.

Die Nachricht, daß Professor Gentz ein halb Jahr bei uns bleiben wird, war mir sehr willkommen; denn auf solche Weise wird ganz allein eine sichere und schnelle Ausführung möglich, wenn die täglich vorkommenden Räthsel von dem Meister selbst gelöst werden.

Was mich betrifft, suche ich mich einer völligen Gene=
sung immer mehr zu nähern und es scheint zu gelingen; das
eintretende Frühjahr giebt die beste Hoffnung. Geschwulst und
Mißfarbe des untern Augenlids haben sich noch nicht ganz ver=
loren.

Hartmann von Stuttgart ist angekommen. Sowohl sein
früheres, in Rom verfertigtes großes Bild, als einige spätere
Zeichnungen, zeugen von dem vorzüglichen Talent dieses jungen
Mannes.

Frau von Grothausen werde ich nächstens schreiben und
danken. Meinen Brief schließe ich, wie ich ihn anfing, mit
Wünschen für Ihr vollkommenes Wohl.

Weimar den 9. März 1801.

Goethe.

170.

W. 9. 4. 1801.

Mit dem besten Willen, morgen zu Dir zu kommen, bin
ich aber nicht im Stande meinen Vorsatz auszuführen. Die
Gothaischen Prinzchens liegen mir auf dem Hals, ich habe eine
geöffnete Ader, die nicht zuheilen will und bei der Niederlage
meiner Magier muß ich von Einem zum Andern laufen, um
die Geschäfte ein bischen im Gange zu halten. Bei der Schwäche
ihrer Häupter darf wenig auf einmal, aber täglich muß etwas
vorgenommen werden. Ich komme also nicht. Wolzogen wird
Dir gesagt haben, wie die Sachen stehn und daß er nach Ruß=

land eilt, um uns Gewißheit zu verschaffen.¹) Den jungen Voigt gebe ich ihm mit. Hoffentlich sehe ich Dich Montags. Tancred ist sehr gut gegangen. Leb wohl.

Carl August.

171.

Weimar den 13. April 1801.

Die Anwesenheit der Prinzen von Gotha, deren Abreise auf Morgen bestimmt ist und einige Hindernisse, die meine Gesundheit in den Weg legt, hindern mich hinaus zu kommen, um die Chausseesachen in Ordnung zu bringen; vor Ende dieser Woche werde ich schwerlich mobil seyn. Indessen lege ich hier ein paar Punkte, den Schloßbau betreffend bei, die abzuthun sind; ich wünsche einen dieser Tage Dich darüber in Loco zu sprechen.

Die Dänen haben sich brav gehalten und ihre etliche Blockschiffe theuer verkauft. Hannover hat sich gutwillig ergeben. Die Hamburger Zeitung empfehle ich zu lesen. Leb wohl.

C. A.

172.

Schloßbau.

1) Die General-Polizei-Direktion ist um ein Local verlegen, um ihre Sessionen zu halten und ihre Acten unter-

---

¹) In Betreff der bekanntlich später erfolgten Vermählung des Erbprinzen Carl Friedrich mit der Großfürstin Maria Paulowna.

zubringen und zu ordnen. Zeither liegen diese Papiere in der größten Unordnung bei dem Polizeisecretär Undeutsch; er bekömmt etwas Miethe dafür und jetzt da die Stände 600 Thlr. zu einem Polizeifonds jährlich verwilligt haben, die Vermehrung der Polizeiacten aber Undeutschen nöthiget, ein größeres Quartier dafür zu nehmen, so schlägt General-Polizei-Direktion vor, Undeutschen noch 50 Thlr. aus obbemeldetem Fonds als erhöhtes Locarium zu verwilligen. Diese 50 Thlr. und das zeitherige Miethgeld an den Polizeisecretär wünschte ich aber zweckmäßiger angewendet zu wissen und schlage daher vor, einstweilen der General-Polizei-Direktion ein Paar Zimmer im Schlosse, und zwar in der oberen Etage, entweder auf dem großen Flügel oder in dem kleinen einzuräumen, welche bloß mit Fenstern, Thüren, Ofen und Repositorien zu versehn wären; Tische und Stühle können irgendwo her genommen werden. Der nahe Abgang der Obermarschallinn von Witzleben läßt hoffen, daß man in Kurzem zur Einrichtung im rothen Schlosse wird schreiten, dahin die Collegia und somit auch die General-Polizei Direktion verlegen können.

2) Der Vorrath von fertigen Thüren und Fenstern häuft sich sehr. Um Platz zu gewinnen, um das Gehörige an Ort und Stelle beurtheilen zu können und um besser überschlagen zu können, was fertig, was noch zu machen, oder was zu ändern ist, schlage ich vor, diese Thüren und Fenster so viel möglich an Ort und Stelle, wo sie hin bestimmt sind, ein

zuhängen. Eben so möchte es sich auch mit Einlegung der fertigen Fußböden von gewöhnlicher Sorte verhalten.

W. 13. April 1801.

C. A.

173.

W. 26. 6. 1.

Die fatalen Krämpfe, mein lieber Freund, haben endlich doch die Ueberhand behalten, sie warfen mich seit Deiner Abreise dreimal nieder und überwiegen meine Plane, die ich in Ansehung des Geldes und der Zeit gemacht hatte; ich komme doch noch nach Pyrmont. Den 10. July Abends, Freitag über 14 Tage, komme ich dorten an. Erzeige mir den Gefallen Folgendes zu bestellen:

1 Stube mit Bette für mich,
1 dergleichen für Egloffstein,
1 dergleichen mit 2 Betten für Kammerdiener und Kanzlist;
2 Stuben für 3 Bedienten und zwei Reitknechte, nebst gehörigen Betten. Stall und Fourrage auf 4 Pferde.

Wir kommen über Cassel. Am Table d'hôte essen wir beide und bedürfen daher keiner besondern Kost. In welchem Hause wir wohnen sollen, ist mir gleichgültig.

Deine Ankunft hier abzuwarten, war mir ohnmöglich, sonsten wäre die Kur zu weit hinaus verschoben worden; ich hoffe den 5. August wieder hier zu seyn. Kannst Du meine Ankunft in Pyrmont abwarten, so wäre mir Dieses sehr lieb, denn ich möchte Dir gerne den jetzigen Zustand des Schloßbaues, mit dem Du hoffentlich zufrieden seyn wirst, übergeben und Dir einige Notizen darüber beibringen. Gentz benimmt sich ganz vortrefflich. Aus Rußland habe ich gute Nachrichten eingezogen.[1] Deine Gesundheit befindet sich wohl an der trefflichen Heilquelle erneuert und frisch belebt? herzlich wünsche ich es. Auch ich suche Trost dorten, um mit Dir noch etliche Jahre vergnügt und nützlich zu vertreiben. Leb wohl.

C. A.

174.

W . . . 29. (Juny) Peter Paul 1801.

Ein dunkles Gerüchte, mein Lieber, daß um die Zeit, wenn ich nach Pyrmont kommen will, die Quartiere so sehr rar seyn würden und die Vermuthung, daß Du so vielen geist- und gefühlreichen Damen wirst aufwarten müssen, dergestalt daß meine Bequartirung Dir eine Zeit rauben möchte, die Du galanter anwenden kannst, so habe ich mich mit Gott entschlos- sen, meinen Mephisto an Dich abzusenden, damit er Dir hülf- reiche Hand bei Unterbringung und Anschaffung meiner Bedürf- nisse reiche. Dazu kömmt, daß dem armen Teufel es gut beha- gen wird, wenn er ein Tager achte ohne an meinem Leibe warten und schaben zu müssen, ruhig zu seinem Besten baden und trinken kann. Also — empfehle ich ihn Dir bestens und

[1] Vgl. Nr. 170.

Dich ihm im Fall der Noth, da Gott vor sey. Bei mir ist's
die höchste Zeit, daß die schwarze oder weiße Fahne wehe;
Pyrmont wird für das Eine oder das Andere sorgen. Die
Schwindel, Krämpfe, Schlaflosigkeiten sind da zu Hausen, dabei
kurzer Athem und Beängstigung. Alles Dieses bringe ich Dir
mit und will es wo möglich nebst Deinem leidigen Ueberflusse
dort lassen. Der Fürst von Dessau ist hier; er geht nach
Baden zum Markgraf und will suchen, dorten seinen lahmen,
zerfallenen Arm zu heilen. Grüß Griesbach, befinde Dich
Bestens und leb wohl.

Carl August.

175.

Februar 1802.

Bestens danke ich für Mittheilung der Beilage.[1]) Gewiß
hat diese Schrift bedeutende Verdienste, da aber das gewählte
Sujet nur weniger Abwechslung in seiner Bearbeitung fähig
ist, so war die natürliche Folge, daß viele überflüssige Momente
eintreten mußten und mancherlei Ueberflüssiges, Gedehntes,
Langweiliges in die Rede kam. Im Ganzen ist das Opus wohl
etwas sehr laulich und die schwachen, häufigen Lückenbüßer
tödten dasjenige, was aus Feurige sich hie und da nähert. Die
Sprache ist, dünkt mir, meistens sehr hart und bestärkt mich

---

[1] Jon von A. W. von Schlegel? Vgl. Goethe's Werke, XXXI, 122.

in dem Glauben, daß das Genus dieser Jamben äußerst gefähr
lich ist, indem bei einem Autor, der nicht von der Natur das
Organ erhalten hat, diese Versart mit Eleganz aus seiner
Feder fließen zu lassen, dieses Metrum leichte in höckerichte,
so zu sagen pedantische Prosa ausartet.

C. A.

176.

1802.)

Dieser mit Metallbeschlag versehene Letten findet sich in
großer Menge in des Perrückenmacher Müllers Hause, wo die
fahrende Post ist, und kam am Tage, da er jetzt einen Brunnen graben läßt. Was soll dieser Beschlag eigentlich seyn?
und findet man dieses häufig im Letten?

C. A.

177.

[1802.]

Ich danke schönstens. Der Brief ist ganz vortrefflich und
wird hoffentlich das harte Herz erweichen. Hoffentlich soll
meine Mutter es uns hinterdrein Dank wissen, daß wir sie
bewogen haben, ein bischen an sich zu halten und eine über
große Freigebigkeit sich nicht zu erlauben. Das Scriptum habe
ich Voigten zu den Akten gegeben, der eben bei mir war.

Gesegnete Mahlzeit.

C. A.

178.

Februar 1802.

Hier schicke ich Dir den Soulavie, den Du, dünkt mir, verlangtest.

C. A.

179.

(5. März 1802.)

Kinder-Nachrichten zu Folge arbeitet Morelli an einem sehr seltsamen Ballet, in welchem alle gegenwärtigen Notables des hiesigen Staates inclusive der consularischen Familie auf= treten sollen. Weißt Du denn etwas von diesem Abentheuer?[1]

C. A.

180.

16. 3. 2.

Im Soulavie schien mir ein tiefer Werth zu liegen, indem er systematisch consequent die Oesterreichische Politik und den Englischen, Genfischen Einfluß als Grundursachen der sonst unerklärbaren Revolution darstellt. Nicht sollte ich glauben, daß er parteiisch wäre, denn da er Facta und zwar noch sehr unbekannte darbringt, die er aus dem Richelieu = d'Auguillonschen Hause, zu dem er immer gehört hat, und aus seiner Genfer Mission schöpfte, und überall vermeidet, irgend eine seiner Mei=

---

[1] Vgl. Goethe's Werke, XXXI, 125.

nungen dem Publico aufzudringen, sondern sein Buch wie eine species facti behandelt; so scheint es, daß diese Memoires als ein seltenes Aktenstücke anzusehen sind.

Die Schwestern[1]) beenden sich so viel ich weiß: den Regulus[2]) habe ich mir von Schillern geben lassen. Das Werk kommt mir seichte und lau, auch langweilig vor, indessen hat es doch einigen Verdienst. Bestärkt bin ich durch diese Schrift in meiner Meinung worden, welches gefährliche Instrument die neubeliebte Jamben in der Feder eines Lehrlinges oder Stümpers sind. Gleich werden sie stachlicht, höckerige, pedantische Prosa.

Den Theil des Crebillon behielt ich noch bei mir in welchem Rhadamiste und Zenobie stehn, weil ich den Pyrrhus und die Semiramis drinnen fand. Diese drei Stücke sind, dünkt mir, werth als Muster schöner theatralischer Formen übersetzt zu werden und ich amüsire mich, unter ihnen zu wählen. Leb wohl.

C. A.

181.

16. März 1802.

Wie die Beilage zeigt, so ist meine Zeit sehr eingetheilt und sämmtliche Regimenter sind darauf angewiesen. Indessen trifft der jetzige Nachwinter nicht in mein Calcul und wohl wäre es möglich, daß ich den ersten Theil meiner Abwesenheit

---

[1]) Die Schwestern von Lesbos, von Amalie von Imhof. Trauerspiel von Collin.

verschieben muß, ich später weg ginge und alsdann beide Reisen
näher aneinanderschöbe. Denn thaut es nicht balde und trocknet
nicht schnell hinterdrein, so kann ich die Regimenter von Zuitzow
und Leibregiment nicht in der ersten Hälfte Aprils exerciren.
Unter 10 Tagen aber kann ich hierüber nichts Bestimmtes
sagen.

Voigt wird Dir Schulzens Bericht schicken.¹) Die Klat=
scherei wurde so arg, daß ich diesen zu meiner Bequemlichkeit
forderte und selbst meine Mutter rief mich zu Hülfe, um sich
gegen ihre Hofdamen zu retten. Sie glaubte gleich, daß die
Sache dergestalt wäre, wie sie Schulze berichtet. — Nun ist's
mir göttlich gelungen, einen neuen Klatsch auf's Tapet zu brin=
gen, um die Gemüther zu theilen. Amalie Imhof hat Antwort
von Paulmann bekommen und ist ganz wüthend. Sämmtliche
Hofdamen, die um mein Geheimniß wußten, sind auf meiner
Seite. Kirms hat indessen, da Kotzebue rebellirt, mir einen
Nothschuß an Schiller um neue Stücke communicirt. Schiller
will den Don Carlos und die Jeanne d'Arc für unsern Lauch=
städter Bedarf zusammenschnitzen. Letztere muß aber hier ein=
studirt werden und einer Probe hier unterliegen. Deswegen
habe ich erlaubt, daß diese Jungferschaft hier einmal vor dem
Abgang der Gesellschaft untersucht werde, unter Beding aber,
daß jede andere, als die Jagemann die d'Arc spiele. Hiedurch
entschuldige ich meine Inconsequenz.

---

¹) Schulze, Bürgermeister von Weimar. Vgl. Nr. 179.

Ich erwähnte gestern des Regulus[1]) in der Absicht, daß man vielleicht dem Autor desselben rathen sollte, das Französische Theater zu studiren, indem er es übersetzte, weil er Geschmack an der Regelmäßigkeit der dramatischen Arbeiten zu haben scheint, und nicht ohne Talent ist. Beides ist in unsern Zeiten selten. Leb wohl.

C. A.

182.

(1802.

Der Gemäldehändler Trappaur ist in Gotha, derselbe, von dem der Herzog von Meiningen die bewußten Stücke gekauft hat. Hier ist sein Catalog. Ich kann nicht nach Gotha gehn, ich wünsche aber Meyer reiste hinüber und besähe die Sachen. Mich interessiren hauptsächlich Claude Lorrain und die Poussins. Meyer hörte dabei, was die Bilder kosten sollten. Er kann eine Postchaise nehmen und mit Extra hinüber fahren.

C. A.

183.

Purmont 23. 6. 2.

Besorge die Beilagen, mein Lieber. Ich vergaß, Dich zu fragen, ob ich, wenn mir die Stegmann noch gefiele, ver suchen sollte, sie zur zweiten Sängerinn zu engagiren, und wie

----

1) Vgl. Nr. 180.

viel ihr zu bieten seyn möchte. Schreib mir Dieses. Das Theater kommt erst künftigen Sonnabend. — Es ist hier noch gewaltig leer; viele Quartiere sind aber bestellt.

Meine Frau war sehr munter in Cassel, die Erbprinzessinn aber gewaltig niedergeschlagen und gealtert; die Gegenwart ihrer Schwester wird ihr sehr nothwendig seyn. Die Gräsinn Lille kommt heute. — Das Wetter ist schön, nur sind die Morgen und Abende kalt. Die Früchte in Hessen stehn über alle Beschreibung schön, dabei ist aber Alles schrecklich theuer. Leb wohl.

C. A.

184.

Pyrmont, July 1802.

Meinen schönsten Gruß zuvor, lieber Getreuer! Besorgt mir hübsch die Beilage. Hier gehts schrecklich langweilig zu. Aeußerst wenig Menschen sind hier, indessen doch einige Mannsleute, die mich interessiren, wozu eben nicht viel gehört. Unter Andern der, welcher den Vortrag des [1] . . . . Wesens in Dresden hat, also meine Angelegenheiten mit zu besorgen hat, ein Herr von Wißleben. Diesesmal finde ich mein Haupt weniger betäubt, als vor dem Jahre von dem Wasser; das ist vielleicht ein gutes Zeichen. Ich kann lesen und schreiben dabei, was ich sonsten nie konnte. Laß bald etwas von Dir hören.

---

[1] Hier folgt ein unleserliches Wort.

Die Hufeland ist von Berlin hier mit dem Dr. Bischoff. Es regnet und stürmt unaufhörlich. Leb wohl.

C. A.

185.

(Pyrmont) 25. Juli 1802.

Heute geht auch die Preußische fahrende Post und ich versuche diesen Weg gleichfalls, um zu erfahren, welches die schnellste Gelegenheit sey. Seit meinem vorigen Zettelchen ist nichts Neues vorgefallen, außer daß die Sonne wieder zu scheinen angefangen hat. Leb wohl.

C. A.

186.

Pyrmont den 9. Aug. 1802.

Besten Dank, lieber Alter, für Deinen Brief vom 4. nebst den Beilagen, den ich vorgestern erhielt. Die drei Fürsten können sehr zufrieden mit Deiner Enträthselung Ihres Willens seyn. C. hat mir viel Schönes vom Vorspiel und von der Art geschrieben, wie es aufgenommen worden.[1] Dir wünsche ich viel Vergnügen und Gesundheit; auch ich hoffe letztere hier in reicher Maaße einzusammeln. Mein Kopf ist außerordentlich helle und das Wasser wirkt wohlthätiger auf mich wie jemals. Die Gesellschaft hat sich sehr vermehrt, nur verbessert sie sich

---

[1] Goethe's Werke, XXXI, 137.

nicht sonderlich, in Dem, was man bei selbiger eigentlich zu fin den wünscht. Der Dr. Herz[1]) von Berlin ist hier, ein kluger artiger kleiner Jude; sie groß, dicke, gebildet aber schrecklich empfindsam. Von Weibern ist uns wenig Hübsches und fast nichts Interessantes zu Theile geworden. Das Wetter wird et= was leidlich. Leb wohl mein Lieber.

C. A.

Die Stegmann[2]) hat einen Hautboist Fischer aus der Ka= pelle geheirathet: sie bleibt bei der Hoftruppe in Hannover, die errichtet wird. Schade ist, daß wir sie nicht bekommen.

187.

September 1802.)

Mit meiner Frau komme ich morgen zur Ausstellung und werde mich freuen, Dich wohl zu sehn.

C. A.

188.

Jan. 1803.

Ich werde aufwarten und mich über Dein Wohlbefinden freuen, indessen kann ich erst etwas spät kommen, weil Assem= blée bei meiner Mutter angesagt ist.

C. A.

---

[1]) Arzt. [2]) Vgl. Nr. 183.

189.

2. Jan. 1803.

Sehr bedaure ich, lieber Alter, daß, ist's auch nur sein Gespenst, ein Uebelbekannter wieder anklopft; brauche ja balde die rechten Mittel und lasse Huschten nicht von der Hand. Wir haben Dich geladen gehabt, um Dir unsere Freude über Dein Neujahrsgeschenke mitzutheilen: allgemein hat es über Beschreibung gefallen.

Einsiedeln habe ich gesagt sich mit Bode bekannt zu machen und zu hören, wo es mit einem solchen Menschen hinaus könnte oder wollte; er hat den Auftrag gerne übernommen. Leb wohl.

C. A.

190.

Jan. 1803.

Hier etwas von P.... ¹) Du bist wohl so gut, wenn die Bücher angekommen seyn werden, an ihn etwas aufzusetzen.

Schreibe mir, was Deine Gesundheit macht? und sage mir ob ein flüchtiges Gerüchte, das mir zu Ohren kam, wahr ist, ein Club sollte Sonnabends Abends nach der Comödie in einem Zimmer des Stadthauses zu Stande kommen, von dem Du und Schiller die Grundpfeiler seyn würden. Mir liegt viel daran es zu wissen, weil ich eben mit demselben Projekte, auf

¹) Wahrscheinlich Pongens. Vgl. Nr. 198.

demselben Orte, auf denselben Abend und auf dieselben Grundpfeiler gerichtet im Stillen schwanger ging.

C. A.

191.

Jan. 1803.

Wenn Du etwas Näheres von dem Schiller'schen Sonn-
abends-Club-Projekte erfahren kannst, so wirst Du mir einen
Gefallen erzeigen, mir das Fernere mitzutheilen.

C. A.

192.

(1803.)

Wenn es Dir gefällig ist, so laß heute die Teppiche im
Saale ausbreiten, und komme zu Tisch; der Russische General
Meyendorf ißt bei uns.

C. A.

193.

(Anfang Februar 1803.)

Der Herzog von Meiningen wünscht Wallensteins Lager
zu sehen; da wie ich höre Montag das Ballet[1]) wiederholt
wird, so möchte dieses Stück am Montag zum besten passen,
da ohnedieß der Herzog den Mittwoch weg will.

C. A.

---

[1]) Die Zaubertrompete.

194.

1803.

Die Beilage zu lesen wird Dich gewiß interessiren und nach etlichen Tagen erbitte ich sie mir wieder.

Ich vergaß neulich Dich zu fragen, ob Dir Piron Spaß mache?

Ein gewisser Dr. Stoll wird Dir ein Werk produciren, das in Alexandrinern nach dem Französischen gearbeitet ist. Das Opus[1]) ist an und für selbst artig; indessen kann ich nicht leugnen, daß im Lesen diese Versart in unsrer Sprache an die Allongenperrücken der Gottscheds und Consorten erinnert. Recht neugierig bin ich, wie es sich gesprochen ausnehmen wird. Die Jagemann und Becker wollen es aufführen. Einige böse Reime, Leer- und Dunkelheiten und Reimhaschereien können vorher wohl ein Bischen gezüchtiget werden.

C. A.

195.

Febr. 1803.

Tausendmal danke ich schönstens für die Beilagen, welche ins Reine schreiben zu lassen ich bitte. Nur ein paar Worte habe ich berührt, was Du wohl verzeihen wirst. Hoffentlich geht es mit Deiner Gesundheit gut und Du erscheinst wohl morgen wieder auf dem Kampfplatz.

C. A.

---

[1]) Scherz und Ernst, Lustspiel, zum ersten Male aufgeführt den 11. März 1803.

196.

Den besten Dank für den gestrigen guten Abend. Hier schicke ich Dir eine neue Zeitung, die Du vielleicht mit der Eleganten sammeln willst. Man muß das Zeug mithalten, um im Laufe der Impertinenzen zu bleiben. Wegen Hackert gelegentlich ein Mehreres.

C. A.

197.

1803.

Der Herzog von Gotha, der vorher gewaltige Schwierig= keiten machte, ist jetzt so hitzig auf das Vermessungsprojekt, daß Zach es nicht genug beschreiben kann. Auch hat der Land= graf von Cassel, der sich ebenfalls weigerte, die Form der Hessischen Weltkugel bestimmen zu lassen, Geschmack an der Sache gefunden und giebt selbst einen Astronomen dazu her, den er dabei dressiren lassen will. Die Sache geht nun vor sich und wird gewiß ein schönes Werk werden.

Freund Morelli war eben bei mir und producirte einen Brief von Racknitz, derenthalben er um einige Wochen Urlaub bittet. Ich habe ihn an Dich gewiesen und dabei gesagt daß ich nichts dagegen habe. Der Kerl ist so liederlich, daß er über kurz oder lang doch einmal fort läuft und da denke ich, daß es am besten sey, man lasse ihn ein bischen gehn, um Geld zu gewinnen, vielleicht kommt er wieder.

C. A.

198.

Pougens Bücher, sehr schön gebunden, sind angekommen und auf die Bibliothek schon abgegeben worden; ich werde ihm nun wohl antworten müssen. Es macht sich nöthig, daß die vier runden Gemälde und das Plafondstück in meiner Frau Wohnzimmer eingesetzt werden, willst Du sie wohl bei Meyern betreiben. [1]

C. A.

199.

11. 2. 3.

Wie hält sich das Befinden und kannst Du noch nicht bei Unsereinem zu Tische kommen?

Beiliegend ein Brief: sollte Lenz nicht des Fürsten[2] Portrait sich erbitten?

Schiller hat mir sein Stück Arbeit[3] gegeben. Ich habe es mit großer Aufmerksamkeit — aber nicht mit wohlbehaglichem Gefühle gelesen; indessen verschließe ich meinen Mund wohlbedächtig darüber. Ueber die Sache selbst ist ihm nichts zu sagen, er reitet auf einem Steckenpferde, von dem ihn nur die Erfahrung wird absitzen helfen, aber Eines sollte man ihm doch einzureden suchen, das ist die Revision der Verse, in denen er seine Werke geschrieben hat; denn hie und da kommen

---

[1] Goethe's Werke, XXXI, 117 fg. [2] Dmitri Gallitzin, welcher dem mineralogischen Museum in Jena seine sehr werthvolle Sammlung verehrt hatte. Goethe's Werke, XXXI, 157. [3] Braut von Messina.

mitten im Pathos komische Knittelverse vor, dann unausstehliche
Härten, undeutsche Worte und endlich solche Wortversetzungen,
die poetische Förmelchens bilden, deren Niederschreibung auf
Pulverhörner gar nicht unpassend gewesen wäre. Verschie-
denes dergleichen habe ich extrahirt, ich werde es Dir gelegentlich einmal mündlich vorlegen. Etwas sehr Auffallendes wird
dem Publico nicht entgehn: die eigentlichen Hauptpersonen des
Stücks sind Stockkatholiken, das Chor aber Heiden; letztere
sprechen von allen Göttern des Alterthums, erstere von der
Mutter Gottes, den Heiligen u. s. w. Da nun das Chor
eigentlich ein Corps unter den Waffen darstellt, so kann man
die Personen desselben für nichts, als für bewaffnete Poeten
ansprechen: eine neue Maske für die Bühne; denn die meistens
ganz unnütze bilderreiche Schwulstigkeit, in der dieses Corps
den Zuschauer von einer Scene zur andern führt, und noch
dazu sehr langsam, kann unmöglich für Kriegsknechte passen,
da die Prinzen, zu denen jene Leute gehören, sich viel natür-
licher ausdrücken. Um die lästigen Confidents zu verbannen,
ist, dünkt mir, ein viel lästigeres Verbannungsmittel eingetreten. Indessen hüte ich mich wohl, etwas der Ausführung dieses Stücks entgegen zu setzen. Die Praktik wird das beste
Gegenmittel für die Folgen werden. Das Zugleichreden der
Koryphäen oder der Wachtmeister des Corps habe ich schon
gesucht Schillern auszureden, weil man sich platterdings nichts
Unharmonisches erlauben muß. Mündlich ein Mehreres.

C. A.

200.

Um Dich nicht mit Details zu quälen, sage ich Kirmsen meine Meinung bisweilen, um Unschicklichkeiten abzuhelfen, die zuweilen auf dem Theater vorkommen. Unter diese Klasse gehören Kleidungen der Acteurs. Es schickt sich nicht, daß hiesige Montirungen, Hoftrachten, Hof-Pagen- und Lakaienlivreen vorkommen. Beim Bataillon ist es schon verboten, daß die Bursche die Montirungsstücke auf dem Theater nicht tragen dürfen; dieser Artikel ist also schon gehoben. Die Pagen- und Lakaienlivreen betreffend hatte ich Kirmsen schon das Verbot zugehen lassen: er gestand mir aber heute, es sei nicht ausgerichtet worden. Gestern kam Cordemann als Forstmeister sogar in der completen Hofuniform, die er auf dem Trödel gekauft hatte. Wie auffallend unschicklich dieses war, brauche ich Dir nicht zu sagen. Der Fehler liegt in einem Mangel von Ordnung in dem Garderobewesen. Vom Schneider hängt Alles ab und so ein gemeiner Kerl kann natürlich nicht unterscheiden, was schicklich oder unschicklich sey) und über das, was den Acteurs eigen zugehört, kann er gar nichts sagen. Es müssen also Gesetze existiren, welche bestimmen müssen, was getragen oder nicht getragen werden dürfe, und Jemand muß gesetzt werden, von dem man die Ordnung des Anzuges der Acteurs fodern könne. Habe die Güte, diese Polizeianstalten zu besorgen, denn Kirms ist auf dem Punkt des

Schicklichen etwas harthäutig und folgt nicht immer der Anweisung, die man ihm giebt.

Carl August.

201.

[1803.]

Beiliegend ein Brief von den Trippel'schen Erben. Mittwoch vor dem neuen Jahr gehe ich nach Leipzig, weil in der
Messe selbst mit Pferden gar nichts mehr zu machen ist. Ich
erinnere Dich an Dein Versprechen mich zu begleiten.

C. A.

202.

Bestelle mir also ein Paar Bilder in der Art, wie wir
es abgeredet haben. Mit oder ohne Rahmen wie es Dir beliebt.

16. 3. 3.

C. A.

203.

[1803.]

Dagegen ist nichts einzuwenden und ich muß den besten
Succeß wünschen.

Wegen Hackerts Bilder muß ich nur noch bemerken, daß
sie dergestalt arrangirt müssen werden, damit entweder

1) die Beleuchtung bei dem einen rechts,

2) die Beleuchtung bei dem andern links komme,

3) oder daß beide von vorne beleuchtet werden, damit man wisse, wo man sie hin hängen soll und sie als Compagnons dienen können, gleichviel welche von diesen Beleuchtungen, entweder von vorne oder von der Seite. Der Spaß wird doch mit Rahmen und Transport an 1500 Thlr. kosten.

C. X.

204.

27. 3. 3.

Der neue Tenorist ist eine sehr schätzenswerthe Acquisition. Er besitzt eine vortreffliche, ziemlich gebildete Stimme, sein Vortrag ist gut und neumodisch, er ist ein firmer Musiker und seine Stimme spricht schnell und immer richtig an. Er hat aber keinen Anstand und weiß noch gar nicht, was er auf dem Theater machen soll; man spürt daß er immer das Musikpult vor sich gehabt hat. Sorge nur dafür, daß Morelli ihm tüchtig Tanzstunden gebe und daß Jemand sich seiner in Ansehung der Declamation und der Pantomime annehme; ich will gerne etwas für diese Lectionen besonders bezahlen.

Laß doch ein Edict ergehn, daß die Statisten und Schüler sich hinter den Coulissen ruhig verhalten; es war gestern ein solcher Spectakel, daß man ofte den Gesang nicht recht hören konnte. Du kannst dabei sagen lassen, daß wenn es wieder geschähe, ich den wachthabenden Husaren-Unteroffizier hinschicken würde, um Ordnung zu machen. Leb wohl.

C. X.

205.

Erlaube mir, lieber Alter, daß ich mich nach dem Befinden der Wöchnerinn erkundige, die uns gestern so ein schönes Kind[1] gebar. Du sollst für diese Kraft Deiner Lenden gelobt und gepriesen werden. Alle Gevattersleute schienen sehr befriedigt nach Hause zu gehn. Leb wohl.

W. 3. 4. 3.

C. A.

206.

[1803.]

So eben sitze ich unter meinen Traumdeutern; komme zu Tisch, so können wir diesen Nachmittag vielleicht perambuliren. Ich habe mir das Steinersche Modell bringen lassen, so weit es fertig ist.

C. A.

207.

[1803.]

Deinem ästhetischen Sinne Gothische Bauart betreffend unterwerfe ich die Entscheidung, ob nicht durchbrochene Endspitzen auf die obern Eckpfeiler dieses Thurmes gehören, welche die durchbrochene Gallerie einschließen. Die Zeichnung ist die der vordern Fronte des Thurmes im Salon des Welschen Gartens, in welchem jetzt auf die neue Art Kaffee und Bier geprabßt wird.

---

[1] Goethe's „Natürliche Tochter" wurde den 2. April 1803 zum ersten Male gegeben. Goethe's Werke, XXX, 147.

Sprich doch mit Steiner über den spitzen Artikel, den ich an
Dich gewiesen habe, wenn Du ihn deshalben rufen läſſeſt.

C. A.

208.

22. 11. 3.

Ich habe geſtern mit Rath Kraus eine Menge Gemälde
unter meiner Sammlung herausgeſucht, die ſtatt baaren Geldes
in dem Handel mit Frauenholz angegeben werden könnten. Es
ſchien mir aber, daß Rath Kraus bei dieſem Handelsgeſchäfte
ein ſehr getheiltes Intereſſe habe. Durch ſeine Verlagsartikel
und durch die Verhältniſſe mit Bertuch mag er wohl mit Herrn
Frauenholz in Connexionen ſeyn, die ihm nicht erlauben, die
Verkäufer des Guido ſehr zu drücken; denn er äuſſerte einige
male, Frauenholz ſey gar nicht um den Verkauf des Bildes
verlegen, der Fürſt Liechtenſtein ſtehe darum mit ihm in Handel u. ſ. w., während Frauenholz das Bild nicht würde herge-
bracht haben, wenn er Hoffnung hätte, es los zu werden.
Schon mehrere Jahre hat er es auf dem Halſe. Erzeige mir
den Gefallen, heute Vormittag zu Kraus zu gehn und Dich des
Handels anzunehmen. Du wirſt ſehn, wie viele Bilder und
für wie viel dieſe an Frauenholz angegeben werden können und
was ich an baarem Gelde etwa zulegen müßte. Mache, daß
ein billiger Handel zu Stande komme, wo Frauenholz Reſpekt
für unſere Israelitiſchen Wiſſenſchaften bekomme. Leb wohl.

C. A.

209.

14. 12. 3.

Frau von Staël ist noch nicht angelangt und die wirkliche Zeit ihres Erscheinens bei uns vor der Hand noch ungewiß: man sagt aber, daß sie mehrere Wochen hier bleiben wolle. Schwerlich wird sie die December-Nebel verdrängen und da diese Dir so sehr widerlich sind, die Nachbarschaft Starkens Deinen Zufällen aber nützlich seyn kann; so bleibe nur wo Du bist[1]) und wir wollen sehn, ob wir die Dame zu Dir spediren können. Uebrigens wünsche ich Dir und Deinen Beschäftigungen das beste Glücke. Leb wohl.

C. A.

210.

Tausend Dank, lieber Alter! für das mancherlei Schöne und Gute, was Du mir diesen Morgen überschicket hast. Du weißt selbst, wie vielen Theil Du an allem Dem, was seit etlichen und 20 Jahren bei uns zum Guten gediehn ist, Dir zuschreiben kannst, als daß ich nöthig hätte, Dir zu sagen, daß ich es lebhaft erkannte, indem Du gewiß nicht an meiner Erkenntlichkeit zweifeln kannst, noch an der Gerechtigkeit, die mein Herz Deinen seltenen Verdiensten gern wiederfahren lässet. Behalte mich lieb, Dich gesund und leb wohl.

Carl August.

W. 1. 1. 4.

---

[1]) in Jena. Goethe's Werke, XXXI, 164.

Diese Nacht hat es garstige Händel und etwas Blutverlust in Jena gegeben. Schweizer und Rheinländer sollen die Tumultuirenden gewesen seyn; diesesmal hat die Cavallerie den Feind geschlagen und Hendrich hat eine Relation davon erstattet, als wie von einem Haupttreffen.

Die Fete dem Don Juan zu Ehren will ich auf mich nehmen. Vielleicht kommst Du diesen Abend an Hof, um 6 sollen die Hamburger eintreffen und da könnten wir die Details mit einander bereden.

211.

(2. Januar 1804.)

Da es schwer hält, Ew. Liebden alleweile persönlich zu erangeln, so will ich hiermit mein Projekt puncto Don Juan schriftlich zur Beurtheilung darlegen.[1]) Künftigen Donnerstag dachte ich Abends auf dem Stadthause die Musik mit dem ganzen Orchester aufführen zu lassen, wobei die besten Sachen ausgesucht und vorgetragen würden. Schlicks, die alleweile gegenwärtig sind, würden accompagniren und unterweilen ein □ oder ◇ in ihrer Manier dazwischen vortragen. Ich wollte diejenigen Personen dazu einladen, die mit Frau von Staël hier den meisten Umgang haben, als da sind Ew. Liebden, Schillers, Wieland, Schardts, Lady Musgrave, Seebachs, Fräulein von Göchhausen, Einsiedel, und diesen Allen, nebst den

---

[1]) Vgl. Nr. 210.

zwei Jagemanns, Schlick's und Destouches, ein Souper in der
Loge hinterdrein geben.   S. m.

E. A.

212.

(3. Januar 1804.)

Durch Einsiedel habe ich auf den Donnerstag Abend die
Nahrungsmittel und die Beleuchtung auf dem Stadthause bestellen lassen und er bestellt auch Schlicks.¹) Willst Du noch so
gut seyn und die Musik durch Destouches besorgen lassen und
das, was dabei vom Theater nöthig ist, besorgen, auch Schillers
und Wieland invitiren? Die übrigen Personen hat Seebach
einzuladen übernommen. Schlicks wünschen, daß Du Dein
Clavier (das Wiener) dazu hergeben möchtest, ihre Tochter soll
darauf spielen. Du arrangirst die Sachen wohl dergestalt, daß
die besten Partien aus Don Juan gegeben werden und Schlicks
ihre Künste mit einmischen können. Wenn es Dir recht wäre,
so würde Alles um halb sieben Uhr bestellt.

E. A.

213.

(4. Januar 1804.)

Gestern Abend kam die Nachricht, die Casseler und Gothaischen Erbherrschaften kämen heute her. In dieser Voraussetzung

---

¹) Vgl. Nr. 210 und 211.

sagte ich) Einsiedeln, daß aus der morgenden Partie nichts werden würde.¹) Wir blieben in dem Wahn bis heute Mittag zwei Uhr, wo die Cassel'sche Kurprinzeß alleine kam und ansagte, die Gothaischen Herrschaften und ihr Gemahl kämen erst den Sonntag; sie reiseten dann weiter nach Berlin. — Ich glaubte, es sey auf Morgen nichts abbestellt und sagte bei Tische an Frau von Staël, es bleibe morgen bei der Abrede. Hier bei der Jagemann erfahre ich aber, Einsiedel habe Alles abbestellt. Meinetwegen! Dabei bleibe es auch nun, da die Sache nicht mehr zu ändern ist. Ich weiß aber nicht, was man mit Frau von Staël morgen anfängt; meine Frau erwartet sich auch, daß sie morgen in der Stadt engagirt ist, und da Du und Schiller, wie mir Frau von Staël sagt, am Freitag Abend bei ihr essen werdet, so wäre es recht hübsch von Dir, wenn Du sie morgen Abend, Schillers, die kleine Schardt etwan, Seebachs, die morgen beim Don Juan seyn sollten, die Jagemann, Schlicts, Einsiedeln und mich zum Thee zu Dir bäteſt und uns etwa Nachts etwas Kaltes, oder auch nichts von diesem in den Hals würfest, dabei aber Musik machen ließeſt, zu welcher niemand sonst wie Destouches nöthig wäre und höchstens noch Unrein wegen der Violine. Laß mich doch ein paar Zeilen Antwort wissen.

C. A.

¹ Vergl. Nr. 210, 211 und 212.

214.

Wie geht's? Allerhand Umstände haben mich gezwungen, das Concert[1]) auf den Dienstag künftiger Woche feste zu setzen. Das Nöthige ist schon deshalb bestellt, da Destouches gestern Abend bei meiner Mutter war. Laß es nur Schillers und Wielanden wissen.

C. A.

(Januar 1804.)

215.

(1804.)

Dabei will ich erinnern, daß ich bis Dato noch nicht weiß, wo ich zu einem Exemplar der Jenaischen Literaturzeitung komme. Wolltest Du besorgen, daß ich bestimmt eins erhielte, so würde sich am Ende des Jahres es schon finden, wohin ich es zu bezahlen hätte. Alleweile habe ich davon nichts, als was Du mir beim Neuenjahre zum Eingebinde gabest.

C. A.

216.

(1804.)

Wolzogen wird besorgen, daß die Bücher der Großfürstinn von dem Bernhards=Zimmer[2]) weg gebracht werden und als- dann steht der Einzug frei für die Geographie. Ich will mich

---

[1]) Vgl. Nr. 210, 211, 212 und 213.   [2]) im Residenzschlosse zu Weimar.

bestens anstrengen, um noch etwas zu liefern, das Dich interes=
siren könne.

C. A.

217.

Ein Billet von Schillern zu huldvoller Beherzigung folgt
hier bei.¹) Morgen werde ich bei Zeiten aufwarten.

Goethe.

(Anfang Juny 1804.)

218.

(1804.

Vergebens habe ich heute Abend an Deiner Festung gerap=
pelt: es war kein Mensch zu erpochen, noch eine Klingel zu
finden. Ich wollte Dich über folgenden Gegenstand sprechen:
ich hatte dem Bauverwalter aufgetragen, die Leineweber = Ge=
schichte in die Ordnung zu bringen und der Bau=Commission zu
sagen, sie möchten nur einstweilen die Armenschule in die Stube
thun, wo Röll jetzt arbeitet, bis daß wir auf den Winter einen

---

¹) Schiller hatte kurz vorher bei seiner Anwesenheit in Berlin durch
den damaligen Cabinetsrath Beyme einen sehr vortheilhaften Antrag erhalten, sich dort zu fixiren. In Folge hiervon verdoppelte der Herzog auf
Goethe's Vermittelung Schiller's bisherige Besoldung von 400 Thalern
jährlich sofort, stellte eine weitere Zulage von 200 Thalern jährlich in
gewisse Aussicht und verhieß aus eigenem Antriebe Schiller noch in aus-
drücklicher Anerkennung des von demselben bei dieser Veranlassung bewiese-
nen „honetten Betragens" einen alljährlichen Urlaub nach Berlin, um dort
„die Aufführung seiner theatralischen Arbeiten zu dirigiren".

andern Platz finden; Steffany aber sagte mir, Du wolltest mich erst darüber sprechen.

C. A.

219.

(November 1804.)

Die Frau von Staël wünscht das Mädchen von Andros spielen zu sehn, willst Du wohl veranstalten, daß es diese Woche gegeben werde?

Mich hält ein Ohrengeschwür zu Hause, das hoffentlich der letzte Rest meines mich schon sechs Wochen plagenden Katarrhs seyn soll, das mir aber schreckliche Schmerzen verursacht.

C. A.

220.

(1804.)

Wie ist's mit Deiner Gesundheit? Böttiger hat förmlich um seine Entlassung angehalten und geht in Kursächsische Dienste; sollte wohl Wolf zu haben seyn?

C. A.

221.

W. Allerheiligen (1. November 1804.)

Der D. Frank aus Wien, Sohn des bekannten D. Frank, wünscht Dich kennen zu lernen. Ich sahe ihn bei der Jagemann, die in seinem Hause in Wien sehr gut aufgenommen wurde. Seine Frankinn ist eine berühmte Sängerinn, er Arzt und großer Musiker. Er bat mich, ihn Dir zu adressiren, welches hiermit geschieht und damit Gott befohlen.

Carl August.

222.

15. 11. 4.

Mich ganz ergebenst für die Besorgung meines Wunsches in Ansehung der Carstens'schen Zeichnungen[1]) bedankend, nehme ich diesen sehr vortheilhaften Handel an, erachte ihn als geschlossen und werde das Nöthige in Ansehung der Bezahlung besorgen. Da die Ausstellung nun wohl zu Ende seyn wird, so wünsche ich die sämmtlichen Zeichnungen zu bekommen, um sie der Großfürstinn zu zeigen, darnach gebe ich sie auf die Bibliothek zur Verwahrung.

C. A.

223.

Dec. 1804.

Da Du nunmehr Deine Dachs-Monate angetreten hast, so kannst Du auch ruhig Deinen Kopf hinhalten und bitte Dich ergebenst, selbigen an Jagemann darzureichen, der schon alle Instrumente zur Operation bereit hält. Nur eine große Praxis in der Kopfabnehmer-Kunst kann aus ihm die Wirkungen seines Talents heraustreiben. Die Beilage schicke an Voigten wieder.

C. A.

———

[1]) Goethe's Werke, XXXI, 158, 252.

224.

Verzeihe! aber ehe ich die Beilage expedire, muß ich doch noch eine Einwendung zum Besten der Kapelle machen. — Die Leute sind, wenn Concerte außer denen gewöhnlichen Theater=Verrichtungen eintreten, beständig im Zenge und versäumen Alle, gelegentlich etwas verdienen zu können. Da sie umsonst spielen müssen, so entstehen doch manchmal scandalöse Scenen, durch welche sie ihren Unwillen gegen die fremden Virtuosen, denen sie fröhnen müssen, ausdrücken. Das bischen Freibillets ist für nichts zu rechnen. Wenn die Virtuosen am Hofe spielten, würde es unschicklich seyn, ihnen einen Abzug zu machen, aber bei bezahlter Entree kommts mir doch nicht so unschicklich vor. Ueberall muß der Virtuos, wenn er an öffentlichen Oertern spielt, sich mit dem Orchester abfinden, warum nicht hier? Ich sollte glauben, daß es doch nicht unrathsam wäre, bei solchen Virtuosen, welche 50 Thlr. von den Höfen bekommen, 10 Thlr. abzuziehn und sie bei der Theater=kasse für kranke Kapellisten zu reserviren. Die Operation selbst wäre sehr leichte. Der Kapellmeister bekommt ohnedieß das Geld von den Höfen, er darf nur 10 Thlr. davon abziehn und sie an die Theaterkasse abliefern und autorisirt werden, denen fremden Virtuosen zu sagen, daß sie 40 Thlr. statt 50 Thlr. bekämen. Bei solchen Virtuosen, die in den Zwischenakten im Orchester spielten, müßte bei einem Lohn von 20 Thlr. kein Abzug stattfinden, da alsdenn die Kapelle meistens doch beisammen seyn muß.

Ein Institut, um kranke Kapellisten zu unterstützen, ist eine sehr wünschenswerthe Sache und ein fremder Virtuos hat bei 40 Thlr. Geschenk vom Hof und der Entree, da wir doch immer für unsere Leute mehrere Dutzend Billets nehmen, eine hübsche Einnahme, nach Abzug der Kosten.

Ueberlege das Ding noch einmal ein bischen und schreibe mir Deine Meinung.

C. A.

225.

Wilhelmsthal 6. 7. 5.

Freilich, mein lieber Alter, hätte ich Dich gerne hier gesehn, indem ich überzeugt war, daß das Lokale von Wilhelmsthal Dir einen neuen Genuß verschafft haben würde. Denn der Charakter dieser Gegend ist wirklich unvergleichbar mit allen hübschen Aufenthalten bei Weimar und mit vielen andern in fremden Provinzen, die man mit vieler Mühe und Reisen, um sie zu sehen, aufsucht; indessen verlangt Deine Gesundheit Bequemlichkeiten, die wir hier nicht hätten verschaffen können und in diesem Falle ist es wohl besser, daß Du Dir auf ein ander Jahr den hiesigen Aufenthalt vorbehältst.

Geheime Rath Jacobi kommt diesen Mittag her; ich freue mich, ihn nach so vielen Jahren wieder zu sehn. Wir sind hier mit Fremdenbesuchen reich begabt. Mein jüngster Schwager wohnt bei uns seit vorgestern. Ich habe mir den Spaß gemacht mit Zachs Helfershelfer, dem Hauptmann von Müff

ling, das hiesige Land militärisch oder, besser gesagt, in Rücksicht auf diese Wissenschaft zu bereisen. Zach hat mir India-
nische Feuer geschickt, die wir mit großem Erfolg auf weit
entlegenen Bergen angezündet haben.

Die scandalösen Vorfälle in einigen Preußischen Städten
wegen der Fruchttheuerung haben sich in Halle angefangen.
Ueber die dortigen Ereignisse spricht man sehr verschieden und
hauptsächlich über das Benehmen des Stabes des dortigen
Regiments. Erzeige mir den Gefallen, da Du jetzt in der
Nachbarschaft bist, mir wo möglich eine authentische Relation
von der ganzen Geschichte zu verschaffen. —

In hiesigen Landen scheint der Anschein zu einer reichlichen
Erndte den Kornwucher etwas zu schwächen; die Preise fallen
einigermaßen. Indessen ist es noch sehr theuer, aber nirgends
ist Mangel zu spüren. Es war eben hier und in Weimar
theurer, als wie in Halle, als am letztern Orte die Unruhen
ausbrachen. Die Aschersleber Garnison hat sich sehr gut bei
dem Spektakel verhalten, das dorten der Pöbel zu geben anfing und den Tumult in Kurzem gestillt. — Wir lassen Chausseen
auf allen Ecken machen und bezahlen die Arbeiter mit Korn und
dieses Mittel scheint gut anzuschlagen. Die Saline in Kreuz-
burg fängt an, einen vergnüglichen Anblick zu gewähren, seit
die von Schrader eingeführte Ordnung und Veränderung der
Gebäude sichtbar wird. Schradern und Friesen haben wir
gesucht mit einander dergestalt zu amalgamiren, daß Friesens
Amalgamationsprojekt zum Nutzen vieler in Ausführung kommen

soll. Wolzogens Gesundheitszustand ist so elend, daß ihn Dr. Herder nach Wiesbaden jagt, um ihn vor einer Flucht im Winter nach der unsichtbaren Heimath zu retten.

Leb wohl, mein lieber Alter und laß manchesmal etwas von Dir hören.

Carl August.

Wir bleiben hier bis im Anfang August. Die Meinigen lassen Dich Alle bestens grüßen. Die Großfürstinn mag gar nicht von hier weg.

226.

Wilhelmsthal 27. 7. 5.

Für den übersandten Aufsatz, die Hallischen Händel betreffend, danke ich Dir bestens; er ist sehr verständig geschrieben. Eine gewaltige Schwäche aller Potenzen leuchtet daraus hervor. Bei uns ist Alles ruhig, aber sehr theuer; die getroffenen Anstalten sind hoffentlich von der Art, daß der unruhigste, bedürftigste Theil des Pöbels beschäftigt und versorgt ist.

Mich freut es, daß Deine Gesundheit die besten Aussichten für die Zukunft verspricht. Was sagen denn die Hallischen Aerzte von Deinem Zustand, sind sie mit Starken einerlei Meinung?[1]

Dr. Gall[2] wünsche ich sehr kennen zu lernen, vielleicht kommt er hierher auf seiner Durchreise.[3]

[1] Goethe's Werke, XXXI, 190, 192, 206 fg. [2] Goethe's Werke, XXXI, 203. [3] War am 12. Aug. 1805 in Wilhelmsthal bei Tafel.

Den 3. August, am Russischen Marientage, wollen wir hier Feuerwerk und allerhand andere Possen machen. Gestern ließ sich ein Landskind, ein junger von Boyneburg von Stedt= feld auf dem Clavier zur großen Freude der Großfürstinn hören. Der Mensch gehört gewiß unter die Classe der Meister dieser Kunst. — Kirmsen habe ich einen vortrefflichen Bassisten[1]) empfohlen, dessen Stimme der von Gern gleich zu setzen ist. Er ist ein miserabler Acteur, aber er kann ein großer Sänger werden.

Das Wetter ist gewaltig abwechselnd, unsere Abreise bleibt auf den 6. bestimmt. Ich gehe nach Allstedt und werde ohn= gefähr den 9. in Weimar eintreffen. Leb wohl.

C. A.

227.

(6. Ottober 1805.)

Darf ich wohl Bernharden diesen Abend mit Hintzensti= nen zu Dir bringen? mündlich werde ich Dir die Ursache da= von sagen.

C. A.

228.

Oct. 1805.

Erzeige mir den Gefallen und komme heute zu Tische nach Nieder=Roßla, wir essen schon um 1 Uhr.

C. A.

---

[1]) Der später berühmte Sänger Stromeyer, Oberdirector des Hof= theaters zu Weimar.

229.

15. 12. ?

Es bleibt Alles so, mein Lieber! wie ich es bestellt hatte. Der Prinz Louis Ferdinand kommt mit mir, aber allein; sorge für ein Bett für den Prinzen. Ich habe einen Kammerdiener, 1 Bedienten und der Prinz einen Bedienten bei sich.[1]) Behalte Arnimb mit zum Souper, wenn er bei Dir ist; es ist ein alter Bekannter von uns Allen.

C. A.

230.

Schon Huschke und Professor Meyer sagten mir, daß Du besser wärest. Ich habe deswegen den Besuch aufgeschoben, den ich Dir zugedacht hatte und den ich, wenn es Dir recht ist, diesen Nachmittag abstatten werde. Es ist freilich eine böse Sache, wenn sich ein Feind in unserm Grund und Boden verschanzt und befestiget hat: bei sichtbaren Gegnern irrt man oft, wie die Geschichte lehrt, wenn sie aus ihrer Stellung heraus manoeuvrirt werden sollen; bei unsichtbaren sind dergleichen Mißgriffe um so eher zu verzeihen. Vielleicht glückt es Deinen Feldherrn und Alliirten dieses Jahr, Deinen Feind auf dem rechten Fleck zu packen: Du wirst es wohl nicht fehlen lassen,

[1] Der Herzog reiste am 15. Dec. 1805 mit dem Prinzen Louis Ferdinand von Preußen in das Hauptquartier nach Ronneburg ab: Goethe befand sich in Jena.

die gehörigen Bedürfnisse zu einer rechten, zweckmäßigen Campagne beizuschaffen.

Leb wohl.

C. A.

W. 6. 3. 6

231.

W. 17. 6. 6.

Als ich Deinen Brief am Sonntag früh bekam, war ich eben auf dem Wege nach der Stadt, sprach in Deinem Hause an, fand es aber schon leer. Recht herzlich wünsche ich, daß Deine Badekur Dir Nutzen bringe; lasse manchesmal etwas von Dir hören. Ich denke den ersten August in Teplitz zu seyn und dorten 14 Tage zu bleiben. Leb wohl.

Carl August.

232.

W. 25. 6. 6.

Der Professor Jagemann geht mit mir nach Dresden und von dorten nach Italien. Ich wünsche Du gäbst ihm etliche Zeilen an die Angelika, an Humboldt und andere Freunde, Künstler und dergleichen mehr mit; um diese Gefälligkeit bitte ich schönstens. Das beste Lebewohl sage ich Dir und gebe meine herzlichsten Wünsche für Dein Gedeihen Dir mit auf den Weg.

Carl August.

233.

(1806.

Ich danke Dir tausendmal für den Brief an D.... ich habe ihn abschreiben lassen und Jagemann bekommt ihn. Lebe wohl und sieh zu, daß Du Dir Deine Därme bestens durchschüttelst. Schreibe mir nach Magdeburg, wie es Dir geht.

C. A.

234.

Teplitz 5. 8. 6.

Soeben, mein Lieber, empfange ich Deinen Brief von gestern; vorher war einer bei mir eingelaufen, der erstaunlich alt war. Sehr hätte ich gewünscht, daß Du hierher gekommen wärest: die Fürstinn Lubomirska sagte mir, daß sie Dich gesehn hätte. Racknitzen habe ich Deinen Brief gewiesen und ihn angespornt, eine mineralogische Suite der hiesigen Gegend zu schaffen: er wird sich bemühen etwas zu liefern. Da hier keine Trinkquelle ist, so fehlt es auch an einem Bindungsmittel, welches die Gäste zusammen hielte. Schwer ist es Bekanntschaften hier zu machen. Zum Glücke für mich habe ich deren so viele, daß sich alsdann neue an die alten knüpfen: aber einander im Laufe des Tages zu finden, kostet einige Mühe. Der Herzog Albert von Sachsen-Teschen kommt mir zu Hülfe. Er macht hier ein großes Haus und hat mich ein für allemal zu Tische gebeten; ein Anerbieten, das ich gern annehme, weil man dorten Menschen sieht und einer ganz vorzüglichen Küche genießet. Das

Schauspiel, bei dem unaufhörlichen Regenwetter, hilft mir die
Abende hinbringen. Alle Tage giebt man uns ein Gespen-
ster-Zauber oder tout-purement-Hanswurst-Stücke, wo
Swoboda auf Wienerisch, zuweilen halb Böhmisch, mich herzlich lachen macht. Das Egerwasser, welches ich schon in Dresden
anfing zu trinken, hat mir ganz ausserordentliche Dienste gethan.
Ich kam mit heftigem Kopfweh und Schwindel behaftet dahin;
die ersten zwei Gläser verursachten mir heftiges Erbrechen und
seitdem ist mir der Kopf ungewöhnlich heiter. Die hiesigen Bäder
scheinen auch die verstauchten Glieder etwas gelenker zu machen.
Im Ganzen befinde ich mich recht wohl und ich ertrage sogar
mit bester Gelassenheit und Ruhe die Annäherung der schwarzen
Wolken, die sich über unserer Zukunft zu thürmen scheinen. Bis
den 11. bleibe ich hier, dann gehe ich nach Dresden und hoffe
spätestens den 22. zu Hause zu seyn. Leb recht wohl.

C. A.

235.

Berlin 12. 1. 7.

Einen rechten langen Brief wollte ich Dir schreiben, mein
lieber alter Freund! um Dir für den Deinigen zu danken, der
mir große Freude verursachte; aber die Gelegenheiten, durch die
ich sicher schreiben kann, sind immer von der Art, daß ich mich
nach ihnen richten muß. Du bist also wohl, heiter, thätig und
voll neuen Muthes: Dein Hauswesen ist berichtigt und das sind
lauter gute erfreuliche Dinge. Genieße lange diese angenehme

Lage! Daß Dein Haus ganz Dein eigen sei, das habe ich Voigten aufgetragen zu besorgen. Ich bin nun fast gewiß versichert,
daß ich zu Ende des Monats zu Hause seyn werde. An Arbeit,
trüben Stunden und langweiligen Tagen fehlt es hier nicht, indessen finden sich doch wieder interessante Augenblicke und die
Gegenwart Humboldts, Johannes Müller's und einiger Andern
helfen das Leben ertragen. Ehestens schreibe ich Dir wieder.
Für heute nimm noch dieses Lebewohl.

Carl August.

236.

(1807.)

Wie geht's Alter? Ich bin so heischer daß ich kein Wort
reden kann; vielleicht zieht die Krankheit damit ab. — Gieb so
ein hübsches Stück Gyps an Weissern¹), daß er eine Vase daraus
mache und lasse Dir das nöthige Geld anweisen.

C. A.

237.

(Junn 1807.

Das unstäte Frühjahr und mancherlei gebrauchte Hilfs
mittel haben dergestalt alle seit dem 11. Oktober vorigen Jahres
in mir gesammelten unangenehmen Anhäufungen in Bewegungen
gebracht, daß mir Hofrath Stark den Rath ertheilt hat, so bald

---

¹) Bildhauer in Weimar.

als möglich nach Carlsbad zu gehn, um denen Ungethümen den Ausweg zu zeigen, ehr sie eine selbst beliebige Bahn sich graben. Nur kurze Zeit soll ich es gebrauchen und sehr mäßig, dann aber mich nach Teplitz begeben. Der jetzige Augenblick ist dazu der bequemste, da es nicht wahrscheinlich ist, daß binnen hier und den ersten 6 Wochen etwas vorfallen könnte, wo meine Gegenwart platterdings hier nothwendig wäre; späterhin könnte ich vielleicht weniger abkommen. Ich habe mich daher mit Gott entschlossen, Donnerstag den 4. dieses abzureisen und hoffe den Sonnabend Abend im Kaiser-Carlsbad einzutreffen. Ueberbringer Dieses ist einer meiner Köche, der in den Böhmischen Bädern ein nothwendiges Meubel ist, wenigstens in Teplitz. — Erzeige mir die Freundschaft, mir ein Quartier zu bestellen und zwar 1) für mich; wenn ich Stube und Kammer habe bin ich sehr zufrieden, 2) für den Oberforstmeister von Fritsch eine Stube mit Bette, 3) für uns Beide ein gemeinschaftliches Zimmer zum Essen und um Leute zu sehn, 4) die Einrichtung, daß im Hause gekocht werden könne; 5) Tischservice und dazu nöthige Wäsche; 6) ein Stall auf sechs Pferde und das Futter für sechs Pferde; 7) eine Stallstube für zwei Knechte, mit Betten; 8) ein paar Kammern für vier Bediente, mit Betten; 9) eine Stube mit Bett für den geheimen Secretär Vogel. Alles dieses wünsche ich den Sonnabend Abend 6. dieses bereit zu finden; indessen wird Vogel mit meiner Chaise schon den Freitag eintreffen. Den 18. gedenke ich wieder abzureisen, also wäre die Miethe auf zwei Wochen abzuschließen. Lasse über alle

diese Dinge einen schriftlichen Accord aufsetzen, den Du vor
läufig zu unterschreiben die Güte haben wirst.

Ich freue mich sehr, Dich wieder zu sehn. Mache nur,
daß es gutes Wetter bleibe. Leb wohl.

Carl August.

238.

Für Herrn Denys[1]) Nachgiebigkeit bin ich bestens dankbar.

Hier ist eine Liste der Sämereien, die Voigt in Jena aus
Paris bekommen hat. Von allen diesen habe ich außer den
vorgestrichenen nichts, dergestalt, daß wenn die Saamen alle
aufgingen und er von jedem mehrere Exemplare aufzöge, ich es
dankbarlichst erkennen würde, wenn er mir von jeder Sorte ein
Exemplar überließ. Die Töpfe werde ich vergüten und von
Belvedere wieder Pflanzen geben, die Voigt nicht hat.

Hier ein Brief von Humboldt nebst Beilage. Ich thue
wohl am Besten, das ganze Exemplar zu nehmen? unseres
können wir gelegentlich verkaufen.

C. A.

1807. 5. 8.

239.

August 1807.

Um Deine Augen und Deine Errathungskraft auf die Probe
zu setzen, schicke ich Dir Humboldt's Brief im Original. In
Berlin weiß man gar nichts Neues. Am 15. soll Etwas vor

---

1) Hofschauspieler in Weimar.

gefallen seyn, das aber nicht entscheidend gewesen ist. Der Kaiser[1]) befindet sich noch immer in Osterode, und Benningsen soll in Heilsberg seyn. Man sagt, daß Friedens Negotiationen auf dem Tapete wären.

Wegen Haides Gesuch stimme ich eigentlich dahin, daß man ihn gehn lasse. Die Bedingungen aus Wien sind äusserst vortheilhaft für den armen Teufel, und eben weil er ein solcher ist, dächte ich könnten wir ihn nun zur Genüge gesehn und gehört haben. Seine Stelle ist ja schon ziemlich durch die Adolescenten ersetzt. Salvo meliori.

C. A.

240.

[1807.]

Glückliche Reise! Zum Ameublement der Zimmer des Jenaischen Schlosses können eine Menge Kupferstiche unter Glas und Rahmen dienen, die ehstens aus Oels[2]) ankommen werden. Ich benachrichtige Dich davon, damit Du Rücksicht darauf nimmst, um vielleicht die Bekleidung oder Bemalung der Wände theilweise zu sparen.

C. A.

Den Brief von Blumenbach gebe ich Dir gelegentlich wieder.

—

[1] Alexander von Rußland. [2]) aus der ererbten Hinterlassenschaft des Herzogs Friedrich August von Braunschweig Oels.

241.

(December 1807.)

Ich freue mich Dich wieder hier zu wissen. Der morgende Vormittag ist bei mir so complet besetzt, daß ich mir auf einen andern Tag die Bekanntschaft ꝛc. Werners erbitten muß. Wir sehen uns ja wohl heute in der Comödie.

C. A.

242.

(15. Februar 1808.)

Die Herzoginn von Gotha kommt den Montag her und will die Comödie sehn. Wenn es möglich ist, so lasse Wanda*) geben.

C. A.

243.

(4. März 1808.)

Der Oberst von Kleist, Adjutant des seeligen Herzogs von Braunschweig, ist diesen Abend bei mir. Komm Du auch, aber etwas vor 6 Uhr, damit wir die theatralischen Angelegenheiten besprechen können, ehr vom Kriege die Rede sey. Der Kleist des zerbrochenen Topfes hat, nach Lavaterschem Styl, eine Art Abgeschnittenheit, indem er mit vielem Witz, Verstand und etwas Talent sich mit sich selbst amüsirt, ohne die mindeste Ahnung zu haben, wie es andern Leuten dabei zu Muthe ist.

C. A.

*) Wanda, Königinn der Sarmaten, romantisches Trauerspiel von Friedrich Ludwig Zacharias Werner.

244.

Purmont 29. (Juli) 1808.

Domine, ich empfehle die Beilage. Das Wetter ist erbärmlich und die Langeweile stark. Das Theater ist noch nicht hier. Ein Schnupfen hat mich zwei Tage aussetzen machen. Zum Glück habe ich eine „Charakteristik des siebenjährigen Krieges" bei mir, die ich Dir zu lesen empfehle; sonst müßte ich hexen lernen.

Der Graf Bernstoff ist hier, der vor etlichen Jahren mit Friedrich Stolberg in Weimar war und seine Schwester, eine Gräfin Rantzau. Man sieht aber Niemanden in der Allee, wie Kaufleute und Spieler, weil es so kalt und naß ist. Eigentlich gute Gesellschaft existirt jetzt gar nicht.

Graf Marschall ist angelangt. Leb wohl, mein Alter, lasse balde Etwas von Dir hören!

C. A.

245.

Dein heiterer Brief, mein lieber Alter, den mir Frau v. E. vorgestern Abend schickte, hat mich sehr gefreut. Gerne sähe ich Dich hier, indessen geschehe Kapp's[1]) Wille. Wir kommen noch mehrere Jahre an die hiesige heilsame Quelle. Ich bringe jetzt die schmerzenreiche, beschwerliche Zeit hier zu; die ersten 8 — 12 Tage sind voll böser Empfindungen, weil in dieser Epoche der Kehricht aufgeräumt wird.

---

[1] Dr. Christian Erhard Kapp, Arzt. Vgl. Goethe's Werke, XXXII, 18.

Frau v. E. excellirt in Anhänglichkeit an Dich; sie wird sehr geplagt, um ihr Gefühl für Dich in die richtige Klasse zu ordnen.

Der Mann, der Dir Dieses bringt, ist ein sehr unglücliches Schlachtopfer des Krieges und eines ihn verfolgenden Schicksals; er ist bei jeder Gelegenheit blessirt worden. Auch in Persien diente er; sein Name und Titel ist Kaiserlich Russischer Obrist Brevern. Sag den Generalen Benckendorff und Lieven, ich freute mich sehr, sie hier zu sehn. Laß Dir es recht wohl seyn.

C. A.

4. 8. 8.

246.

Da es eine feine äusserliche Zucht ist, die Charwoche durch ein Oratorium zu feiern; so wünsche zur Erinnerung an meine Jugend-Frömmigkeit den Tod Jesu von Graun zu hören. Da das Orchester aus blutarmen Choristen besteht, so könnte das Oratorium im Theater gehalten und die Entree zum Besten des Orchesters eingenommen werden. Bei dieser Gelegenheit würde das Christenthum unseres Publikums zu schätzen seyn.

24. ³/₉.

Carl August.

Das Buch sur la littérature française habe ich mit hoffender Erlaubniß Wernern[1] auf etliche Tage geliehen. Es ist vortrefflich geschrieben.

[1] Friedrich Ludwig Zacharias. Vgl. Goethe's Werke, XXXII 49.

247.

Der sich vorgestern producirende Schauspieler Schwarz,
ohne ein besonders angenehmes Naturell zu besitzen, hat sich in
der Stuhlklopf-Scene der mir sehr von Alters her lieben Mitschuldigen und dann im zweiten Stücke doch als ein sehr aus-
gezeichneter Künstler, meiner Meinung nach und salvo meliori,
gezeigt, so daß es doch angenehm seyn würde, ihn noch einmal
zu sehn. Er, wie ich höre, will nicht ehr nach Stuttgart
gehn, bis daß die Wässer klärer sind. Man sagt, daß er
hier gern spiele, ohne etwas Sonderliches zu verlangen. Ich
höre, daß er Lorenz Stark darzustellen wünscht, den ich nicht
zu kennen die Ehre habe; ich dächte man ließ es geschehn und
profitirte von den Zeitläufen, um einen wohlfeilen und doch
nicht gemeinen Spaß zu haben. Wenn Du nichts dagegen
hast, so arrangire Dieses für künftigen Montag.

27. 4. 9.

C. A.

Weimar. Hof-Buchdruckerei.